2025年度版

秋田県の保健体育科

過去問

協同教育研究会 編

協同出版

本書には，秋田県の教員採用試験の過去問題を収録しています。各問題ごとに，以下のように5段階表記で，難易度，頻出度を示しています。

難　易　度

非常に難しい　☆☆☆☆☆
やや難しい　☆☆☆☆
普通の難易度　☆☆☆
やや易しい　☆☆
非常に易しい　☆

頻　出　度

◎　ほとんど出題されない
◎◎　あまり出題されない
◎◎◎　普通の頻出度
◎◎◎◎　よく出題される
◎◎◎◎◎　非常によく出題される

※本書の過去問題における資料，法令文等の取り扱いについて

本書の過去問題で使用されている資料や法令文の表記や基準は，出題された当時の内容に準拠しているため，解答・解説も当時のものを使用しています。ご了承ください。

はじめに～「過去問」シリーズ利用に際して～

教育を取り巻く環境は変化しつつあり，日本の公教育そのものも，教員免許更新制の廃止やGIGAスクール構想の実現などの改革が進められています。また，現行の学習指導要領では「主体的・対話的で深い学び」を実現するため，指導方法や指導体制の工夫改善により，「個に応じた指導」の充実を図るとともに，コンピュータや情報通信ネットワーク等の情報手段を活用するために必要な環境を整えることが示されています。

一方で，いじめや体罰，不登校，暴力行為など，教育現場の問題もあいかわらず取り沙汰されており，教員に求められるスキルは，今後さらに高いものになっていくことが予想されます。

本書の基本構成としては，出題傾向と対策，過去5年間の出題傾向分析表，過去問題，解答および解説を掲載しています。各自治体や教科によって掲載年数をはじめ，「チェックテスト」や「問題演習」を掲載するなど，内容が異なります。

また原則的には一般受験を対象としております。特別選考等については対応していない場合があります。なお，実際に配布された問題の順番や構成を，編集の都合上，変更している場合があります。あらかじめご了承ください。

最後に，この「過去問」シリーズは，「参考書」シリーズとの併用を前提に編集されております。参考書で要点整理を行い，過去問で実力試しを行う，セットでの活用をおすすめいたします。

みなさまが，この書籍を徹底的に活用し，教員採用試験の合格を勝ち取って，教壇に立っていただければ，それはわたくしたちにとって最上の喜びです。

協同教育研究会

CONTENTS

第１部

秋田県の
保健体育科
出題傾向分析

秋田県の保健体育科　傾向と対策

秋田県は，中高別問題で出題されている。中学校は大問10問，高等学校は大問7問で，出題数が多くそれぞれ200点満点である。学習指導要領及び同解説からの出題や，それに関連して指導方法について記述式で問う問題が多い。

また，中学校・高等学校ともに，文部科学省，スポーツ庁，環境省などの資料や，秋田県教育委員会の施策に関する資料からの出題も多く見られるのが特徴である。

出題形式については，選択式解答が中学校は3問，高等学校は2問であり，他はすべて記述式の問題となっている。両校種とも文章記述問題の解答には，評価基準が示され，キーワードを主な観点として，相対的に評価される。また，語句・用語問題の解答は，解答例として示されているので，いずれの問題も表現は違っていても内容が正しければ配点される可能性もあり，無記入の解答にしないよう気をつけたい。

以上のように，秋田県では問題数の多さや記述式問題がほとんどであることから，難易度がかなり高い。対策としては，学習指導要領及び同解説，秋田県の教育推進計画，スポーツ推進計画をはじめ，各種の資料を集めて丁寧に学習を進めていくことが重要である。また，記述式の解答を求められることが多いため，ただ覚えるだけでなく，ノートに書き出してまとめるなど，アウトプットしながらの学習が必要と考えられる。

□　学習指導要領

中学校では，「指導計画の作成と内容の取扱い」，体育分野の「体育理論」，「器械運動」，「陸上競技」，「球技」に関して出題されている。高等学校では，科目「体育」の「内容の取扱い」，「陸上競技」，科目「保健」の「安全な社会生活」に関して出題されている。

対策としては，学習指導要領解説を精読し，適語を正しく記述で答えられるように学習を積み重ねておくことが大切である。なお，ICT機器の活用についても注目されているため，今後も出題の可能性はおおいにあるので，学習指導要領解説に示されている関連事項は確認しておく必要がある。

□ 運動種目

中学校では，学習指導要領に関連して「器械運動」(マット運動，跳び箱運動)，「陸上競技」(短距離走，ハードル走)，「球技」(バスケットボール)に関して，またスポーツ競技の成り立ちや歴史について「体操競技」,「バスケットボール」,「卓球」,「スキー」,「バレーボール」に関して出題されている。

高等学校では，学習指導要領に関連して「陸上競技」(短距離走，ハードル走)，競技のルールについてバスケットボールとハンドボール，バレーボール，水泳に関して出題されている。

対策としては，両校種とも学習指導要領に関連した問題が出題されていることや，記述式問題がほとんどであることから，学習指導要領を十分に理解した上で，保健体育の実技の副読本や各種競技団体の競技規則などを活用して幅広い知識を習得しておく必要がある。なお，競技種目によっては，ルールの変更などもあることから各種競技団体のホームページも活用するとよいだろう。具体的な指導方法については，学習指導要領解説の例示の内容も含めて熟読したり，教育実習時の指導教員に実際の指導場面について質問したりするなどして対応したい。

□ 体育理論

中学校では，学習指導要領解説から「運動やスポーツの意義や効果と学び方や安全な行い方」に関する問題，近代オリンピックに関する問題が出題されている。また,「運動部活動の地域移行に関する検討会議提言」(令和4年スポーツ庁)を踏まえて，運動部活動の地域移行が目指す姿について，400字以内で説明する論作文が出題されている。これらは，非常に難易度が高い。

高等学校では，新体力テストの実施方法や記録の出し方に関する問題，オリンピック競技大会及びドーピングに関する問題が出題されている。
中学校におけるスポーツ競技の成り立ちや歴史についての問題や，高等学校における「学校教育の指針　令和5年度の重点(秋田県教育委員会)」

についての問題も，広くみればここに分類されるかもしれない。

対策としては，両校種とも学習指導要領解説を十分に理解した上で，最新のスポーツに関する情報にもアンテナを高くして知識量を豊富にしておくとともに，簡潔に記述できるようにしておきたい。なお，JOCやIPC，スポーツ庁のホームページも確認しておきたい。特に第3期スポーツ基本計画やオリンピック，部活動の地域移行などに関する内容には目を通しておくこと。

□ 保健分野・科目保健

中学校の保健分野では，「改訂『生きる力』を育む中学校保健教育の手引き」(令和2年文部科学省)から，「応急手当の意義と実際」についての本時の指導案が引用され，指導や評価を行う際の留意点について出題されている。また，用語の説明問題として「主流煙と副流煙」，「ゾーン30」，「フレイル」を説明させる問題が出題されている。

高等学校の科目「保健」では，学習指導要領解説「(2)安全な社会生活」から，空欄への適語補充問題や指導内容に関連した知識を問う問題が出題されている。

これらはすべて記述式での解答となっており，難易度が高い。対策としては，中学校・高等学校の保健体育の教科書を熟読するとともに，注釈が入っている用語についても確認するなど，学習を深めておく必要がある。また，中学校においては，新型コロナウイルス感染症を取り上げた，「改訂『生きる力』を育む中学校保健教育の手引」の追補版も示されているので，併せて確認しておきたい。

□ その他

秋田県では，毎年の傾向として両校種とも多彩な資料から出題されるのも特徴である。

2024年度の中学校では，「改訂『生きる力』を育む中学校保健教育の手引」(令和2年文部科学省)，オリンピック憲章(2021年から有効IOC)，「運動部活動の地域移行に関する検討会議提言」(令和4年6月スポーツ庁)から出題されている。「改訂『生きる力』を育む中学校保健教育の手引」からは2年続けての出題である。

一方，高等学校も同様に，「学校教育の指針　令和5年度の重点」(秋田県教育委員会)，「新体力テスト実施要項」(文部科学省)から出題されている。

対策としては，過去3年程度の間に文部科学省やスポーツ庁，環境省や厚生労働省などから出された保健体育に関する各種の参考資料や手引・ガイドライン，体育・スポーツの時事的な内容について，また，地域問題への対応として秋田県スポーツ推進計画や秋田県教育委員会から出されている学校教育の指針(学校教育指導の重点)等について，情報を収集して学習しておくことが大切である。なお，部活動の地域移行に焦点が当たっているため，「運動部活動の地域移行に関する検討会議提言」(令和4年6月スポーツ庁)，「学校部活動及び新たな地域クラブ活動の在り方等に関する総合的なガイドラインについて」(令和4年12月スポーツ庁)について，そして，それを受けた秋田県の施策についても目を通しておきたい。

用語解説については，中学校や高等学校で使用されている保健体育科の教科書を活用し，特に本文中の太字表記の語句や余白の側注，用語解説などのキーワードに注意して語句を簡潔に説明できるようにしておきたい。なお，記述式問題について注意したいのは，誤字や脱字である。ケアレスミスに日頃から気をつけて学習を進めておきたい。

過去5年間の出題傾向分析

◎：3問以上出題　●：2問出題　○：1問出題

分類	主な出題事項			2020年度		2021年度		2022年度		2023年度		2024年度	
				中	高	中	高	中	高	中	高	中	高
中学学習指導要領	総説					◎					◎		
	保健体育科の目標及び内容			◎		◎	◎	◎	◎	◎		◎	
	指導計画の作成と内容の取扱い					○		◎		◎	●	●	
高校学習指導要領	総説				◎								
	保健体育科の目標及び内容												◎
	各科目にわたる指導計画の作成と内容の取扱い												
運動種目 中〈体育分野〉 高「体育」	集団行動												
	体つくり運動				○			○	○				
	器械運動					◎			●			◎	
	陸上競技			○	◎	○	○	●	○		●	●	◎
	水泳			◎		○	●		○	◎			●
	球技	ゴール型	バスケットボール				◎					◎	○
			ハンドボール		○								○
			サッカー	○			○				◎		
			ラグビー		○		◎						
		ネット型	バレーボール		○		●					○	○
			テニス										
			卓球				○		◎			○	
			バドミントン	○			◎			○			
		ベースボール型	ソフトボール	◎							●		
	武道	柔道			○			◎	●	○			
		剣道					○		●				
		相撲		○				○					
	ダンス					○		○		◎			
	その他（スキー，スケート等）											○	
	体育理論			◎	◎	◎	○			◎	◎	◎	●
中学〈保健分野〉	健康な生活と疾病の予防			◎		●		◎		●		●	
	心身の機能の発達と心の健康									◎			
	傷害の防止					◎				○		◎	
	健康と環境			◎		○		◎					
高校「保健」	現代社会と健康				◎				◎		○		
	安全な社会生活				●		●				◎		◎
	生涯を通じる健康				●						◎		
	健康を支える環境づくり						○		●		◎		
その他	用語解説			◎	○	○		◎	◎	◎	◎	◎	
	地域問題			◎	◎		◎		●		○	○	●
	体力テスト					◎		●		○			◎

第2部

秋田県の
教員採用試験
実施問題

2024年度　実施問題

【中学校】

【1】次の文は，「中学校学習指導要領(平成29年3月告示)」及び「中学校学習指導要領解説保健体育編(平成29年7月文部科学省)」の「第3章　指導計画の作成と内容の取扱い　1　指導計画の作成1(1)(3)」に示されている内容である。以下の(1)と(2)の問いに答えよ。

> (1)　単元など内容や時間の(　a　)を見通して，その中で育む資質・能力の育成に向けて，生徒の主体的・対話的で深い学びの実現を図るようにすること。その際，体育や保健の(　b　)を働かせながら，運動や健康についての(　c　)の課題を発見し，その合理的な解決のための活動の充実を図ること。また，運動の楽しさや喜びを味わったり，健康の(　d　)を実感したりすることができるよう留意すること。
>
> (3)　障害のある生徒などについては，学習活動を行う場合に生じる(　e　)に応じた指導内容や指導方法の工夫を計画的，組織的に行うこと。

(1)　(　a　)～(　e　)に適語を記せ。

(2)　下線部「障害のある生徒」への配慮の例について，次の文の(　a　)～(　c　)に適語を記せ。

・リズムや(　a　)に合わせて動くことや複雑な動きをすること，ボールや用具の操作等が難しい場合には，動きを理解したり，自ら積極的に動いたりすることができるよう，動きを(　b　)又は言語情報に変更したり簡素化したりして提示する，動かす体の(　c　)を意識させる，操作が易しい用具の使用や用具の大きさを工夫したりするなどの配慮をする。

(☆☆☆☆◎◎)

【2】体育理論の指導について，次の(1)と(2)の問いに答えよ。

(1)　次の文は，「中学校学習指導要領解説保健体育編(平成29年7月文部科学省)」の「H　体育理論　第1学年及び第2学年　運動やスポーツの意義や効果と学び方や安全な行い方　ア　知識」に示されている内容である。以下の①と②の問いに答えよ。

> ア　運動やスポーツの意義や効果と学び方や安全な行い方について理解すること。
>
> (ア)　運動やスポーツは，身体の発達やその機能の維持，体力の向上などの効果や(　a　)の獲得，ストレスの解消などの(　b　)及びルールやマナーについて合意したり，適切な人間関係を築いたりするなどの(　c　)を高める効果が期待できること。
>
> (イ)　運動やスポーツには，特有の技術があり，その学び方には，運動の課題を合理的に解決するための一定の(　d　)があること。
>
> (ウ)　運動やスポーツを行う際は，その特性や(　e　)，発達の段階や体調などを踏まえて運動を選ぶなど，(　f　)に留意する必要があること。

①　(　a　)～(　f　)に適語を記せ。

②　下線部「学び方」について，「技能の程度に応じた戦術や作戦を立てることが有効であることを理解できるようにする。」とされている。戦術及び作戦とは，それぞれどのような意味か説明せよ。

(2)　体育理論の授業時数は，各学年で何単位時間以上を配当することとしているか記せ。

(☆☆☆☆◎◎)

【3】器械運動の指導について，次の(1)と(2)の問いに答えよ。

(1)　次の文は，「中学校学習指導要領解説保健体育編(平成29年7月文

部科学省)」の「第2章　保健体育科の目標及び内容　B　器械運動　第1学年及び第2学年　(1)知識及び技能」に示されている内容である。以下の①と②の問いに答えよ。

(1)　次の運動について，技ができる楽しさや喜びを味わい，器械運動の特性や成り立ち，技の名称や行い方，その運動に関連して高まる体力などを理解するとともに，技をよりよく行うこと。

ア　マット運動では，回転系や(　a　)系の基本的な技を滑らかに行うこと，条件を変えた技や発展技を行うこと及びそれらを組み合わせること。

イ　鉄棒運動では，(　b　)系や(　c　)系の基本的な技を滑らかに行うこと，条件を変えた技や発展技を行うこと及びそれらを組み合わせること。

ウ　平均台運動では，体操系や(　d　)系の基本的な技を滑らかに行うこと，条件を変えた技や発展技を行うこと及びそれらを組み合わせること。

エ　跳び箱運動では，(　e　)系や回転系の基本的な技を滑らかに行うこと，条件を変えた技や発展技を行うこと。

①　(　a　)～(　e　)に入る語句をア～コから選び，記号で記せ。

ア　倒立　　イ　懸垂　　ウ　バランス　　エ　体幹
オ　切り返し　　カ　巧技　　キ　支持　　ク　姿勢
ケ　跳躍　　コ　操作

②　マット運動の主な技の例示(一部抜粋)について，(　a　)～(　e　)に適語を記せ。

系	技群	グループ	基本的な技（主に小5・6で例示）	発展技
回転系	接転	前転	前転 → 開脚前転 ―――→ 前転 → 補助倒立前転 → 前転 ―――→	(　a　) 倒立前転 跳び前転
		後転	後転 → 開脚後転 →	(　b　) → (　c　)
	ほん転	倒立回転・倒立回転跳び	側方倒立回転 ―――→ (　d　) ―――→	側方倒立回転跳び1/4ひねり（ロンダート） 前方倒立回転 → (　e　)
		はねおき	頭はねおき	

(2) 跳び箱運動の授業において，安全に指導するために配慮することを三つ記せ。

(☆☆☆◎◎◎)

【4】陸上競技の指導について，次の(1)と(2)の問いに答えよ。

(1) 次の文は，「中学校学習指導要領解説保健体育編(平成29年7月文部科学省)」の「第2章　保健体育科の目標及び内容　C　陸上競技　第1学年及び第2学年　(1)知識及び技能」に示されている内容である。以下の①と②の問いに答えよ。

> (1) 次の運動について，(a)の向上や(b)の楽しさや喜びを味わい，陸上競技の特性や成り立ち，技術の名称や行い方，<u>その運動に関連して高まる体力</u>などを理解するとともに，基本的な動きや(c)動きを身に付けること。
> ア　短距離走・リレーでは，滑らかな動きで速く走ることやバトンの受渡しでタイミングを合わせること，長距離走では，(d)を守って走ること，ハードル走では，リズミカルな走りから滑らかにハードルを越すこと。
> イ　走り幅跳びでは，スピードに乗った助走から素早く踏み切って跳ぶこと，走り高跳びでは，リズミカルな助走から力強く踏み切って大きな(e)で跳ぶこと。

① (a)～(e)に適語を記せ。

② 下線部「<u>その運動に関連して高まる体力</u>」について，短距離走で主として高まる体力要素を二つ記せ。

(2) 短距離走及びハードル走の指導について，次の①と②の問いに答えよ。

① 【図1】は，短距離走におけるスタートからフィニッシュまでの動きを表したものである。「スタートダッシュ」「中間疾走」「フィニッシュ」のそれぞれの局面での動きのポイントを一つずつ記せ。

【図１】

「中学体育実技2023（Gakken)」より一部改

② 【図2】のように，ハードルを高く跳んでしまう生徒Aに対して，動きを改善するための指導のポイントを二つ記せ。

【図２】　生徒Ａ（ハードル走）

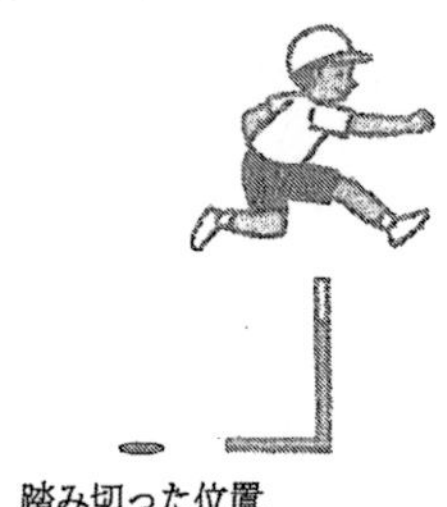

(☆☆☆◎◎◎)

【５】球技(ゴール型)の指導について，次の(1)～(3)の問いに答えよ。

(1) 次の文は，「中学校学習指導要領解説保健体育編(平成29年7月文部科学省)」の「E　球技　ア　ゴール型　第3学年　(1)知識及び技能」に示されている安定したボール操作の〈例示〉である。(　a　)～(　c　)に適語を記せ。

〈例示〉

・ゴールの枠内にシュートを(　a　)すること。

・(　b　)が操作しやすいパスを送ること。

・守備者とボールの間に(　c　)を入れてボールをキープすること。

(2) バスケットボールの指導において，仲間と連携して攻撃する際，パスを出した後のAの動き方で効果的な動きについて，【図】(AがBにパス→を出した後の動き方)を参考に四つ記せ。

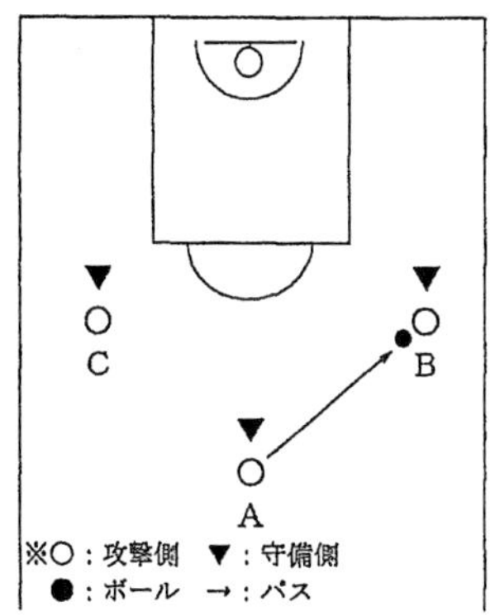

【図】AがBにパス→を出した後の動き方

(3)　次の①～④は，バスケットボールのファウル及びバイオレーションを説明したものである。それぞれの行為名を記せ。また，①～④の行為に対する【審判の合図】をア～オから選び，記号で記せ。

①

手を使って妨害する。

②

無理に前進して相手に突き当たる。

③

両手でボールをつく。

④

手や体で相手を押す。

【審判の合図】

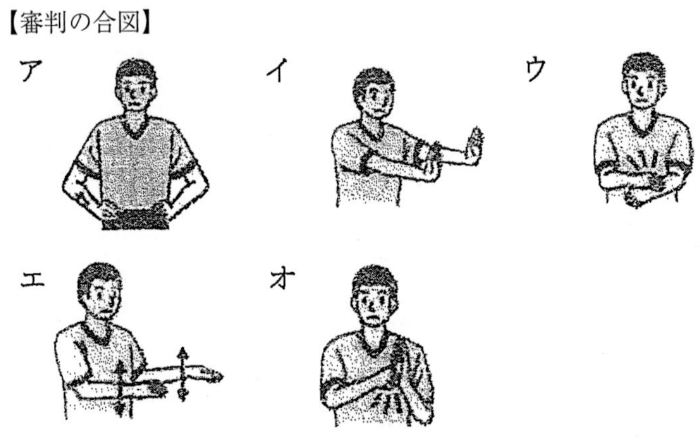

「新しい体育実技　東京書籍」より

(☆☆☆◎◎◎)

【6】次の表は,「改訂『生きる力』を育む中学校保健教育の手引(令和2年3月文部科学省)」の「第2学年　(3)傷害の防止　(エ)応急手当の意義と実際」に示されている内容(一部抜粋)である。以下の(1)～(3)の問いに答えよ。

【本時の指導案（3／4時間)】

時間	主な学習内容・学習活動	○指導上の留意点　◆【評価】
導入 7分	1．本時の学習課題について考える。 ・近くにいた人が突然倒れたらあなたならどうする？	
展開 35分	2．学習のねらいを知る。	資料：日本赤十字社ホームページ（掲示資料） 厚生労働省救急蘇生法の指針（掲示資料）
	心肺蘇生法について理解し，行えるようにしよう。	
	3．資料を参考にしながら心肺蘇生法の意味や実施の手順を確認する。 4．提示資料を参考にしながらダミーを用いて実践し，ワークシートに注意すべき点を書かせる。 ・4人組で行い，1人ずつ実施する中で，見ている生徒にワークシートのチェック項目をチェックしてもらい，実施者が改善策をワークシートに記入する。	＜指導のポイント＞ 実習することで，（　a　）として覚えているものが思っている以上に弱かったり，早かったりすることを（　b　）することで，その方法の根拠を深く理解することができるようにする。 ○できるだけ早く準備することが大切だということに気付かせる。
まとめ 7分	5．本時の学習を振り返り，心肺蘇生にはどのようなものがあるか，またそれを行う際の留意点をワークシートに記入する。	◆【知識・技能】 心肺停止に陥った人に遭遇したときの応急手当としては，気道確保，人工呼吸，胸骨圧迫，AED（自動体外式除細動器）使用などの心肺蘇生法があること，及びその方法等について理解したことを言ったり，書いたりしているとともに，心肺蘇生法ができる内容等を【観察・ワークシート】で捉える。

(1)　保健教育の指導に当たり，実習を取り入れるなど，指導方法を選ぶ際に考慮することを二つ記せ。

(2)　下線部「4．提示資料を参考にしながらダミーを用いて実践し，ワークシートに注意すべき点を書かせる。」において，学習活動を効果的に進めるための＜指導のポイント＞について，(　a　)と(　b　)に適語を記せ。

(3)　本時の学習を評価するに当たり，留意することを記せ。

(☆☆☆☆◎◎)

【7】次の(1)～(5)は，スポーツ競技の成り立ちや歴史について説明したものである。それぞれに当てはまる人物名をア～コから選び，記号で記せ。

(1)　19世紀の初め頃に，器械・器具を用いた今日の体操競技の原型となる運動を考案した人物

(2)　1891年に，アメリカ合衆国マサチューセッツ州スプリングフィールドのYMCAにて，冬季の室内スポーツとしてバスケットボールを考案した人物

(3)　卓球が東京の大学や横浜の高校を中心に全国に広がっていくきっかけとなったルールブックや用具などを日本に持ち帰り，1902年にイギリスから卓球を紹介した人物

(4)　1911年に来日し，新潟県高田(現在の上越市)の第13師団に着任した際に，我が国で最初のスキー指導をした人物

(5)　1895年に，テニスとバスケットボールを参考に，運動量の少ないスポーツとしてバレーボールを考案した人物

ア　ウィングフィールド少佐　　イ　ウィリアム・G・モーガン
ウ　P・リング　　エ　F・ヤーン
オ　Dr.ジェームス・ネイスミス　　カ　レルヒ少佐
キ　大谷武一　　ク　シャーマンポッペン
ケ　坪井玄道　　コ　ハーワードモーリー

(☆☆◎◎◎)

【8】近代オリンピックについて，次の(1)～(4)の問いに答えよ。

(1)　次の文は，「オリンピック憲章〔2021年8月8日から有効〕(国際オリンピック委員会　公益財団法人　日本オリンピック委員会)」の前文である。

下線部①～⑤について，語句や数字が正しければ○を，正しくない場合は，適する語句や数字を記せ。

近代オリンピズムの生みの親はピエール・ド・クーベルタンである。クーベルタンの主導により，パリ国際アスレチック・コングレ

スが1894年6月に開かれた。①国際オリンピック委員会(IOC)が設立されたのは1894年6月23日である。近代の最初のオリンピック競技大会(オリンピアード競技大会)は1896年，②イタリアのアテネで開催された。③1914年，パリ・コングレスはピエール・ド・クーベルタンの提案したオリンピック旗を採択した。オリンピック旗は，6④つの大陸の団結とオリンピック競技大会で世界中の選手が集うことを表現する，④6つの結び合う輪を持つ。第1回のオリンピック冬季競技大会は1924年，⑤フランスのシャモニーで開催された。

(2) 1909年に，国際オリンピック委員会(IOC)委員に日本人として初めて就任した人物名を記せ。

(3) アジアで初めての開催となった東京大会が開かれた年を西暦で記せ。

(4) 1980年に，日本やアメリカをはじめ50か国が政治的な理由で不参加となった大会を記せ。

(☆☆◎◎◎◎)

【9】次の語句について説明せよ。

(1) 主流煙と副流煙

(2) ゾーン30

(3) フレイル

(☆☆☆☆☆◎)

【10】「運動部活動の地域移行に関する検討会議提言」(令和4年6月6日運動部活動の地域移行に関する検討会議)では，学校の運動部活動では支えきれなくなっている中学生等のスポーツ環境について，地域単位での活動に移行することを目指すこととされている。

地域における新たなスポーツ環境を構築するため，運動部活動の地域移行が目指す姿について，この提言を踏まえ，400字以内で説明せよ。

(☆☆☆☆☆◎◎◎)

【高等学校】

【1】次の文は，高等学校学習指導要領解説保健体育編　体育編(平成30年7月文部科学省)」科目「体育」 4　内容の取扱いに示されている内容(一部抜粋)である。以下の各問いに答えよ。

> (1)　内容の「A体つくり運動」から「H体育理論」までの領域については，次のとおり取り扱うものとする。
> ア　「A体つくり運動」及び「H体育理論」については，各年次において(　a　)に履修させること。
> (2)　内容の「A体つくり運動」から「H体育理論」までに示す事項については，各年次において次のとおり取り扱うものとする。
> ア　「A体つくり運動」に示す事項については，(　a　)に履修させること。なお，(1)のアの運動については，「B器械運動」から「Gダンス」までにおいても関連を図って指導することができるとともに，「保健」における(　b　)の予防と回復などの内容との関連を図ること。(1)のイの運動については，(　c　)に取り組める運動例を組み合わせることに重点を置くなど指導方法の工夫を図ること。
> カ　「F武道」については，柔道，剣道，相撲，空手道，なぎなた，弓道，合気道，少林寺拳法，銃剣道などを通して，(　d　)の伝統と文化により一層触れることができるようにすること。
> ク　「H体育理論」については，(1)は入学年次，(2)はその次の年次，(3)はそれ以降の年次で取り上げること。その際，各年次で(　e　)時間以上を配当すること。
> (3)　内容の「B器械運動」から「Gダンス」までの領域及び運動については，<u>学校や地域の実態</u>及び<u>生徒の特性や選択履修の状況等</u>を踏まえるとともに，安全を十分に確保した上で，生徒が自由に選択して履修することができるよう配慮するものとする。指導に当たっては，内容の「B器械運動」から「Gダンス」

までの領域については，それぞれの運動の特性に触れるために必要な体力を生徒自ら高めるように留意するものとする。

(1) 文中の(a)～(e)に適語を記せ。

(2) 下線部の学校や地域の実態が示すものは何か，「地域の」「学校の」「学校や地域の」の書き出しに続けてそれぞれ答えよ。

(3) 下線部の生徒の特性や選択履修の状況等について，選択制の授業においては，運動種目を継続して履修する生徒と初めて履修する生徒が共に学習することが考えられる。その場合に，充実を図る必要があるとされることは何か，二つ答えよ。また，具体的な手立てをそれぞれ答えよ。

(4) 科目「体育」は，「A体つくり運動」，「B器械運動」，「C陸上競技」，「D水泳」，「E球技」，「F武道」，「Gダンス」，「H体育理論」を取り扱うが，領域の選択については，[入学年次]と[入学年次の次の年次以降]において，どのように領域を組み合わせて履修することができるようにするのか答えよ。また，配慮すべきことは何か，それぞれ答えよ。

(☆☆☆☆☆◎◎◎)

【2】次の文は，「高等学校学習指導要領解説保健体育編　体育編(平成30年7月文部科学省)」科目「体育」 C　陸上競技[入学年次の次の年次以降]の知識及び技能「技能」に示されている内容(一部抜粋)である。以下の各問いに答えよ。

(1) 次の運動について，記録の向上や競争及び自己や仲間の課題を解決するなどの多様な楽しさや喜びを味わい，技術の名称や行い方，体力の高め方，課題解決の方法，競技会の仕方などを理解するとともに，各種目特有の技能を身に付けること。

ア　短距離走・リレーでは，中間走の高いスピードを維持して速く走ることやバトンの受渡しで次走者と前走者の距離を長くすること，長距離走では，(a)の変化に対応して走ること，ハードル走では，スピードを維持した走りからハードルを低くリズミカルに越すこと。

イ　走り幅跳びでは，スピードに乗った助走と力強い踏み切りから着地までの動きを滑らかにして跳ぶこと，走り高跳びでは，スピードのあるリズミカルな助走から力強く踏み切り，滑らかな(　b　)で跳ぶこと，三段跳びでは，短い助走からリズミカルに連続して跳ぶこと。

ウ　砲丸投げでは，立ち投げなどから砲丸を(　c　)投げること，やり投げでは，短い助走からやりを前方に(　d　)投げること。

(1)　文中の(　a　)～(　d　)に適語を記せ。

(2)　下線部の体力の高め方について，陸上競技のパフォーマンスは体力要素の中の主としてどの要素に強く影響されると示されているか，短距離走，長距離走それぞれについて答えよ。

(3)　下線部の課題解決の方法について，どのような過程があることを理解できるようにするのか一つ答えよ。また，その過程における活動例を答えよ。

(4)　下線部の中間走の高いスピードを維持して速く走るとは，どのようなことか答えよ。また，それを指導する際のポイントについて答えよ。

(5)　下線部のハードルを低くリズミカルに越すとは，どのようなことか答えよ。また，それを指導する際のポイントについて答えよ。

(☆☆☆☆◎◎◎)

【3】次の文は，「高等学校学習指導要領解説保健体育編　体育編(平成30年7月文部科学省)」科目「保健」 3　内容　(2)安全な社会生活に示されている内容(一部抜粋)である。以下の各問いに答えよ。

ア　安全な社会生活について理解を深めるとともに，応急手当を適切にすること。

(ア) 安全な社会づくり

安全な社会づくりには，環境の整備とそれに応じた個人の取組が必要であること。また，交通事故を防止するには，車両の特性の理解，安全な運転や歩行など適切な行動，自他の生命を尊重する態度，交通環境の整備が関わること。交通事故には補償をはじめとした責任が生じること。

イ 安全な社会生活について，安全に関する原則や概念に着目して危険の予測やその回避の方法を考え，それらを表現すること。

ア 知識及び技能

(ア) 安全な社会づくり

㋐ 事故の現状と発生要因

事故は，地域，職場，家庭，学校など様々な場面において発生していること，事故の発生には，(a)の把握及び判断，(b)や(c)などの人的要因，(d)，施設・設備，(e)，法令，制度，情報体制などの環境要因などが関連していることを理解できるようにする。

㋑ 安全な社会の形成

事故を防止したり事故の発生に伴う傷害等を軽減したりすることを目指す安全な社会の形成には，交通安全，防災，防犯などを取り上げて，法的な整備などの環境の整備，環境や状況に応じた適切な行動などの個人の取組，及び(f)などが必要であることを理解できるようにする。

その際，(g)，高齢者，(h)，(i)などの安全には，特に支援が必要な場合があることに触れるようにする。

(1) 文中の(a)～(i)に適語を記せ。

(2) 下線部の交通環境の整備について，自動車の速度の抑制を目的とした対策を二つ答えよ。

(3)　下線部の補償をはじめとした責任について，三つの責任とその内容をそれぞれ答えよ。

(4)　下線部の危険の予測やその回避の方法について，生徒が授業において主体的に考えられるようにするためには，どのような取組が考えられるか答えよ。

(5)　下線部の防災について，次の表の警戒レベル2・警戒レベル3・警戒レベル4では，どのような行動をとるべきか，それぞれ答えよ。

警戒レベル	警報等
警戒レベル1	早期注意情報（警報級の可能性）
警戒レベル2	大雨注意報・洪水注意報
警戒レベル3	大雨警報・洪水警報
警戒レベル4	土砂災害警戒情報
警戒レベル5	大雨特別警報

(☆☆☆◎◎)

【4】次の文は，「学校教育の指針　令和5年度の重点(秋田県教育委員会)」の「体育，保健体育」に示されている内容(一部抜粋)である。次の各問いに答えよ。

①　見方・考え方を働かせ，運動やスポーツとの多様な関わりを楽しむための指導の充実

(運動に関する領域)

◇単元など内容や(　a　)のまとまりの中で，指導内容と(　b　)を適切に組み立て，指導の(　c　)につなげる。

◇見方・考え方を働かせるための教材や問いを準備したり，ICTを効果的に活用したりするなど，指導方法を工夫する。

②　実生活における健康・安全に関する課題を見付け，解決するための指導の充実

(保健に関する領域)

◇単元や本時の目標を踏まえ，「(　d　)」「比較」「(　e　)」などの活動を適切に取り入れる。

◇(f)と結び付けた課題を見付け，解決するために必要な情報を(g)・収集・(h)する活動を取り入れる。

(1) 文中の(a)～(h)に当てはまる語句を次の語群から選び記号で答えよ。

【語群】

ア 目的	イ 選択	ウ 関連付け	エ 評価場面
オ 活用	カ 課題発見	キ 時間	ク 生活
ケ 改善	コ 理解		

(2) 下線部のICTを効果的に活用について，学習の効果を高める活用方法の具体例とそのねらいをそれぞれ答えよ。また，運動の実践に際し，留意することが大切であるとされている事項を一つ答えよ。

(☆☆☆◎◎)

【5】新体力テストについて，「新体力テスト実施要項(12歳～19歳対象)文部科学省」に示されている測定及び記録の方法について，次の各問いに答えよ。

(1) Aさんが握力を測定したところ，右が1回目47.4kg，2回目48.9kgで，左は1回目43.5kg，2回目40.9kgだった。この場合のAさんの記録について，計算式も含めて答えよ。

(2) 50m走において，被測定者はどのような姿勢でスタートするか，スタートの名称を答えよ。また記録における1/10秒未満の扱いを答えよ。

(3) ハンドボール投げにおいて，使用するボールは何号球か答えよ。また，「下手投げ」の扱いはどのようになっているか答えよ。

(4) 反復横跳びにおいて，ラインの引き方として正しいものを選び記号で答えよ。

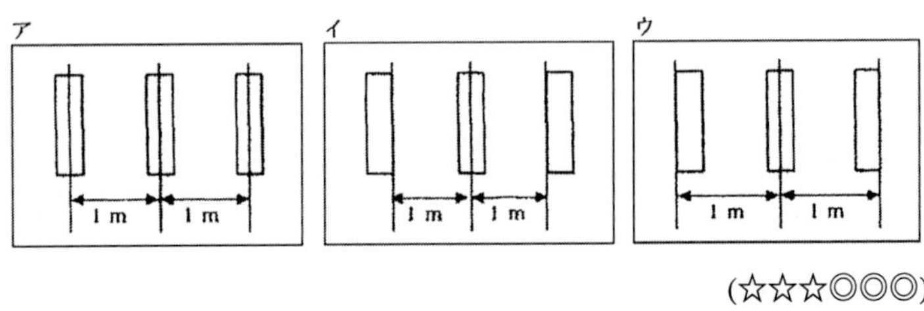

(☆☆☆◎◎◎)

【6】オリンピック競技大会について，次の各問いに答えよ。

(1)　2023年5月末時点において，第32回オリンピック競技大会(2020／東京)では採用されたが，第33回オリンピック競技大会(2024／パリ)では不採用とされている競技を全て答えよ。また，第33回オリンピック競技大会(2024／パリ)で新規採用されている競技は何か答えよ。

(2)　次の文中の(　a　)～(　c　)に当てはまる語句をそれぞれの語群から選び記号で答えよ。

> スポーツ界において，初めて禁止物質を規定したのは国際陸上競技連盟でした。1960年(　a　)オリンピック競技大会において，ドーピングによるアスリートの死亡事故が発生したことを受け，ドーピングを取り締まる動きが起こりました。〈中略〉また，(　b　)は，スポーツにおいて禁止する物質のリストを定め，1968年グルノーブル冬季オリンピック競技大会，メキシコ夏季オリンピック競技大会からドーピング検査を開始しました。しかしながら，当時は，競技種目や国・地域を越えて統一されたルールは存在していませんでした。〈中略〉競技種目，国や地域を越えた横断的な協働関係が構築されたのは，1999年に世界アンチ・ドーピング機構が設立されてからとなります。〈中略〉(　c　)オリンピック競技大会は，Code(世界アンチ・ドーピング規定)が適用された初めてのオリンピック大会となりました。

【aの語群】

ア　ヘルシンキ　　イ　ローマ　　ウ　メキシコ

【bの語群】

ア　国際オリンピック委員会　　イ　日本アンチ・ドーピング機構

ウ　スポーツ仲裁裁判所

【cの語群】

ア　2004年アテネ　　イ　2000年シドニー　　ウ　2008年北京

(☆☆☆☆◎◎◎◎)

【7】各競技のルールについて，次の各問いに答えよ。

(1)　バスケットボールとハンドボールについて，味方からのパスを空中でキャッチし，最初に着地した一方の足を「1歩目」と数えた場合，何歩目を踏んだときに何という反則となるか，それぞれ答えよ。なお，一連の動作中にドリブルは用いないものとする。

(2)　バレーボールの防御の際，ブロックを試みようとする選手がネットを越えて相手空間内に手と腕を伸ばした場合，どのような判定となるか。相手がアタックヒットする前にボールに触れた場合と，相手がアタックヒットした後にボールに触れた場合の二通りについて，それぞれ答えよ。

(3)　水泳において，飛び込み台からではなく水中からスタートする種目を二つ答えよ。

(4)　次の文は，平泳ぎの泳ぎ方を示したものである。(a)～(c)に適語を記せ。

> スタート後，折り返し後の一かき目は完全に(a)のところまで持っていくことができる。その間泳者は(b)状態であってもよい。スタート後，折り返し後に，最初の平泳ぎの蹴りの前に(c)の蹴りが1回許される。

(☆☆☆◎◎◎◎)

解答・解説

【中学校】

【1】(1)　a　まとまり　　b　見方・考え方　　c　自他　　d　大切さ　　e　困難さ　　(2)　a　タイミング　　b　視覚的　　c　部位

〈解説〉(1)　a　主体的・対話的で深い学びは，必ずしも1単位時間の授業の中で全てが実現されるものではない。単元など内容や時間の「まとまり」の中で，主体的に学習に取り組める場面，対話によって自分の考えなどを広げたり深めたりする場面，学びの深まりをつくり出す場面をどこに設定し，どのように組み立てるか，といった視点で授業改善を進めることが求められる。　b「見方・考え方」とは，その教科等ならではの物事を捉える視点や考え方である。各教科等を学ぶ本質的な意義の中核をなすものであり，教科等の学習と社会をつなぐものである。　c「運動や健康についての自他の課題を発見し」とは，各領域の特性を踏まえて，動きや技などの改善についてのポイントを発見したり，仲間との関わり合いや健康・安全についての自己や仲間の取り組み方などの課題を発見したりすることや，健康に関わる事象や健康情報などから自他の課題を発見することである。　d　健康の保持増進や回復等に主体的に取り組み，健康で豊かな生活を営む態度を育成するには，健康の「大切さ」を実感できることが必要である。　e「学習活動を行う場合に生じる困難さ」は，見えにくさ，聞こえにくさ，道具の操作の困難さ，移動上の制約，健康面や安全面での制約，発音のしにくさ，心理的な不安定，人間関係形成の困難さ，読み書きや計算等の困難さ，注意の集中を持続することが苦手であることなど，個々の生徒によって異なるものである。　(2)　a・b　リズムや「タイミング」に合わせて動くことが難しい場合には，聴覚情報をもとに動くのではなく「視覚情報」や言語情報をもとに動けるようにする。　c　複雑な動きをすることが難しい場合には，動きを簡素化したり，体のどこの「部位」をどのように動かすのかを意識させ，単純な動きにして動けるようにする。

【2】(1) ① a 自信 b 心理的効果 c 社会性 d 方法 e 目的 f 健康・安全 ② ・戦術…技術を選択する際の方針 ・作戦…試合を行う際の方針 (2) 3(単位時間以上)

〈解説〉(1) ① a 運動やスポーツは，心身両面への効果が期待できる。心との関連では，発達の段階を踏まえて，適切に運動やスポーツを行うことで達成感を得たり，自己の能力に対する「自信」をもったりすることができる。 b 運動やスポーツを行うことで，ストレスを解消したりリラックスしたりすることができることなど，「心理的効果」が期待できる。 c 体力や技能の程度，年齢や性別，障害の有無等の様々な違いを超えて，運動やスポーツを行う際に，違いに配慮したルールを受け入れたり，仲間と教え合ったり，相手のよいプレイに称賛を送ったりすることなどを通して「社会性」が高まる。 d 各種の運動の技能を効果的に獲得するための学び方には，その領域や種目に応じて，よい動き方を見付けること，合理的な練習の目標や計画を立てること，実行した技術や戦術，表現がうまくできたかを確認すること，新たな課題を設定することなどの運動の課題を合理的に解決する「方法」がある。 e・f 安全に運動やスポーツを行うためには，特性や「目的」に適した運動やスポーツを選択し，発達の段階に応じた強度，時間，頻度に配慮した計画を立案すること，体調，施設や用具の安全を確認すること，準備運動や整理運動を適切に実施すること，適切な休憩や水分補給を行うこと，共に活動する仲間の「健康・安全」にも配慮することなどが重要である。 ② 「技術を選択する際の方針」(戦術)とは，スポーツの試合において，どのような場面でどの技術を選択するかといった，個人やチームとして試合中に技術を選択するための方針のことで，「もし～ならば，～する」のように表現できる。「試合を行う際の方針」(作戦)とは，試合前に相手チームや味方の特徴を分析して，いつ，どのような戦術を適用するかについて，あらかじめ立てておく計画のこと。 (2) 「H体育理論」は「A体つくり運動」

とともに，豊かなスポーツライフの実現に向けて基盤となる学習であることから，「H体育理論」は各学年で3単位時間以上を，「A体つくり運動」は各学年で7単位時間以上を配当する。

【3】(1)　①　a　カ　b　キ　c　イ　d　ウ　e　オ
②　a　伸膝前転　b　伸膝後転　c　後転倒立　d　倒立ブリッジ　e　前方倒立回転跳び　(2)　(解答例)　・跳び箱運動で要求される動きや感覚を高めておく　・安全な学習の場をつくる　・無理な挑戦をさせない　・授業で取り上げる技の順番に配慮する　から三つ

〈解説〉(1)　①　a　マット運動で，巧技系はバランスをとりながら静止する技，回転系はマットの上で回転する技のこと。　b・c　鉄棒運動で，支持系は腕で体を支える体勢で行う技，懸垂系はぶら下がる体勢で行う技のこと。　d　平均台運動で，バランス系は台上でポーズをとり静止したり，台上でターンをして方向転換する技，体操系は台上を歩いたり走ったりして移動したり，台上で跳び上がったり，跳躍したり，跳び下りたりする技のこと。　e　跳び箱運動で，切り返し系は跳び箱上に支持して回転方向を切り替えて跳び越す技，回転系は跳び箱上を回転しながら跳び越す技のこと。　②　a　開脚前転の発展技が伸膝前転である。　b・c　開脚後転の発展技は，技の難易度から伸膝後転，後転倒立の順になる。　d・e　前方倒立回転につなげるために，小学校段階で例示されている基本的な技は倒立ブリッジである。また，前方倒立回転の発展技は前方倒立回転跳びである。　(2)　1「跳び箱運動で要求される動きや感覚を高めておく」とは，マット運動で回転感覚を高め，馬跳びやウサギ跳び等の切り返し系の技に類似した運動を十分に指導しておくこと。　2「安全な場づくり」は，例えば，落下の心配がある台上前転の指導では，跳び箱の両側にマットを敷いたり，補助の仲間を配置したりすること。着地に柔らかいマットを準備しておくことも，児童生徒が安心して取り組むことに役立つ。　3「無理な挑戦をさせない」は，跳び箱運動では高さばかりを追求する授業は危険であり，技能にあった高さを選び，余裕と雄大さを感じさせる技の実施を目指すこと。　4「授業で取り上げる技の順番に配慮する」とは，同じ授業内で回転系と切り返し系の両方を指導する場合，回転系を先に取り上げると，切り返し系の学習の際に回転感覚が残っていて事故につながることがあるから，切り返し系を先に取り上げるようにすること。

【4】(1)　①　a　記録　　b　競争　　c　効率のよい　　d　ペース　e　動作　　②　・敏捷性　　・瞬発力　　(2)　①　(解答例)　・スタートダッシュ…力強くスターティングブロックを蹴る，前傾を保つ，腕を大きく振る，徐々に上体を起こす　から一つ　　・中間疾走…腰が落ちないようにする，肩の力を抜く，蹴り脚が後ろへ流れないようにすばやく前へ運ぶ　から一つ　　・フィニッシュ…全身を投げ出す，そのまま走り抜ける，上体をひねりながら倒す　から一つ

②　(解答例)　・遠くから踏み切る　　・ハードルの上で上体を前傾させる　　・ハードルの上では抜き足を立てないで，できるだけ水平にする　から二つ

〈解説〉(1)　①　a・b　陸上競技は，走る，跳ぶ及び投げるなどの運動で構成され，記録に挑戦したり，相手と競争したりする楽しさや喜びを味わうことのできる運動である。　c　効率のよい動きとは，運動課題を達成するために，目的にかない，少ないエネルギーでしかも安全に最大の力やパフォーマンスを発揮できるような，動きのポイントを押さえた無駄のない動きのこと。　d　ペースを守って走るとは，設定した距離をあらかじめ決めたペースで走ること。　e　大きな動作とは，はさみ跳びでバーを越える際の両脚の大きなはさみ動作のこと。

②　陸上競技は，それぞれの種目で主として高まる体力要素が異なる。例えば，短距離走や跳躍種目などでは主として敏捷性や瞬発力，長距離走では主として全身持久力が各種目の動きに関連して高められる。

(2)　①　スタートダッシュの局面での動きは，「前脚でスターティングブロックを強く蹴り，蹴った直後は体幹をまっすぐにする」，「前傾

を保った姿勢から，徐々に上体を起こす」，「腕を大きく振り，推進力を高める」，「後脚は，体幹が前傾している間に素早く前方にスイングする」などがポイントである。中間疾走の局面での動きは，「肩の力を抜いて，脚と腕のタイミングを合わせる」，「支持脚を体の真下に接地させる」，「振り出し脚をすばやく振り戻す」，「腰を高い位置に保つ」などがポイントである。フィニッシュの局面での動きは，「胴体(トルソー)のいずれかの部分を，できるだけ速くフィニッシュラインに到達させる」ことがポイントである。　② ハードルの近くから踏み切ったり，抜き足が垂直に立った状態だったりすると，ハードルに振り上げ足または抜き足をぶつけてしまうことになるので，それを避けるために遠くから踏み切る。

【5】(1)　a　コントロール　　b　味方　　c　自分の体　　(2)・ゴール(バスケット)の方向へ動く　・空いている場所(コーナー，オープンスペース)へ動く　・ボールと反対の方向へ動く　・ボールの方向へ動く　(3)　(行為名／記号の順)　①　イリーガルユースオブハンズ／ウ　②　チャージング／オ　③　イリーガルドリブル(ダブルドリブル)／エ　④　プッシング／イ

〈解説〉(1)　a 「枠内にシュートをコントロールする」とは，誰も触らなければ得点となるゴールの枠の中に打つようにシュートをコントロールすること。　b 「味方が操作しやすいパス」とは，味方がパスを受け取った直後にシュートやドリブルなど，次のプレイをしやすいように，受け取る場所，ボールの速さや高さ，パスの種類などを配慮したパスのこと。　c　相手と向き合った状態で相手の前でボールを持っている(キープしている)とボールを奪われてしまう危険があるため，相手とボールの間に自分の体を入れることにより，ボールを奪いに来る動きを阻止することができる。　(2) 「ゴールの方向へ動く」は，守備者がついてこなければAがパスを受けてシュートでき，Aにパスができない場合は，Aの動きで空いたスペースでCがパスを受けることができる。「空いている場所へ動く」は，例えばAが図の右上隅のコー

ナーへ走りこめば，空いたスペースを使ってBが攻撃できる。「ボールと反対の方向へ動く」は，AがCの守備者にスクリーンをかけることで，Cはゴールに向かってカットインプレイをすることができる。または，Aの動きによりスペースが空くためにBが1対1をしやすくなる。「ボールの方向へ動く」は，AがBの守備者にスクリーンをかけることで，Bのドリブルインを助けるプレイとなる。 (3) ① イリーガルユースオブハンズは，相手を手でたたいたりつかんだりする反則(ファウル)で，審判の合図は手首をたたく動作である。 ② チャージングは，相手に突き当たる反則(ファウル)で，審判の合図は手のひらを拳でたたく動作である。 ③ イリーガルドリブル(ダブルドリブル)は，両手で連続してドリブルをしたり，ドリブル中に両手で同時にボールに触れた後に再びドリブルしたりする違反(バイオレーション)で，審判の合図は両手でドリブルのまねをする動作である。 ④ プッシングは，相手を押す反則(ファウル)で，審判の合図は押すまねをする動作である。

【6】(1) (解答例) ・指導方法を選ぶ際には，その時間の目標を達成するために最も効果的であるかを吟味する。 ・選んだ指導方法の効果を発揮させるために必要な時間配分が可能かを考慮する。
(2) a 知識 b 実感 (3) (解答例) 「知識・技能」を評価するに当たっては，その方法の手順や行い方のポイントを押さえているかなど，設定した評価規準に基づいて，観察の視点を明確にしておくことが必要である。また，知識と技能とを一体的に評価することに留意する必要がある。

〈解説〉(1) 指導方法の具体例としては，事例などを用いたディスカッション，ブレインストーミング，心肺蘇生法などの実習，実験，課題学習などを取り入れることなどがある。 (2) 「実習することで，知識として覚えているものが思っている以上に弱かったり，早かったりすることを実感する」とは，例えば，胸骨圧迫で傷病者の胸が5cm沈むくらいの押し方が弱かったり，1分間に100～120回のテンポで連続して絶え間なく続ける押し方が早かったりすること。 (3) 知識は，心肺停止に陥った人に遭遇したときの応急手当としては，気道確保，人工呼吸，胸骨圧迫，AED(自動体外式除細動器)使用などの心肺蘇生法があることを，及びその方法等について理解したことを言ったり，書いたりしていることで捉える。技能は，心肺蘇生法ができること，身に付いていること等を実習の観察やワークシートで捉える。

【7】(1) エ　(2) オ　(3) ケ　(4) カ　(5) イ

〈解説〉(1) ヤーンは現在の体操競技の原型であるドイツ体操を考案し，鉄棒，平行棒，あん馬などの器械を設置して，若者たちを鍛える体操場を開設した。 (2) バスケットボールは，アメリカのYMCA体育教師のDr.ジェームス・ネイスミスが，冬季に室内で行うスポーツとして1891年に考案した。当初はサッカーボールを使用して，桃を入れるかごを体育館の手すりに釘で打ち付けて行った。 (3) テニスを室内遊戯としてテーブルを用いて行ったのが卓球の起源とされ，わが国には1902年に坪井玄道がイギリスから紹介した。 (4) 日本のスキーは1911年に，新潟県高田(上越市)においてオーストリアのレルヒ少佐が指導したのが始まりである。当時は一本杖スキーで，両足のスキーをハの字に開いたプルークのような滑り方だった。 (5) アメリカの体育指導者のウィリアム・G・モーガンが，老若男女の誰もが気楽に楽しめる運動量の少ないスポーツとして，テニスとバスケットボールを参考に考案したのがバレーボールである。ボールをボレー(volley＝ノーバウンド)で打ち合うことから，バレーボールと呼ばれた。

【8】(1) ① ○　② ギリシヤ　③ ○　④ 5　⑤ ○
(2) 嘉納治五郎　(3) 1964(年)　(4) モスクワ(大会)

〈解説〉(1) ② 近代オリンピックの第1回は，1896年に古代オリンピック発祥の国ギリシヤの首都アテネで開催された。 ④ オリンピック旗の5つの輪は，ヨーロッパ，南北アメリカ，アフリカ，アジア，オセアニアの5つの大陸を象徴している。オリンピック旗に描かれている5色に地色の白を加えると，世界中のほとんどの国の国旗を描くことができるということで，クーベルタンが考案したもの。　(2)　嘉納治五郎は，教育家であり，柔道の創始者，アジアで最初の国際オリンピック委員会(IOC)委員，現在の日本スポーツ協会の設立者である。日本の体育・スポーツ振興に力を尽くした。　(3)　東京オリンピックが開催された1964年は，第二次世界大戦が終戦してわずか19年後であったが，アジアで初めてのオリンピックであるとともに，戦後の復興の様子や日本の底力を海外に示す大会となった。　(4)　1980年の第22回オリンピック競技大会は，ソビエト連邦(現在のロシア連邦)の首都モスクワで開催された。このモスクワ大会は，社会主義国で初の開催であったが，ソ連のアフガニスタン侵攻に激しく抗議したアメリカが，資本主義国にオリンピックのボイコットを呼びかけたことにより，日本も不参加を決定した。

【9】(1)　(解答例)　喫煙者が吸い込む煙を主流煙，たばこの先から立ち上る煙を副流煙という。　(2)　(解答例)　生活道路が多い地域で，最高速度を時速30kmに速度規制するなどの安全対策を行うこと。　(3)　(解答例)　フレイルとは，加齢とともに老い衰え，心身の活力(運動機能や認知機能等)が低下した状態で，要介護状態になる前の段階のことをいう。健康な状態とサポートが必要な介護状態の中間を意味し，フレイルを経て要介護状態へと進む。

〈解説〉(1)　主流煙は喫煙者が直接吸い込む煙で，副流煙はたばこの点火部分から出る煙である。主流煙と比べるとニコチンは2.8倍，タールは3.4倍，一酸化炭素は4.7倍と，副流煙のほうが多くの有害物質が含まれており，喫煙者の周囲にいる人が吸い込む受動喫煙により健康に影響を及ぼす。　(2)　ゾーン30は，生活道路における歩行者等の安全な通行を確保することを目的として，ゾーン(区域)内の最高速度を時速30kmに速度規制したり，ゾーン内を抜け道として通行する行為の抑制を図ったりする，生活道路の安全対策のこと。　(3)　フレイルは，英語の「Frailty(フレイルティ)」が語源で，日本語に訳すと「虚弱」，「老衰」,「脆弱」などの意味がある。日本老年医学会は高齢者の「Frailty」に対し，要介護状態の前の段階なので，正しく介入すれば戻るということを強調するために,「フレイル」と共通した日本語訳にすることを2014年5月に提唱している。

【10】(解答例)　学校の運動部活動では支えきれなくなっている中学生等のスポーツ環境について，学校単位から地域単位での活動に積極的に変えていくことにより，少子化の中でも，将来に渡り子供たちがスポーツに継続して親しむことができる機会を確保する必要がある。このことは，学校における働き方改革を推進し，学校教育の質の向上にもつながる。運動部活動の地域移行は，単に運動部活動を学校から切り離すということではなく，子供たちの望ましい成長を保障できるよう，地域の持続可能で多様なスポーツ環境を整備し，地域全体で子供たちの多様なスポーツの体験機会を確保する必要がある。このため，適正な活動時間の中で生徒が複数種目を選択し参加するなど多様な活動も提供されることを目指すべきである。運動部活動の改革を契機として，中学生にとどまらず多様な世代が参加する地域のスポーツ環境の充実を図る機会にしていくことが重要である。(387文字)

〈解説〉少子化が進展する中，学校部活動を従前と同様の体制で運営することは難しくなってきており，学校や地域によっては存続が厳しい状況にある。また，専門性や意思に関わらず教師が顧問を務めるこれまでの指導体制を継続することは，学校の働き方改革が進む中，より一層厳しくなる。このような状況において，生徒の豊かなスポーツ活動を実現するためには，学校と地域との連携・協働により，学校部活動の在り方に関し速やかに改革に取り組み，生徒や保護者の負担に十分配慮しつつ，持続可能な活動環境を整備する必要がある。学校部活動の地域移行は,「地域の子供たちは，学校を含めた地域で育てる。」という意識の下で，生徒の望ましい成長を保障できるよう，地域の持続可能で多様な環境の一体的な整備により，地域の実情に応じスポーツ活動の最適化を図り，体験格差を解消することを目指すものである。

その際，前述した学校部活動の教育的意義や役割については，地域クラブ活動においても継承・発展させ，さらに，地域での多様な体験や様々な世代との豊かな交流等を通じた学びなどの新しい価値が創出されるよう，学校教育関係者等と必要な連携を図りつつ，発達段階やニーズに応じた多様な活動ができる環境を整えることが必要である。

【高等学校】

【1】(1)　a　全ての生徒　　b　精神疾患　　c　日常的　　d　我が国固有　　e　6単位　　(2)　・(地域の)特色　　・(解答例) (学校の)立地条件や気候条件　・(解答例) (学校や地域の)体育施設や用具等の実態　(3)　充実を図る指導1…オリエンテーション　　具体的な手立て1…(解答例) 学習のはじめの段階に，生徒の運動経験等を把握するとともに，それまでの学習が十分に身に付いていない生徒に対して必要に応じて復習的な内容を取り入れたり，身に付けた知識や技能を活用したりする機会を設けることに配慮した指導と評価の計画を作成する。　充実を図る指導2…(解答例) 自主的な学習を促す指導　　具体的な手立て2…(解答例) 学校や地域の実態を踏まえた指導内容の選定や，評価規準を用いた学習評価を行う。　(4)　入学年次…B，C，D，Gから一つ以上　E，Fから一つ以上　配慮すべきこと…(解答例) 入学年次では，中学校第3学年との接続を重視して，選択のまとまりの中から選択した領域について自主的に取り組むことができるように配慮する。その次の年次以降…B，C，D，E，F，Gから二つ以上　配慮すべきこと…(解答例) その次の年次以降では，全ての領域から選択し，生涯にわたる豊かなスポーツライフを継続する資質・能力の育成に向け，知識と技能をより一層関連させ，主体的に取り組むことができるよう配慮する。

〈解説〉(1)　a「A体つくり運動」と「H体育理論」については，豊かなスポーツライフの実現に向けて基盤となる学習であることから，各年次を通して全ての生徒に履修させる。　b　体育の「A体つくり運動」のア「体ほぐしの運動」では具体的な運動の視点から，保健の(1)「現代社会と健康」のア(オ)「精神疾患の予防と回復」では精神疾患への対処の視点から，それぞれ取り上げているので，この点を十分考慮して関連のある指導を工夫する。　c「実生活に生かす運動の計画」では，運動を組み合わせて，健康の保持増進や調和のとれた体力の向上を図るための運動の計画を立て取り組むこととしているが，学校教育活動全体や実生活で生かすことができるよう日常的に取り組める簡単な運動の組合せを取り上げるなど指導方法の工夫を図ることに留意する。　d　武道は，武技，武術などから発生した我が国固有の文化である。対戦相手を敵として考えるのではなく，同じ道を追求する大切な仲間であるといった考え方など，我が国固有の文化である武道を学習することは，これからの国際社会を生きていく上で有意義である。　e　体育理論を各年次6単位時間以上としたのは，主体的・対話的で深い学びの実現に向けて，事例などを用いたディスカッションや課題学習などを各学校の実態に応じて取り入れることができるように配慮したためである。　(2)　学校や地域の実態に応じた内容としては，スキー，スケートや水辺活動(野外の運動)を加えて指導するとともに，レスリングについても履修させることができるものとしている。また，学校や地域の実態に応じて，その他の運動についても履修させる場合は，原則として，その他の型及び運動は，内容の取扱いに示された各型及び運動種目に加えて履修させることとし，学校や地域の特別の事情が有る場合には，替えて履修させることもできることとしている。(3)　選択制の授業においては，生徒の主体的な意欲が育まれるよう希望する生徒に対して全ての領域の選択機会が与えられるよう指導計画を工夫するとともに，領域の内容についても，安全を十分に確保した上で生徒が選択できるようにする。　(4)　各領域の内容の選択に当たって，指導内容の確実な定着や習熟が図れるよう配慮するとともに，生徒の体力や技能の程度に応じた指導の充実に配慮した上で，生徒が選択できるようにすることが大切である。

【2】(1) a ペース b 空間動作 c 突き出して d まっすぐ (2) 短距離走…瞬発力 長距離走…全身持久力 (3) 理解できるようにする過程…(解答例) ①「自己に応じた目標の設定」，②「目標を達成するための課題の設定」，③「課題解決のための練習法などの選択と実践」，④「記録会などを通した学習成果の確認」，⑤「新たな目標の設定」 から一つ。 活動例…(解答例) 理解できるようにする過程の①～⑤に対応させて，①「走る，跳ぶ，投げるなどの動作を局面に分けて段階的に目標を設ける」，②「その目標に適した具体的な課題を設定する」，③「課題に適した練習に取り組む」，④「運動観察や記録会，競技会などを通して学習の成果を確認する」，⑤「更に練習を重ねたり，練習方法を見直したりすることでその課題を解決し，新たに目指すべき目標を設定する」 から一つ。 (4) 中間走の高いスピードを維持して走るとは…(解答例) スタートダッシュでの加速を終え，ほぼ定速で走る区間の走りを，走る距離に応じた高いスピードをできる限りフィニッシュ近くまで保つこと。 指導のポイント…(解答例) 体の真下近くに足を接地したり，キックした足を素早く前に運んだりするなどの動きで走る。 (5) ハードルを低くリズミカルに越すとは…(解答例) ハードリングでハードルを低く走り越し，インターバルで3歩の早いリズムに近づけること。 指導のポイント…(解答例) ハードリングでは，振り上げ脚を振り下ろしながら，反対の脚(抜き脚)を素早く前に引き出すこと。インターバルでは，力強く腕を振って走ることや，3歩のリズムを最後まで維持して走ること。

〈解説〉(1) a ペースの変化に対応して走るとは，自らペース変化のあるペースを設定して走ったり，仲間のペースの変化に応じて走ったりすること。 b 滑らかな空間動作とは，流れよく行われるはさみ跳びや背面跳びなどの一連の空間での動きのこと。 c 突き出して投げるとは，砲丸を顎の下に保持した姿勢から，肘や肩に負担がかからないように直線的に砲丸を押し出す動きのこと。 d 前方にまっすぐ投げるとは，やりを真後ろに引いた状態から，やりに沿ってまっすぐに力を加えて投げること。　(2)　体力の高め方では，陸上競技のパフォーマンスは体力要素の中でも，短距離走では主として瞬発力などに，長距離走では主として全身持久力などに強く影響される。そのため，それぞれの種目に必要な体力を技能に関連させながら高めることが重要である。　(3)　課題解決的な学習は，①「目標の設定」，②「課題の設定」，③「課題解決」，④「学習成果の確認」，⑤「新たな目標の設定」の五つの過程で構成される。　(4)　中間走とは，スタートダッシュでの加速を終え，ほぼ低速で走る区間の走りのことで，その次の年次では，この区間を高いスピードを維持して走ることをねらいとしている。　(5)　リズミカルに越すとは，3歩のリズムで走ることであり，その次の年次では，3歩のリズムを維持して走ることをねらいとしている。

【3】(1)　a　周りの状況　　b　行動　　c　心理　　d　気象条件　　e　車両　　f　地域の連携　　g　乳幼児　　h　障害者　　i　妊婦
(2)　(解答例) 路面表示(ゾーン30)，スピードハンプ，ラウンドアバウト，狭さく，シケイン，警戒標識，速度検知センサーの設置，カラー舗装，ブロック系舗装，交差点改良，歩行者感知システムの設置　から二つ　　(3)　・刑事上の責任　　内容…(解答例) 他人を死傷させたり，飲酒運転や速度超過などの危険運転をしたりすると，罰金刑や懲役刑が科せられる。　・民事上の責任　　内容…(解答例) 他人を死傷させたり，物を壊したりすることに対して，損害を賠償する責任を負う。　・行政上の責任　　内容…(解答例) 違反や事故の種類，過失の程度に応じて反則点数が科せられ，点数が一定以上になると免許停止・取り消しの処分を受ける。　(4)　(解答例) ・安全な社会生活における事象や情報などについて，安全に関わる原則や概念を基に整理したり，個人及び社会生活と関連付けたりして，自他や社会の課題を発見すること。　・安全な社会づくりについて，様々な事故や災害の事例から，安全に関する情報を整理し，環境の整備に応用すること。
(5)　警戒レベル2…(解答例) 自ら避難行動を確認する。　警戒レベル

3…(解答例) 危険な場所から高齢者等は避難する。　警戒レベル4…(解答例) 危険な場所から全員避難する。

〈解説〉(1)　a・b・c　人的要因としては，知識の不足などによって周囲の状況を把握できないことや，不注意や先入観などによる判断の誤り，自ら危険な行動をとること，焦りなどの心理状態などが挙げられる。　d・e　環境要因としては，大雨，強風のような悪天候などの気象条件，故障したり破損したりした施設・設備，自動車・二輪車・自転車等の車両の特性による要因があげられる。　f　事故や災害が発生した場合には，自分や家族の命を守る行動の自助と，地域で連携し周囲の人々が協力して助け合う行動の共助が必要である。　g・h・i　安全な社会づくりのためには，住民どうしの協力とボランティアによる支援が大きな力となる。とくに乳幼児，高齢者，障害のある人，妊婦などの安全のためには，周囲からの支援が不可欠である。　(2)　国土交通省のホームページによると，車の速度を抑制する方策には，ボラード(車止め)などによって車の通行幅を狭める狭さく，道路の一部の高さを盛り上げて高低差をつけて舗装をするハンプ，最高速度30km/hの区域規制をするゾーン30，車の通行部分をジグザグにしたり蛇行させたりするシケインなどがある。なお，シケインには，直線的な線形の変化により車道部を屈折させるクランクと，曲線で車道を蛇行させるスラロームがある。　(3)　刑事上の責任は道路交通法及び自動車の運転により人を死傷させる行為等の処罰に関する法律による。民事上の責任は民法及び自動車損害賠償保障法による。行政上の責任は行政処分である。　(4)　安全な社会生活に関わる事象や情報から課題を発見し，自他や社会の危険の予測を基に，危険を回避したり，傷害の悪化を防止したりする方法を選択し，安全な社会の実現に向けてそれらを説明することができるようにすることが大切である。　(5)　警戒レベル2…避難に備え，ハザードマップ等により自宅等の災害リスクや，避難経路・避難場所を確認したり，緊急持ち出し品を用意したりする。　警戒レベル3…避難に時間を要する人(高齢者，障害のある人，乳幼児等)とその支援者は危険な場所から避難する。その他の人は，避難の準備を整える。　警戒レベル4…災害が発生する危険が高まっているので，速やかに危険な場所から避難先へ全員避難する。

【4】(1)　a　キ　b　エ　c　ケ　d　カ　e　ウ　f　ク　g　イ　h　オ　(2)　活用方法の具体例…(解答例)　・授業で学習した動きのポイントと自分の動きを比較し，できている点や修正点を確認する　・毎時間の活動内容を記録したり，毎時間の動きを撮影したりして，自己の動きの変容を確認する　ねらい…(解答例)科目体育においては，学習に必要な情報の収集やデータの管理・分析，課題の発見や解決方法の選択などにおけるICTの活用が考えられる。留意事項…(解答例)運動の実践では，補助的手段として活用するとともに，効果的なソフトやプログラムの活用を図るなど，活動そのものの低下を招かないよう留意することが大切である。

〈解説〉(1)　秋田県では毎年，小中高校の校種別に「学校教育の指針」を示している。また，前年度の成果と課題に基づき，各校種共通に体育・保健体育として目指す児童生徒の姿を明らかにし，目指す姿に迫るために運動及び保健に関する領域ごとに，重点(資料の①，②)を決め，具体的な取組事項(資料の◇印)を示している。これらは，学習指導要領に準拠して授業改善の実現を推進しようとするものである。(2)　運動観察の方法として，ICTを活用して自己のフォームや自己やグループの表現や踊りを観察したりすることで，自己の取り組むべき技術的な課題が明確になり，学習の成果を高めるなどの活用方法がある。

【5】(1)　記録…46kg　計算式…(48＋43)÷2＝45.5　小数第1位を四捨五入して46　(2)　スタートの名称…クラウチングスタート　記録の扱い…$\frac{1}{10}$未満は切り上げる　(3)　使用するボール…2号球(解答例)下手投げの扱い…投球のフォームは自由であるが，できるだけ下手投げをしない方がよい。　(4)　イ

〈解説〉(1)　握力の記録は，右左交互に2回ずつ実施して，左右おのおの

のよい方の記録を平均し，キログラム未満は四捨五入する。 (2) 50m走の実施方法で，スタートは6歳～11歳はスタンディングスタート，12歳～19歳はクラウチングスタートの要領で行う。記録は1/10秒単位とし，1/10秒未満は切り上げる。 (3) ハンドボール投げのボールは，12歳～19歳は2号球(外周54cm～56cm，重さ325g～400g)を使用する。実施上の注意として，「投球のフォームは自由であるが，できるだけ『下手投げ』をしない方がよい。」と新体力テスト実施要項に示されている。 (4) 反復横跳びのラインの引き方は，まず中央ラインをひき，中央ラインの真ん中から100cmのところが内側になるように両サイドのラインをひく。中央ラインの真ん中から100cmまでの長さで測定をするので，両サイドのラインの内側を踏むか踏み越せば点数となる。

【6】(1) 東京で採用，パリで不採用…野球，ソフトボール，空手
パリで新たに採用…ブレイキン(ブレイクダンス) (2) a イ
b ア c ア

〈解説〉(1) オリンピックの競技種目の選定は，オリンピック憲章に基づいて，競技として世界的に広く親しまれているかなどを基準にIOCによって決められる。IOCはパリ大会の追加種目にブレイクダンスのほか，東京大会で初めて実施されたサーフィン，スケートボード，スポーツクライミングを採用している。一方で，野球・ソフトボール，空手は競技種目から正式に外れている。また，パルクール，スカッシュ，ビリヤード，チェスなども不採用となっている。 (2) a 1960年，ローマ夏季オリンピック大会で自転車ロードレース選手が興奮剤を使用し，競技中に急性心不全で死亡するという事故がおこり，ドーピングがスポーツ界にとって軽視することのできない問題となった。
b 1960年の死亡事故を契機にIOC(国際オリンピック委員会)は正式に医事委員会を設立して，禁止薬物リストを制定し，1968年のグルノーブル冬季オリンピックとメキシコ夏季オリンピックから正式にドーピング検査が実施されるようになった。しかし，オリンピック以外では，アンチ・ドーピングに関する統一されたルールや禁止薬物の取り決め

がなかったため，IOCから独立したドーピング防止組織であるWADAを1999年に発足させ，世界におけるアンチ・ドーピング活動を推進することとなった。　c　2004年のアテネオリンピックが，アンチ・ドーピング統一のルールである「世界アンチ・ドーピング規程」が適用された初めてのオリンピック大会となり，現在に至っている。なお，2000年シドニーオリンピックは，これまで尿検査だけでのドーピング検査から，血液検査も行われるようになった大会である。

【7】(1)　バスケットボール…3(歩目で)トラベリング(となる)　　ハンドボール…5(歩目で)オーバーステップ(となる)　　(2)　アタックヒット前…反則となる　　アタックヒット後…反則とならない　　(3)　・背泳ぎ　　・メドレーリレー　　(4)　a　脚　　b　水没　　c　バタフライ

〈解説〉(1)　ボールを持ったまま歩いたり走ったりできるのは，バスケットボールは2歩までで，3歩目からトラベリングとなり，ハンドボールは3歩までで4歩目からオーバーステップの違反となる。ただし，これは歩数の数え方が両競技で異なり，バスケットボールは最初に着地した足を1歩目と数えるが，ハンドボールは0歩目とみなされる。ここがバスケットボールのトラベリングと大きく異なる点であり，問題文のように，着地した足を1歩目と数えると，実質的には4歩まで歩けて，5歩目でオーバーステップとなる。　(2)　ネットを越えて，相手コートのボールを触るとオーバーネットの反則になる。ブロックでは，相手チームのプレーを妨害しない限り，選手は手と腕をネットを越えて伸ばしてもよいが，相手チームがアタックヒットを行うまでは，ネットを越えてボールに接触することは許されない。つまり，ブロックでスパイクなどのアタックヒット後にボールに触れてもオーバーネットの反則にはならないが，ブロッカーが相手チームのアタックヒット前に相手空間内にあるボールに触れたときはオーバーネットの反則になる。　(3)　水泳において水中からスタートする種目は背泳ぎである。なお，メドレーリレーは，背泳ぎを2番目以降にすると，他の泳法のゴールと背泳ぎのスタートが水中で重なってしまうため，背泳ぎを最初の種目とし，「背泳ぎ→平泳ぎ→バタフライ→自由形」の泳法順にしている。　(4)「競泳競技規則」((公財)日本水泳連盟)第7条平泳ぎの規程であり，スタートと折り返しの時だけ認められている特例も示されている。　a「一かき目は完全に脚のところまで持っていくことができる。」は，第7条3「両手は，スタートおよび折り返しの後の一かきを除き，ヒップラインより後ろに戻してはならない。」に対して，スタートと折り返しの時だけ特例として認められている。　b「水没状態」は，第7条4「泳ぎの各サイクルの間に頭が水面上に出なければならない。」つまり，「1回の腕かきと1回の足蹴りの順番で行う泳ぎのサイクルの間に頭が水面上に出なければならない」というルールに対する特例として水没状態が認められている。　c「バタフライの蹴り」は，第7条5「両足は推進力を得る際は外側に向かわなければならない。交互に動かすこと，下方へのバタフライの蹴りは第7条1を除いて許されない。」に対する特例としてバタフライの蹴りが認められている。

2023年度　実施問題

【中学校】

【1】「中学校学習指導要領(平成29年3月告示)」及び「中学校学習指導要領解説保健体育編(平成29年7月文部科学省)」の「第3章　指導計画の作成と内容の取扱い」に示されている内容について，次の(1)と(2)の問いに答えよ。

(1) (a)～(f)に適語を記せ。

体力や(a)の程度及び性別の違い等にかかわらず，(b)とともに学ぶ体験は，生涯にわたる(c)の実現に向けた重要な学習の機会であることから，原則として(d)で学習を行うことが求められる。その際，心身ともに(e)が著しい時期であることを踏まえ，運動種目によってはペアやグループの編成時に配慮したり，(f)に関する指導の充実を図ったりするなど，指導方法の工夫を図ることが大切である。

(2) 次の文は，保健体育科の指導において，その特質に応じて，言語活動について適切に指導する必要があることを示したものである。以下の①と②の問いに答えよ。

> (2) 言語能力を育成する言語活動を重視し，筋道を立てて練習や作戦について話し合う活動や，(a)生活における健康の保持増進や(b)について話し合う活動などを通して，(c)能力や論理的な思考力の育成を促し，(d)な学習活動の充実を図ること。

① (a)～(d)に適語を記せ。

② 下線部「筋道を立てて練習や作戦について話し合う活動」において，積極的・自主的な学習に取り組むことができるようにするために，どのような機会を設定することが重要か，二つ記せ。ま

た，その際に大切にすることは何か記せ。

(☆☆☆◎◎◎)

【2】「中学校学習指導要領解説保健体育編(平成29年7月文部科学省)」及び「学校体育実技指導資料第9集　表現運動系及びダンス指導の手引(平成25年3月文部科学省)」に示されているダンス(フォークダンス)の指導内容について，次の(1)～(3)の問いに答えよ。

(1)　フォークダンスの特性とねらいを記せ。

(2)　次の【踊り】に適した【動きの例示】をア～エの中から一つずつ選んで記号で記せ。

【踊り】

バージニア・リール(アメリカ)

オクラホマ・ミクサー(アメリカ)

リトル・マン・イン・ナ・フィックス(デンマーク)

鹿児島おはら節

【動きの例示】

ア　勢いのあるけり出し足やパッと開く手の動きで踊ること

イ　滑らかなパートナーチェンジとともに，軽快なステップで相手と合わせて踊ること

ウ　列の先頭のカップルに動きを合わせて踊ること

エ　新しいカップルを見付けるとともに，滑らかなステップやターンなどを軽快に行い踊ること

(3)　授業で取り上げる踊りの選曲をする際の観点を二つ記せ。

(☆☆☆◎◎◎)

【3】水泳の指導について，次の(1)と(2)の問いに答えよ。

(1)　次の文は，「中学校学習指導要領解説保健体育編(平成29年7月文部科学省)」の「第2章保健体育科の目標及び内容　D水泳　第1学年及び第2学年　(1)知識及び技能」に示されている内容である。以下の①と②の問いに答えよ。

(1)　次の運動について，記録の向上や競争の楽しさや喜びを味わい，水泳の特性や成り立ち，技術の名称や行い方，その運動に関連して高まる体力などを理解するとともに，泳法を身に付けること。
ア　(a)では，手と足の動き，呼吸のバランスをとり速く泳ぐこと。
イ　(b)では，手と足の動き，呼吸のバランスをとり長く泳ぐこと。
ウ　(c)では，手と足の動き，呼吸のバランスをとり泳ぐこと。
エ　バタフライでは，手と足の動き，呼吸のバランスをとり泳ぐこと。

① (a)～(c)に入る語句の正しい組み合わせをア～エから一つ選べ。
ア　a　平泳ぎ　　b　背泳ぎ　　c　クロール
イ　a　背泳ぎ　　b　平泳ぎ　　c　クロール
ウ　a　クロール　b　平泳ぎ　　c　背泳ぎ
エ　a　クロール　b　背泳ぎ　　c　平泳ぎ

② 下線部「楽しさや喜び」について，水泳はどのような楽しさや喜びを味わうことができる運動か記せ。

(2)「学校体育実技指導資料　第4集　水泳指導の手引(三訂版)(平成26年3月文部科学省)」に示されている内容について，次の①と②の問いに答えよ。

① 図1は，け伸びのポイントを示したものである。(a)～(d)に適語を記せ。

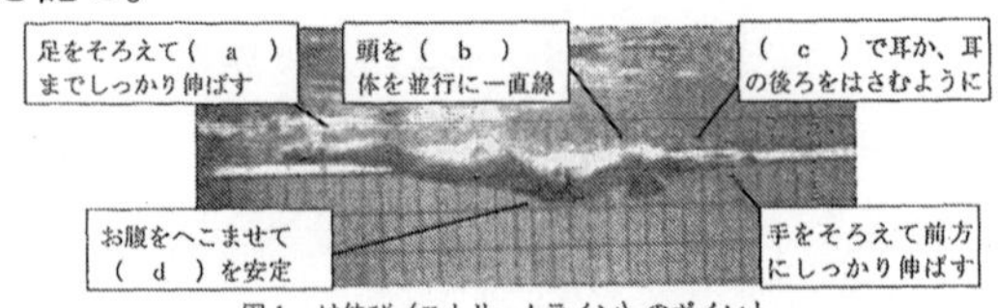

図1　け伸び（ストリームライン）のポイント

② 図2のように，平泳ぎのキックで膝を前方へ引き寄せすぎる生徒Aに対しての脚の動きの改善点を記せ。また，主に動きを獲得する段階での，陸上で一人で行ったり，補助をつけて行ったりする平泳ぎのキックの練習法と，動きの観察ポイントをそれぞれ記せ。

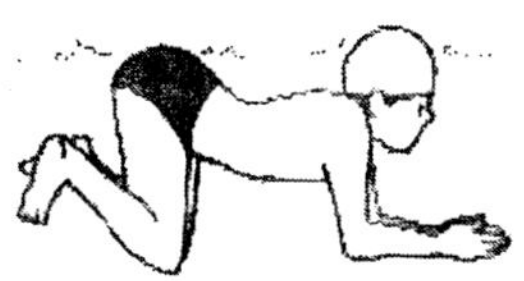

図２　生徒Ａ（平泳ぎ）

脚の動きの改善点	a

	一人で	補助あり
キックの練習法	b	d
動きの観察ポイント	c	e

(☆☆☆◎◎◎)

【4】「中学校学習指導要領解説保健体育編(平成29年7月文部科学省)」の「第2章保健体育科の目標及び内容　E球技　第1学年及び第2学年　(1) 知識及び技能」に示されている内容について，以下の(1)～(3)の問いに答えよ。

(1) 次の運動について，勝敗を競う楽しさや喜びを味わい，球技の特性や成り立ち，技術の名称や行い方，その運動に関連して高まる体力などを理解するとともに，基本的な(　a　)や仲間と(　b　)した動きでゲームを展開すること。
ア　ゴール型では，ボール操作と(　c　)に走り込むなどの動きによってゴール前での攻防をすること。
イ　ネット型では，ボールや(　d　)の操作と定位置に戻るなどの動きによって空いた場所をめぐる攻防をすること。
ウ　ベースボール型では，基本的なバット操作と(　e　)での攻撃，ボール操作と定位置での守備などによって攻防すること。

(1) (　a　)～(　e　)に適語を記せ。

(2) 下線部「定位置に戻るなどの動き」について，①～③の場面とそれに応じたボールを持たないときの動きを一つずつ線で結べ。

①	相手の打球に備える　・	・	各ポジションの定位置に戻る
②	プレイを開始する　・	・	ボールや相手に正対する
③	ボールを打ったり受けたりした後　・	・	準備姿勢をとる

(3)　バドミントンの授業において,「スマッシュが強く打てない」という生徒のつまずきを解消するためのアドバイスを二つ記せ。

(☆☆☆◎◎◎)

【5】次の文は，体育史における，柔道の歴史について述べたものである。(a)～(e)に適語をア～コの中から選び記号で記せ。

柔道は1882(明治15)年に，教育者として名高い(a)が創設した。正式には，日本伝講道館柔道という。(a)は，明治維新の武術衰退期に天神真楊流や起倒流などの(b)を修行した。

(c)年のオリンピック東京大会で，男子柔道が初めて実施種目に採用されたことをきっかけに，国際的に競技化が進み，体重別制が定着した。また，女子柔道も盛んになり，1992年の(d)大会からオリンピックの正式種目となった。

現在ではおおよそ200の国と地域が(e)に加盟し，世界の津々浦々で老若男女が柔道衣を身に着けて心身の鍛練に励んでいる。

ア　バルセロナ　　イ　嘉納治五郎　　ウ　国際柔道協会
エ　護身術　　オ　1964　　カ　千葉周作
キ　国際柔道連盟　　ク　アトランタ　　ケ　1968
コ　柔術

(☆☆☆◎◎◎)

【6】「『指導と評価の一体化』のための学習評価に関する参考資料[中学校保健体育](令和2年3月国立教育政策研究所)」の「第2章学習評価に関する事例について」事例6保健分野「心の健康(第1学年)」に示され

ている内容について，以下の(1)と(2)の問いに答えよ。

【本時の指導案　（6／6時)】

段階	学習内容と学習活動	学習形態	教師の指導・支援（◆評価規準と方法）
導入	1　友達の発表やワークシートで，前時に学習した内容について確認をする。		○ストレスの（　a　）を踏まえながら，前時の学習内容を押さえる。
	2　教師の説明により，本時の学習内容について確認をする。	一斉	○前時の振り返りをし，本時の学習内容を提示する。
	【学習課題】ストレスへの対処について，リラクセーションの実習を通して理解し，ストレスによる心身の負担を軽くするような対処の方法を身に付ける。		
展開	3　ストレスによる心身の負担を軽くするようなリラクセーションについて，体ほぐしの運動や呼吸コントロールでのリラックス法を取り上げ，意義や手順，行い方のポイントを確認しながら実習を行う。 （本時で扱う対処方法） ・体ほぐし運動 ペアストレッチ 脱力運動（寝にょろ・腕ぶら） ・呼吸法 （　c　）呼吸	ペア 一斉	○リラクセーションの行い方に関する知識について，ワークシートに記入することにより理解できるよう促す。 ○ストレスによる心身の負担を軽くするようなリラクセーションについて，実習を通して理解を深めていけるよう促す。 ○ペアでの簡単な体ほぐしの運動や，深呼吸を取り入れた呼吸法を行うことで，自己の（　b　）でも実践していく意欲をもたせる。 ○緊張する場面など，具体的な状況について（　d　）できるよう促す。
	◆〈知識・技能〉 リラクセーションの方法等がストレスによる心身の負担を軽くすることについて理解したことを（　ア　）しているとともに，それらの（　イ　）ができる。 【観察・ワークシート(授業後)】		
まとめ	4　ストレスによる心身の負担を軽くするようなリラクセーションについて，実習を通して理解したことをワークシートにまとめる。	個人	○ワークシートに記入することにより本時の学習を振り返るよう促す。 ○ストレスの原因，自分や周囲の状況に応じた対処の仕方を（　e　）ことが大切であることを助言する。

(1)　(　a　)～(　e　)に適語を記せ。

(2)　本時では，「知識・技能」の評価に重点を置いた評価規準を上のとおり設定し，授業中の観察記録と生徒が記入したワークシートを用いて授業後に評価した。次の①～④の問いに答えよ。

①　下線部「知識・技能」について，(　ア　)と(　イ　)に適語を記せ。

②　下線部「実習」における評価場面で留意することを記せ。

③　下線部「ワークシート」に記述する活動を設定する際に，大切なことを記せ。

④　本時における「知識・技能」の評価を進める上での留意点を二つ記せ。

(☆☆☆◎◎◎)

【7】「中学校学習指導要領解説保健体育編(平成29年7月文部科学省)」及び「改訂『生きる力』を育む中学校保健教育の手引(令和2年3月文部科学省)」に示されている内容について，次の(1)と(2)の問いに答えよ。

(1)　次の(　a　)～(　d　)に適語を記せ。

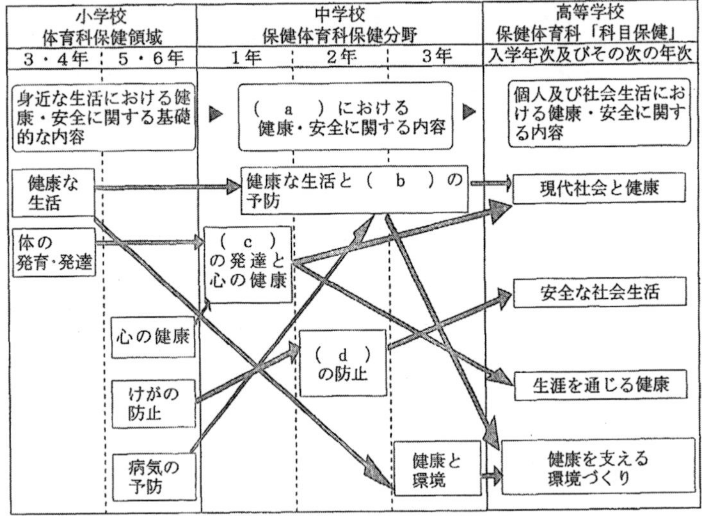

(2)　保健分野については，従前の内容を踏まえ，どのような観点から配列が見直されているのか記せ。

(☆☆☆◎◎◎)

【8】体力の向上について，次の(1)と(2)の問いに答えよ。

(1)　次の文は，「中学校学習指導要領解説保健体育編(平成29年7月文部科学省)」の「第3章指導計画の作成と内容の取扱い　2　健やかな体」に示されている内容である。(　a　)～(　d　)に適語をア～クの中から選び記号で記せ。

各学校において，体力・健康に関する指導を効果的に進めるためには，全国体力・運動能力，運動習慣等調査などを用いて生徒の(a)や健康状態等を的確に把握し，学校や地域の(b)を踏まえて，それにふさわしい学校の(c)を作成し，地域の関係機関・団体の協力を得つつ，(d)，継続的に指導することが重要である。

ア 課題　イ 計画的　ウ 体力　エ 全体計画
オ 運動技能　カ 教育目標　キ 実態　ク 積極的

(2) 次の文は，「令和3年度全国体力・運動能力，運動習慣等調査実施マニュアル(中学校) Ⅱ 実技に関する調査の内容と方法」のテスト項目「50m走」についての説明の一部である。(a)～(f)に適語を記せ。

2 方法
①スタートは，(a)スタートの要領で行う。
②スタートの合図は，「位置について」，「用意」の後，音または声を発すると同時に(b)を下から上へ振り上げることによって行う。
3 記録
①スタートの合図からゴールライン上に(c)(頭，肩，手，足ではない)が到達するまでに要した時間を計測する。
②記録は$\frac{1}{10}$秒単位とし，$\frac{1}{10}$秒未満は(d)。
③実施は(e)回とする。
4 実施上の注意
①走路は，セパレートの直走路とし，曲走路や折り返し走路は使わない。
②走者は，スパイクやスターティングブロックなどを使用しない。
③ゴールライン前方(f)mのラインまで走らせるようにする。

(☆☆☆◎◎◎)

【9】次の語句について説明せよ。

(1)「スポーツエールカンパニー」認定制度

(2)　プレーヤーズセンタード

(3)　ナンバ(フォークダンス)

(4)　特定健康診査

(☆☆☆◎◎◎)

【10】新型コロナウイルスの影響を受けながらも開催された東京オリンピック・パラリンピック競技大会において，世界中の人々は，「スポーツの価値」の重要性を再確認することとなった。同大会に関わる人々のどのような姿を通じて，その重要性を再確認することができたのか，スポーツとの多様な関わり方という観点から，次の【　　】の語句を使い，600字程度で説明せよ。

【スポーツをする　　スポーツをみる　　スポーツをささえる】

(☆☆☆◎◎◎)

【高等学校】

【1】次の文は，高等学校学習指導要領解説保健体育編　体育編(平成30年7月文部科学省)科目「保健」 3　内容　(3)生涯を通じる健康に示されている内容(一部抜粋)である。以下の各問いに答えよ。

> ア　知識
>
> (ア)　生涯の各段階における健康
>
> ㋐　思春期と健康
>
> 思春期における心身の発達や性的成熟に伴う身体面，心理面，行動面などの変化に関わり，健康課題が生じることがあることを理解できるようにする。
>
> ㋑　結婚生活と健康
>
> 結婚生活について，心身の発達や健康の保持増進の観点から理解できるようにする。その際，受精，妊娠，出産とそれに伴う健康課題について理解できるようにするととも

に，健康課題には年齢や(　a　)などが関わることについて理解できるようにする。また，(　b　)の意義や人工妊娠中絶の心身への影響などについても理解できるようにする。また，結婚生活を健康に過ごすには，自他の健康に対する(　c　)，良好な人間関係や家族や周りの人からの支援，及び(　d　)の健康診査の利用や(　e　)などの様々な保健・医療サービスの活用が必要であることを理解できるようにする。

㋒　加齢と健康

さらに，高齢社会では，認知症を含む疾病等への対処，事故の防止，生活の質の保持，介護などの必要性が高まることなどから，保健・医療・福祉の連携と総合的な対策が必要であることを理解できるようにする。

イ　思考力，判断力，表現力等

生涯を通じる健康に関わる事象や情報から課題を発見し，疾病等のリスクの軽減，生活の質の向上，健康を支える環境づくりなどと，解決方法を関連付けて考え，適切な方法を選択し，それらを説明することができるようにする。

(1)　㋐の指導に当たって配慮すべきことを三つ答えよ。

(2)　㋑について，文中の(　a　)～(　e　)に適語を記せ。

(3)　㋒の下線部の保健・医療・福祉の連携について，高齢者が段差で転倒し骨折した場合，それぞれの立場でどのような対応(対策)をとることで，生活の質の向上が期待できるか答えよ。

(4)　下線部のイ　思考力，判断力，表現力等について，㋐～㋒のいずれかについて授業で指導する場合，どのような取組が考えられるか。㋐～㋒から一つ選び，「選択した記号[　　]について，習得した知識を基に,」の書き出しに続けて記せ。

(☆☆☆◎◎◎)

【2】次の文は，高等学校学習指導要領解説保健体育編　体育編(平成30年7月文部科学省)第3章　各科目にわたる指導計画の作成と内容の取扱いに示されている内容(一部抜粋)である。次の各問いに答えよ。

1　指導計画の作成に当たっては，次の事項に配慮するものとする。 (4)「保健」は，原則として入学年次及びその次の年次の2か年にわたり履修させること。 2　内容の取扱いに当たっては，次の事項に配慮するものとする。 (1)　言語能力を育成する言語活動を重視し，(中略)，個人及び社会生活における健康の保持増進や回復について話し合う活動などを通して，コミュニケーション能力や論理的な思考力の育成を促し，主体的な学習活動の充実を図ること。

(1)　科目「保健」を入学年次及びその次の年次の2か年にわたり履修させる理由について，次の語句を全て用いて説明せよ。

【語句】　長い期間　　生涯　　基礎

(2)　下線部の言語能力を育成する言語活動について，あなたが保健の授業を行う際，ねらいを達成させるために具体的にどのような活動を取り入れるか答えよ。

(☆☆☆◎◎◎)

【3】次の各問いに答えよ。

(1)　感染症予防の三原則について，それぞれの原理と具体例を二つ答えよ。

(2)　循環型社会づくりのため，私たちのライフスタイルを見直すことが大切といわれている。そこで心がけることが必要とされる「3R」について，名称と意味をそれぞれ答えよ。

(3)　かかりつけ医の役割を説明せよ。

(4)　要指導医薬品について説明せよ。

(☆☆☆◎◎◎)

【4】次の文は，高等学校学習指導要領解説保健体育編　体育編(平成30年7月文部科学省)第1章　第2節　保健体育科改訂の趣旨及び要点　1　保健体育科改訂の趣旨　②　改訂の基本的な考え方に示されている内容(一部抜粋)である。以下の各問いに答えよ。

> ア　小学校，中学校及び高等学校を通じて，「体育科，保健体育科では，これらの課題を踏まえ，(　a　)を一体としてとらえ，生涯にわたって健康を保持増進し，豊かな(　b　)を実現する資質・能力を育成することを重視する観点から，運動や健康に関する課題を発見し，その解決を図る主体的・(　c　)な学習活動を通して，『知識・技能』，『思考力・判断力・表現力等』，『学びに向かう力・人間性等』を育成することを目標として示す。」としている。

(1)　文中の(　a　)～(　c　)に適語を記せ。

(2)　下線部の『学びに向かう力・人間性等』の指導内容として具体化したものの一つに「健康・安全を確保する」ことが示されている。次の各問いに答えよ。

①　高等学校入学年次以降において加えられている事項は何か答えよ。

②　健康・安全に関する事項について，次の文の空欄に適語を記せ。

健康・安全に関する事項については，(　a　)をもつことにとどまらず，(　b　)することが求められる。

(☆☆☆◎◎◎)

【5】次の文は，高等学校学習指導要領解説保健体育編　体育編(平成30年7月文部科学省)科目「体育」H　体育理論　2　運動やスポーツの効果的な学習の仕方　ア　知識に示されている内容(一部抜粋)である。以下の各問いに答えよ。

ア　運動やスポーツの効果的な学習の仕方について理解すること。
(ア)　運動やスポーツの技能と体力は，相互に関連していること。また，期待する(　a　)に応じた技能や体力の高め方があること。さらに，過度な負荷や長期的な(　b　)は，けがや疾病の原因となる可能性があること。
(イ)　運動やスポーツの技術は，学習を通して技能として発揮されるようになること。また，技術の(　c　)に応じた学習の仕方があること。現代のスポーツの技術や戦術，ルールは，用具の改良や(　d　)の発達に伴い変わり続けていること。
(ウ)　運動やスポーツの技能の上達過程にはいくつかの段階があり，その学習の段階に応じた練習方法や運動観察の方法，(　e　)方法などがあること。また，これらの獲得には，一定の期間がかかること。

(1)　文中の(　a　)～(　e　)に適語を記せ。
(2)　下線部の運動やスポーツの技能の上達過程にはいくつかの段階がありについて，技能の上達過程を初歩の段階から順に三つ答えよ。また，効果的な上達を図るためにはどのような取り組み方が有効か二つ答えよ。
(3)　技能の上達過程でみられる「プラトー」，「スランプ」について説明せよ。
(4)　あなたが指導している部活動の生徒が「スランプ」に陥っていると仮定し，「スランプ」になったと考えられる原因を一つ挙げ，抜け出すための指導方法を答えよ。

(☆☆☆◎◎◎)

【6】次の文は，独立行政法人日本スポーツ振興センター学校の管理下の災害[令和3年版]「高等学校等・高等専門学校における事故防止の留意点」に記載されている事故事例(一部抜粋)である。以下の各問いに答

えよ。

> 体育の授業中，校庭外周を約1,200m走ったところで本生徒が座り込んでいた。他の生徒が声をかけたが返事がなく，立ち上がろうとして中腰の状態で数歩ほど歩いた後倒れた。事務職員が119番通報し，体育科教員と養護教諭で心肺蘇生法及びAEDによる除細動を行った。

(1)　あなたが教科担任である場合，指導上留意すべき点を二つ答えよ。

(2)　下線部のAEDによる除細動の手順について，文中の(　a　)～(　c　)に適語を記せ。

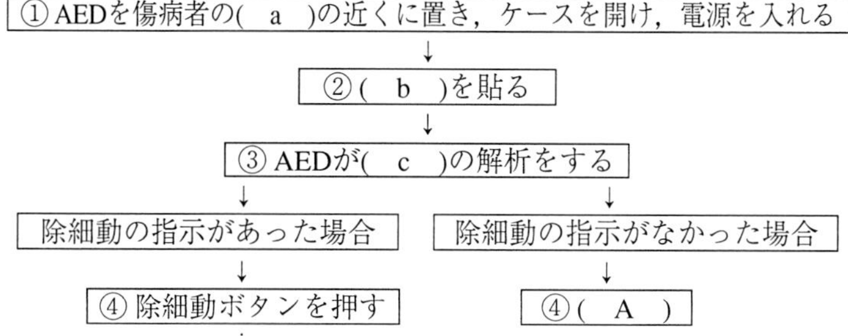

(3)　除細動の指示がなかった場合，(　A　)ではどのような行動を取るべきか答えよ。

(☆☆☆◎◎◎)

【7】次の文は，第4期秋田県スポーツ推進計画『スポーツ立県あきた』推進プラン　2022－2025(令和4年3月秋田県)に示されている内容(一部抜粋)である。文中の(　a　)～(　e　)に当てはまる語句を語群から選び記号で答えよ。

施策2　子どものスポーツ機会の充実による運動習慣の確立と体力の向上

(2)　学校体育の充実による運動習慣の確立と体力の向上

教員の指導力の向上，(　a　)の活用による体育・保健体育学習の充実や運動部活動の活性化を図るなど，(　b　)児童生徒を育てるとともに，(　c　)全体を通じて運動習慣の確立と体力の向上を目指します。

＜主な取組＞

①体育・保健体育学習の充実

②運動部活動の活性化

③(　d　)体育の充実

④「全国体力・運動能力，(　e　)」結果の活用

【語群】

ア　教科外　　イ　運動好きな　　ウ　新体力テスト

エ　運動習慣等調査　　オ　体力の高い　　カ　学校教育活動

キ　地域人材　　ク　スポーツ活動

(☆☆☆◎◎◎)

【8】次の各問いに答えよ。

(1)　陸上競技の三段跳びにおいて，ホップの踏み切りを右足で行ったら，ステップとジャンプはどちらの足で踏み切るか，それぞれ答えよ。また，次の図の跳躍について，正しい計測のしかたはどれか記号で答えよ。

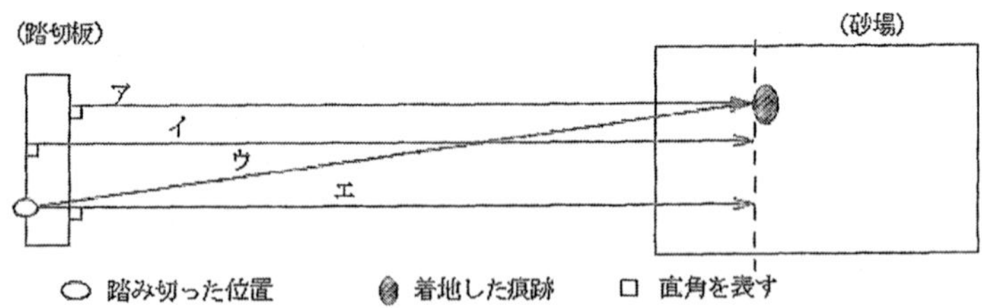

(2) 次の文は，集団行動で2列横隊から4列縦隊になる過程を示したものである。以下の各問いに答えよ。

1 (a)をつける。

2 いっせいに右に向きを変えて(b)になる。

3 (c)の者は右足を(d)に1歩踏み出す。

4 左足を引きつけ4列縦隊をつくり，整とんする。

① 文中の(a)～(d)に適語を記せ。

② 下線部の右に向きを変えての指導として，適切な動きは次のどれか記号で答えよ。

ア 右足のつま先と左足のつま先で方向を変え，左足を右足に引きつける。

イ 右足のかかとと左足のつま先で方向を変え，右足を左足に引きつける。

ウ 右足のかかとと左足のつま先で方向を変え，左足を右足に引きつける。

エ 右足のかかとと左足のかかとで方向を変え，右足を左足に引きつける。

(3) サッカーについて，次の各問いに答えよ。

① 今年のサッカーワールドカップの開催国はどこか答えよ。

② サッカーワールドカップは32チームが4チームごとでグループステージのリーグ戦を行い，グループ上位2チームが決勝トーナメントに進むことができる。3位決定戦も含め，ワールドカップ中の総試合数を答えよ。

③ 次の反則や不正行為がペナルティーエリア外であった場合，直接フリーキックと間接フリーキックのどちらが与えられるか。直接フリーキックはA，間接フリーキックはBで答えよ。

ア 相手を押す。

イ ボールを手または腕で扱う(自陣のペナルティーエリア内のキーパーを除く)。

ウ 相手を蹴る，または蹴ろうとする。

エ　オフサイドが宣告される。

(4)　ソフトボールについて，次の各問いに答えよ。

①　ツーストライク後に，ワンバウンドする投球を打者が空振りした。打者が一塁に走り出そうとした時，捕球した捕手はどのような動きが求められるか，次の語句を全て用いて説明せよ。

【語句】　一塁　　打者走者

②　ノーアウト一塁の状況で，一塁走者は盗塁をしようとしている。一塁ベースから離れてもよいタイミングを次の語句を全て用いて説明せよ。

【語句】　投手　　投球

③　次の投球法の名称を答えよ。

ア　肩を軸にして，振り子のように腕を速く振って投球する方法

イ　腕を1回転させて投球する方法

(☆☆☆◎◎◎)

解答・解説

【中学校】

【1】(1)　a　技能　　b　仲間　　c　豊かなスポーツライフ　　d　男女共習　　e　発達　　f　健康・安全　　(2)　①　a　個人　　b　回復　　c　コミュニケーション　　d　自主的　　②　・機会…知識を活用して思考する機会，思考し判断したことを仲間に伝える機会。

・大切にすること…体を動かす機会を適切に確保すること。

〈解説〉(1)　内容の取扱いにおける配慮について，「(1)体力や技能の程度，性別や障害の有無等にかかわらず，運動の多様な楽しみ方を共有することができるよう留意すること。」と示されており，新たに加えられた共生の視点に関する留意事項が明示されている。　(2)　①　問題文は，保健体育科の指導においてその特質に応じて，言語活動について

適切に指導する必要があることを示すものである。筋道を立てて練習や作戦について話し合う活動等は，コミュニケーション能力や論理的思考力の育成につながる活動である。保健分野においては，健康に関わる概念や原則を基に，個人生活における健康の保持増進や回復についての課題を発見したり，学習したことと自他の生活とを比較したり，適切な解決方法について話し合ったりする機会を確保することが重要である。　② 知識を活用して思考する機会や，思考し判断したことを仲間に伝える機会を適切に設定することによって，積極的・自主的な学習に取り組むことができるようにすることが重要である。話し合いの場においては，話し合いのテーマを明確にしたり，学習ノートを活用したりするなどの工夫を図り，体を動かす機会を適切に確保することが大切である。

【2】(1)　(解答例)　・特性…伝承されてきた踊りを踊って交流することである。フォークダンスは世界各国・各地域で自然発生し，伝承されてきた地域固有のダンスであり，決まった様式や動きには国や地域の風土や文化が反映されている。外国の踊りのみならず，日本の伝統的な踊りもすべてフォークダンスに含まれる。　・ねらい…踊り方の特徴を捉え，音楽に合わせて特徴的なステップや動きと組み方で踊ることができるようにすること。　(2)　バージニア・リール…ウ　オクラホマ・ミクサー…イ　リトル・マン・イン・ナ・フィックス…エ　鹿児島おはら節…ア　(3)　(解答例)　・踊りの特徴(感じ，曲想)や踊り方(ステップ，動き，隊形，組み方など)の違いや，地域が異なるものから選ぶ。　・踊り方の難易度を考慮するという観点から，子どもの学習状況や関心に応じて選ぶ。

〈解説〉(1)　フォークダンスには，伝承されてきた日本の民踊や外国の踊りがあり，それぞれの踊りの特徴を捉え，日本や外国の風土や風習，歴史などの文化的背景や情景を思い浮かべながら，音楽に合わせてみんなで踊って交流して楽しむことができるようにすることが大切である。　(2)　バージニア・リールは，男女が2列に向かい合うロング・

ウェーズ・フォーメーションで踊るアメリカのフォークダンスだが，イングランドやスコットランドの古いフォークダンスが由来といわれている。オクラホマ・ミクサーは，複数の男女ペアがパートナーを入れ替えながら踊るフォークダンスで，戦後にアメリカから紹介された。日本の小・中学校では定番のフォークダンスとなっている。リトル・マン・イン・ナ・フィックスは，隊形が変化し，なめらかなステップやターンなどを軽快に行う踊りとして，平成29年改訂の中学校学習指導要領における解説に，新たに紹介された。鹿児島おはら節は，江戸時代から伝わる鹿児島県の民謡で，中学校第1学年及び第2学年の教科書に，花笠音頭，炭坑節とともに，日本の民謡の一つとして取り上げられている。　(3)　日本の民踊では，軽快なリズムの踊りや力強い踊り，優雅な踊りなどの踊りの特徴や，難易度を踏まえて，様々な地域が異なる民謡を選ぶ。外国のフォークダンスでは，曲調をとらえて，踊り方(ステップ，動き，隊形，組み方など)の難易度を考慮して選ぶ。

【3】(1)　①　ウ　　②　(解答例)　それぞれの泳法を身に付け，続けて長く泳いだり，速く泳いだり，競い合ったりすること。
(2)　①　a　足首　　b　下げて　　c　二の腕　　d　姿勢
②　a　足の裏を上向きにして踵を尻に引き寄せる。　　b　床に腰を下ろして行う。　　c　足首の返しを自分の目で確認する。　　d　床に伏せた状態で，キックの練習を行う。　　e　足首の返しを確認してもらう。

〈解説〉(1)　①　第1学年及び第2学年の水泳では，伏し浮きの姿勢で泳ぐクロール，平泳ぎ，バタフライ及び背浮きの姿勢で泳ぐ背泳ぎの4種目の泳法を取り上げている。小学校において取り上げられるクロール，平泳ぎについては，ともに「長く泳ぐこと」がねらいとされていたが，中学校第1学年及び第2学年においては，クロールは「速く泳ぐこと」，平泳ぎは「長く泳ぐこと」がねらいとされている。また，中学校から新たに，背泳ぎとバタフライが「バランスをとり泳ぐこと」として追加されている。　②　水泳は，それぞれの泳法を身に付け，続けて長く泳いだり，速く泳いだり，競い合ったりする楽しさや喜びを味わうことのできる運動である。 (2) ① け伸びは，まずは陸上で体を一直線にする姿勢を学んでから水中で練習する。怖さがとれない場合は，友達と二人組になって，友達を目標にして跳びつき，徐々に距離を伸ばしていくなどの工夫をすることが大切である。

② a 脚の動作は，両足先をそろえて伸ばした状態から，両膝を引き寄せながら肩の幅に開き，同時に足の裏を上向きにして踵を尻の方へ引き寄せる。 b～e 陸上や立った状態での練習として，まず，床に腰を下ろして行い，次に伏せた状態でキックの練習を行う。観察のポイントはどちらも足首の返しだが，伏せた状態では補助者に確認してもらう。

【4】(1) a 技能 b 連携 c 空間 d 用具 e 走塁

(2)

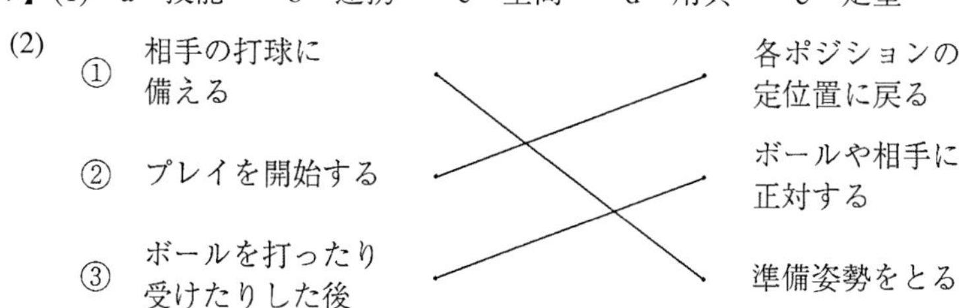

(3) (解答例) ・シャトルが頭上よりも高い位置で落下地点に入り，そのまま半身になり後ろに重心を置く。腰の回転を使い，前に重心を移動させると同時に肘を伸ばしてインパクトする。 ・シャトルを打つ際は，腕をしならせるように肘を後ろに引き，胸を張るなど，テークバックをしっかり行い，打点を体の真上ではなく少し前に持っていく。

〈解説〉(1) a・b 中学校では，小学校の学習を受けて，基本的な技能や仲間と連携した動きを発展させて，作戦に応じた技能で仲間と連携しゲームが展開できるようにすることが求められる。 c 空間に走り込むなどの動きとは，攻撃の際のボールを持たないときに，得点をねらってゴール前の空いている場所に走り込む動きや，守備の際に，シュートやパスをされないように，ボールを持っている相手をマークする動きのことである。　d　ボールや用具の操作とは，基本となる用具の握り方，ボールを受ける前の身体や用具の構え方から，ボールを捉える位置への移動の仕方，腕や用具の振り方，ボールの捉え方，ボールを捉えた後の身体や用具の操作などで，身体や用具を操作してボールを味方につないだり，相手側のコートに打ち返したりすることである。　e　ここでの走塁は，次の塁をねらって全力で塁を駆け抜けたり，打球の状況によって止まったりするなどの，ボールを持たないときの動きのことが示されている。　(2)　定位置に戻るなどの動きとは，相手側のコートにボールを打ち返した後，基本的なステップなどを用いて自分のコートに空いた場所を作らないように定位置に戻り，次の攻撃に備えるなどのボールを持たないときの動きのことである。(3)　バドミントンのスマッシュを打つときのポイントとしては，打つ瞬間以外は緩く握り，打つ一瞬だけギュッと力を込めるようにする。それによって，ラケットのスピードが上がり，スマッシュの打球スピードも上がる。また，スマッシュするときは，体の軸より前方に打点を置いて打つ。そうすることで，打つときのラケットの面が前下方を向くため，相手のコートに向かって突き刺すような角度で，速く威力のあるショットを打つことができる。できるだけ高い打点で打てるタイミングでジャンプし，身体を弓のようなイメージで反り，反った反動も生かして，ラケットを振り切るようにする。

【5】a　イ　b　コ　c　オ　d　ア　e　キ

〈解説〉明治時代に，嘉納治五郎が柔術の様々な流派を研究し，それぞれの良い部分を取り入れ，さらに自らの創意・工夫を加えて創始した文武の道が柔道である。柔道とは，嘉納治五郎流・講道館流の柔術技法を元にした理念を指すことが一般化している。1956年には，第1回世界柔道選手権大会が開催された。オリンピック競技としては，1964年の東京オリンピックで初めて男子の正式種目として採用された。女子は，1992年のバルセロナ大会から正式種目となった。

【6】(1) a 意味 b 生活 c 腹式 d イメージ e 選ぶ (2) ① ア 言ったり，書いたり イ 対処の方法 ② (解答例) 実習における評価場面では，ストレス対処の技能だけでなく，知識と一体的に評価することに留意する。 ③ (解答例) 生徒が自分の考えをまとめ，ワークシート等に記入する時間を十分確保する。 ④ ・観察の視点を明確にすること。 ・ワークシートの項立てを工夫すること。

〈解説〉(1) 「『指導と評価の一体化』のための学習評価に関する参考資料 中学校保健体育」においては，学習評価に関する8つの事例が示され，そのうちの一つとして，「心の健康」を取り上げている。この事例では，「知識及び技能」の内容を踏まえ，保健の「技能」に関する考え方を示した上で，「知識」と「技能」の内容をどのように関連付けて指導と評価を行うのかの具体例を示している。 (2) ① この指導案では，「心の健康について理解するとともに，ストレスに対処する技能を身に付けることができるようにすること」(知識及び技能)が重点目標とされている。それと対応して，「リラクセーションの方法等がストレスによる心身の負担を軽くすることについて理解したことを言ったり，書いたりしているとともに，それらの対処の方法ができる。」(知識・技能)という評価規準を設定している。 ② 実習における評価場面では，ストレス対処の技能だけでなく，知識と一体的に評価することに留意する必要がある。 ③・④ 「知識・技能」を評価するに当たっては，ストレスによる心身の負担を軽減するような対処方法について理解を深めているか，その方法の手順や行い方のポイントを押さえているかなど，設定した評価規準に基づいて，観察の視点を明確にしておくことが必要である。また，ワークシートの項目立てを工夫する必要がある。具体的には，意義や手順，行い方のポイント等，実習を通して理解したことなどを記入できるような欄を設けることなどが考えられる。その際には，生徒が自分の考えをまとめ，ワークシート等に記入する時間を十分確保することも大切である。

【7】(1)　a　個人生活　　b　疾病　　c　心身の機能　　d　傷害

(2)　(解答例)　従前の内容を踏まえるとともに，個人生活における健康に関する課題を解決することを重視する観点から配列を見直した。

〈解説〉(1)　表中のいちばん上に示された内容は，校種ごとの保健領域(分野)におけるねらいである。健康・安全の対象は，(小学校)「身近な生活」→(中学校)「個人生活」→(高等学校)「個人及び社会生活」と，発達段階に応じて発展的に広がっている。また，中学校の単元は，「(1)健康な生活と疾病の予防」，「(2)心身の機能の発達と心の健康」，「(3)傷害の防止」，「(4)健康と環境」の四つで構成されているが，小学校，中学校，高等学校において，おおむね同様の内容を繰り返し学習するのも保健の特徴である。指導に当たっては，それぞれの発達の段階に応じた指導を工夫することが求められる。　(2)　個人生活における健康に関する課題を解決することを重視する観点から配列が見直され，従前の「(1)心身の機能の発達と心の健康」，「(2)健康と環境」，「(3)傷害の防止」，「(4)健康な生活と疾病の予防」から，前述のように順番が変更された。また，小学校及び高等学校の「保健」の内容を踏まえた系統性のある指導ができるように，改訂が行われた。

【8】(1)　a　ウ　　b　キ　　c　エ　　d　イ　　(2)　a　クラウチング　b　旗　　c　胴　　d　切り上げる　　e　1　　f　5

〈解説〉(1)　「全国体力・運動能力，運動習慣等調査結果」については，スポーツ庁のホームページに公開されている。令和4年度の報告書における体力合計点については，令和元年度調査から連続して小・中学校の男女ともに低下が続いている。種目別に見ると，向上しているのは長座体前屈のみで，握力，立ち幅跳び，ソフトボール投げは長期に渡った低下傾向が続き，上体起こし，反復横とび，20mシャトルラン，50m走は，令和元年度から低下傾向になっている。これらの全国の傾向と自校の実態とを比較し，学校や地域の実態を踏まえながら，全体計画を立て，計画的，継続的に指導する必要がある。　(2)　これは，「新体力テスト実施要項(12歳〜19歳対象)」(スポーツ庁)に準拠している内容である。

【9】(1)　(解答例)　従業員の健康増進のためにスポーツの実施に向けた積極的な取組を行っている企業を認定する制度。　(2)　(解答例)　プレーヤーを取り巻くアントラージュ(プレーヤーを支援する関係者)自身も，それぞれのWell-being(良好・幸福な状態)を目指しながら，プレーヤーをサポートしていくという考え方。　(3)　(解答例)　左右同側の手足を同時に前に振りだす動作。　(4)　(解答例)　生活習慣病の予防のために，40歳～74歳の方を対象とし，メタボリックシンドロームに着目して行う健診。

〈解説〉(1)　スポーツ庁では，朝や昼休みなどに体操・ストレッチをするなどの運動機会の提供や，階段の利用や徒歩・自転車通勤の奨励，あるいはスタンディングミーティングの実施など，スポーツ競技に限らず，社員の健康増進のためスポーツの実施に向けた積極的な取組を行っている企業を「スポーツエールカンパニー」(Sports Yell Company)として認定する制度を実施している。　(2)「プレーヤーズセンタード」は，プレーヤー本人を中心にしながら，周囲にプレーヤーのパフォーマンスを最大限発揮できるように連携協力する関係者(アントラージュ)が取り巻き，そのネットワークの中で互いが関わりあって成長していくという考え方である。　(3)　代表的なものでは，「阿波踊り」があり，右足を出したら右手，左足を出したら左手を出す「ナンバ歩き」で踊り続ける。ナンバの動きは，能の運足，歌舞伎の六法，狂言などの芸能や，柔道，剣道などの武道にも見ることができる。
(4)　特定健康診査(健診)は，問診，身体測定，血圧測定，血液検査，尿検査などを行う。メタボリックシンドロームや高血圧，糖尿病，脂質異常症などの生活習慣病を早期発見し，早期対策に結びつけることが目的である。

【10】(解答例)　はじめに，練習環境の制約や国際試合の中止が相次ぐなど，これまで経験したことのない極めて困難な状況下に置かれたにも

関わらず，世界中の多くのトップアスリートが，目標に向かって努力を重ね，練習に打ち込んだ成果を発揮すべく，全力で競技に挑んだ。そのような「スポーツをする」真摯な姿は，国内外の多くの人々に感動をもたらした。また，東京大会から初めて正式競技として採用されたアーバンスポーツといわれる競技を始めとした競技・種目や，パラリンピックの競技・種目等は，初めて目に触れる機会を持った人々が多く，多種多様なスポーツについて新鮮さと高い関心を持って受け入れられた。それに加えて，仲間同士で励まし合う姿，対戦相手が互いのプレーを称え合う姿といった光景を目の当たりにし，世界中の人々は「スポーツをみる」ことを通じてスポーツの持つ力，そのすばらしさを改めて確認することができた。さらに，新型コロナウイルスの影響下での開催という特別な事情の下，安全・安心な形での大会・競技運営を担った大会スタッフや医療従事者，選手の介助，ガイドや器具・用具の開発・整備等のアスリートの競技活動を支えた関係者，そして，ボランティアの献身的な姿等を目の当たりにし，我が国のみならず世界中の人々に，「スポーツをささえる」ことのすばらしさや重要性を伝えることができた。これらのことから，スポーツの価値を改めて見いだすことができたといえる。(599文字)

〈解説〉東京2020大会の参加選手は，オリンピックでは，過去最多と並ぶ205の国・地域と難民選手団，約11,000人，パラリンピックでは，リオデジャネイロ大会を上回る161の国・地域と難民選手団，約4,400人となった。選手のパフォーマンスも高く，オリンピックで26，パラリンピックで158の世界新記録が誕生した。多様性あふれる大会であり，性的マイノリティの選手も多く出場し活躍した。日本人選手も活躍し，メダル数は，オリンピックでは過去最多の58個，パラリンピックで過去2番目の51個という成績を残した。この大会は，コロナによって分断された世界をスポーツの力で一つにし，世界中の人々に勇気と希望を届ける大会となった。

【高等学校】

【1】(1) (解答例) ・発達の段階を踏まえること ・学校全体で共通理解を図ること ・保護者の理解を得ること。 (2) a 生活習慣 b 家族計画 c 責任感 d 母子 e 保健相談
(3) (解答例) 保健…回復のためのリハビリテーションや健康診断，健康教室を行う。 医療…場合によって救急対応をするなどして，適切な治療を行う。 福祉…訪問介護や施設のショートステイの利用による介護や機能訓練などを行う。 (4) (解答例) ㋐ 思春期と健康について，習得した知識を基に，心身の発達や性的成熟に伴う健康課題を解決するために，性に関わる情報を適切に整理する。 ㋑ 結婚生活と健康について，習得した知識を基に，結婚生活に伴う健康課題の解決や生活の質の向上に向けて，保健・医療サービスの活用方法を整理する。 ㋒ 加齢と健康について，習得した知識を基に，中高年期の疾病や事故のリスク軽減のための個人の取組と社会的対策を評価する。

〈解説〉「生涯を通じる健康」の「(ア)生涯の各段階における健康」においては，生涯の各段階を，思春期を対象とする「思春期と健康」，妊娠・出産を伴う「結婚生活と健康」，高齢社会を主な対象とする「加齢と健康」に分けて指導が行われる。 (1) 思春期においては，心身の発達や性的成熟に伴う身体面，心理面，行動面などが変化し，健康課題が生じることの理解が求められる。指導に当たっては，発達の段階を踏まえ，学校全体で共通理解を図ること，さらに保護者の理解を得ることなどに配慮することが大切である。 (2) 高等学校段階では，現実問題として妊娠・出産を経験して退学といった，生徒や人工中絶を経験している生徒も少なからず存在する。また，婚姻の年齢が女子は16歳から18歳に引き上げられたことなども踏まえながら，発達の段階を踏まえて指導することが重要である。人工妊娠中絶件数は，16歳で763件，17歳で1,442件，18歳で2,466件(令和3年度衛生行政報告例の概況：厚生労働省)となっており，学年が上がることに2倍近くになっている。 (3) 1人ひとりの健康課題に合った，総合的なサービスが

受けられるよう体制の整備が進められている。病気やけがの結果として心身に機能障害が生じた場合には，早い時期からリハビリテーションを開始し，可能な限り生活の質を維持していく事が重要である。
(4)　学習指導要領解説(平成30年7月)には，思考力，判断力，表現力等の育成の指導事例として，他に「生涯を通じる健康における事象や情報などについて，健康に関わる原則や概念を基に整理したり，個人及び社会生活と関連付けたりして，自他や社会の課題を発見する」，「生涯を通じる健康について，自他や社会の課題の解決方法と，それを選択した理由などを話し合ったり，ノートなどに記述したりして，筋道を立てて説明する」等が挙げられている。

【2】(1)　(解答例)　高等学校においてもできるだけ長い期間継続して学習し，健康や安全についての興味・関心や意欲を持続させ，生涯にわたって健康で安全な生活を送るための基礎となるよう2か年にわたり履修させるようにしている。　(2)　(解答例)　健康に関わる概念や原則を基に，個人及び社会生活における課題を発見したり，学習したことと自他の生活やそれを支える環境づくりとを比較したり，課題解決に向けての方法を考えたり，適切な解決方法の選択について話し合ったりする機会を確保する。
〈解説〉(1)　「保健」については，小学校第3学年から中学校第3学年まで毎学年学習することとなっている。高等学校では，これに継続して学習させることによって，学習の効果を上げることをねらっている。「保健」の年間指導計画については，課程の種別にかかわらず，原則として入学年次及びその次の年次の2か年にわたり履修させ，標準単位数は2単位となっている。　(2)　今回の学習指導要領改訂においては，教科等を越えた全ての学習の基盤として育まれ活用される資質・能力の一つとして，言語能力の育成が掲げられている。言語活動については，知的活動(論理や思考)だけではなく，コミュニケーションや感性・情緒の基盤でもあることも踏まえ，体を動かしながら相手や仲間の動きの修正を伝えること，ともに学ぶ仲間の感情に配慮したコミ

ユニケーションを図ること，称賛すべき所作やマナーなどに敬意を払い自身が感じた思いを伝えることなど，運動やスポーツを行う際の言語活動を踏まえた指導の充実が重要である。

【3】(1) (解答例) ・感染源対策　原理…病原体を排除する。　具体例…加熱や消毒薬などによって滅菌，消毒を行う。　・感染経路対策　原理…感染源から病原体が体内に入ってくる経路を遮断する。　具体例…手を清潔にする。部屋の換気を行う。咳が出るときにはマスクを着用する(咳エチケット)。　・感受性者対策　原理…抵抗力を高める。免疫力を高める。　具体例…予防接種を行う。食事や休養に気を配る(バランスのよい食事と十分な休養・睡眠)。マスク着用により粘膜の乾燥を防ぐ。　(2) (解答例)　リデュース(廃棄物の発生抑制)…物を大切に使いごみを減らす。　リユース(再使用)…使える物は繰り返し使う。　リサイクル(再資源化)…ごみを資源として再利用する。
(3) (解答例)　地域における個人や家庭の健康相談，健康管理の役割を担っている医者。　(4) (解答例)　処方箋は不要で，薬剤師が対面で情報を提供したり説明したりすることが定められている薬品。

〈解説〉(1)　感染症は，①感染源(病原体)，②感染経路，③感受性者の3つの要因が揃うことで感染する。感染症を予防するには，それらの要因に対して対策をとり，取り除いていくことが重要となる。未知の感染症に対して，感染拡大を防ぐためには，特に日頃の暮らしの中で，感染経路を遮断することが最も現実的で重要な対策となる。具体的には，手指の消毒，流水による手洗い，咳やくしゃみをしている場合のマスクの着用，血液，体液，分泌物，嘔吐物等を扱うときは，手袋を着用し，飛び散る場合に備えてマスクやエプロン等を着用する，部屋の換気をする，などがある。感染源対策については，感染源を隔離したり，滅菌，消毒したりすることなどが挙げられる。感受性者対策としては，体の抵抗力(免疫力)を高めることが基本となる。具体的には予防接種を行うことのほか，バランスのよい食事，質の良い睡眠，適度な運動，ストレスをためないなどである。　(2) 「資源有効利用促進法」で，天然資源の消費量を減らして，環境負荷をできるだけ少なくした社会を循環型社会と定義した。また，循環型社会を構築する方法として「リデュース」，「リユース」，「リサイクル」の3Rを提示している。3Rには優先順位があり，リデュース，リユース，リサイクルの順に，考えたり，行動したりすることが大切とされている。 (3) 家庭医ともいう。かぜ，高血圧症など，日頃よくみられる病気などを診察し，必要に応じて他の病院への紹介を行う。 (4) 要指導医薬品とは，医療用から一般用に移行して間もなく，一般用医薬品としてのリスクが確定していない薬(スイッチOTC医薬品)などが該当する。一般用医薬品とは異なり，インターネットでの購入はできない。

【4】(1) a 心と体 b スポーツライフ c 協働的
(2) ① (解答例) 天候や気温の変化などを予見して危険を回避し，けがや疾病を未然に防ぐこと ② a 意欲 b 実践
〈解説〉(1) 今回の学習指導要領改訂では，心と体を一体として捉え，生涯にわたる心身の健康の保持増進や豊かなスポーツライフの実現を重視する内容として示された。「心と体を一体として捉える」ことは，平成10～11年の学習指導要領において上位目標に挙げられ，体育目標と保健の目標の関連を強調して以降，今日まで引き続き保健体育科の目標に示し，その重要性が強調されている。「豊かなスポーツライフを実現する」については，平成10～11年の学習指導要領改訂の際に，教育課程審議会の基本方針の中で，すでに示されていたが，実際に学習指導要領の目標に示されたのは，平成20～21年の改訂時からである。 (2) ① 中学校第1学年及び第2学年においては，「自己の体調の変化に気を配ったり，用具や場所の安全に留意したりする」こと，第3学年においては，「自己の体調の変化に応じて段階的に運動をしたり，用具や場所の安全を確認したりする」ことが示されており，高等学校入学年次以降においてはこれらに加えて，発展的に示されている。 ② 授業における評価規準設定時も，主体的に学習に取り組む態度の観点においては，「危険の予測をしながら回避行動をとるなど，健

康・安全を確保している。」といった表現で設定し，実践している姿を見取ることになる。

【5】(1) a 成果 b 酷使 c 種類 d メディア e 課題の設定 (2) 上達過程…試行錯誤の段階→意図的な調整の段階→自動化の段階 取り組み方…(解答例) ICTを有効活用し，自己観察では自分の動きの課題を把握し，他者観察においては，仲間の動きを撮影しよい動きを参考にして練習に取り組む。 (3) (解答例) 「プラトー」…もてる力を発揮できているが，その力が伸び悩んでいる状態。「スランプ」…上級者に生じるもので，実力があるのに，それを発揮できない状態。 (4) (解答例) 原因…心理的要因(自身の喪失など) 指導方法…生徒をよく観察し，少しの伸びでも褒めるようにし，自己肯定感を高める。また，励ましながら，これまでのよかった場面や動きを取り上げ称賛するなどして，自信の回復に努める。

〈解説〉(1) a・b (ア)では，期待された成果に応じた技能や体力の高め方があることの理解とともに，過度な負担や一定部位への長期的な酷使がけがや疾病の原因となる可能性があり，それを予防することによってスポーツを長く継続できることを学習する。 c・d (イ)では，技能にはクローズドスキル型とオープンスキル型があり，その型の違いによって学習のしかたがあることを学ぶ。また，現代ではテレビやインターネットなどのメディアの発達などによる影響を受けていることなどを学習する。 e (ウ)では，技能の上達を図るための取組として，良い動きを参考として自己の課題を設定したり，課題解決のための自己に適した練習方法を選択したりすることなどがあることを学習する。 (2) 技能の上達過程には，試行錯誤の段階，意図的な調整の段階，自動化の段階の3つの段階がある。試行錯誤の段階は，運動技能の基本的な知識や動作を習得する段階で，意識してもなかなかうまくいかないことが多い。意図的な調整の段階では，基本的な動作の習得が進み，意識しながらできるようになる。自動化の段階では，動作自体に注意を払うこと無く，十分安定したパフォーマンスを達成できるようになる。効果的に上達を図るためには，良い動きを参考として自己の課題を設定すること，課題解決のための自己に適した練習方法を選択すること，自己観察や他者観察を通して課題を発見し解決すること，上達に応じて次の課題を設定することといった取り組み方が運動の継続に有効である。　(3)・(4)　プラトーは成長過程で一時的に伸び悩む状態である。技術や能力のレベルが一定の水準に達したことによって，さらにレベルアップすることが困難になり，停滞してしまうことになる。そうした場合は，休養したり練習方法を変えたりして解決方法を考えると良い。スランプは心身の調子が一時的に不振に陥っていて，通常以下の状態である。スランプの原因としては，身体的要因(けが，疲れ等)，技術的要因(フォームの修正)，用具的要因(新しい用具の使用)，心理的要因(自信の喪失等)，練習環境の変化が考えられる。解決方法として，自信を回復できるように働きかけることや，一時的にその活動から離れさせることなどがある。

【6】(1)　(解答例)　・学級担任や養護教諭と連携を図り，生徒の健康状況の情報を収集するとともに，毎時間の生徒の健康観察を行い，健康状態をしっかりと把握する。　・事故が発生した際には，迅速かつ的確な応急手当や措置を行うことが必要である。　(2)　a　頭　b　電極パッド　c　心電図　(3)　(解答例)　ただちに胸骨圧迫を再開する。

〈解説〉(1)　事故防止の留意点として，次のようなことが挙げられる。①日頃の健康観察，健康診断における各項目のチェック，学校医，養護教諭，保護者などと連絡を密にして，児童生徒の健康状態を把握すること。②生徒の能力に応じた練習や指導をすること。③体育授業時には，準備運動を入念に行い，安全対策を講じること。④事故が発生した際には，迅速かつ的確な応急手当や措置を行うこと。　保健体育科の授業においては，種目の特性を考慮し，主体(人)，環境，運動，用具の要因から，事故の起こる可能性を予測(危険予測)，回避し，未然に事故を防止するよう努めることが重要である。　(2)・(3)　心肺停止直後は体内に酸素が残っているため，人工呼吸をせずに胸骨圧迫のみであっても十分な救命効果が期待できる。突然の心停止は，心臓がけいれんし，心臓の心室が小刻みに震える心室細動によって起きることが多い。そのけいれんした心臓の動きを，AEDによる電気ショックによって元に戻す(除細動)試みを行う。

【7】a キ　b イ　c カ　d ア　e エ

〈解説〉「第4期秋田県スポーツ基本計画」(令和4年　秋田県)においては，5つの施策を柱としてスポーツ施策の推進に取り組んでいる。問題文は，5つの施策のうちの施策2「子どものスポーツ機会の充実による運動習慣の確立と体力の向上」の方向性の1つ及びその主な取組である。主な取組の「③教科外体育の充実」においては，小学校における業前・業間運動の充実，中・高等学校における工夫した体育行事の取組の推進，雪が多い等の自然条件や施設の活用によってウインタースポーツに積極的に親しむことへの支援，などを図る。「④『全国体力・運動能力，運動習慣等調査』結果の活用」においては，秋田県の児童生徒の体力・運動能力等を把握・分析し，体育・保健体育学習の授業改善や体力の向上に向けた取組の充実を図る。

【8】(1)　ステップ…右　ジャンプ…左　計測のしかた…ア
(2)　①　a　通し番号　b　2列縦隊　c　偶数　d　斜め前
②　ウ　(3)　①　カタール　②　64試合　③　ア　A
イ　A　ウ　A　エ　B　(4)　①　(解答例)　すぐに1塁に送球し，打者走者をアウトにする。　②　(解答例)　投手の投球の際に，手からボールが離れたタイミングで，走者は塁を離れてもよい。
③　ア　スリングショット　イ　ウインドミル

〈解説〉(1)　三段跳びでは，ホップで踏み込み，同じ足でステップを行い，反対の足でジャンプを行う。計測は，踏み込み板の砂場側の先端から着地した跡の踏み切り板にいちばん近い位置まで，踏み切り板から垂直になるように行う。　(2)　集団の秩序を保ちながら効率よく行動するためには，周囲の状況に応じながら機敏に動くことが大切である。留意点としては，「右を向くときは『右向け，右』の要領で，正しく90度向きを変えるようにする」,「動作に区切りをつけるようにする」,「合図をする場合は，指揮者は斜め上方に片手を上げて向く方向を示し，指で列数を示しながら合図することもよい」などが挙げられる。 (3) ① 2022FIFAワールドカップカタール大会は，11月20日～12月18日までカタールで開催された。第22回大会となり，アラブ圏で行われるのは初となった。 ② リーグ戦の試合は1グループに4チームずつの総当たり戦なので，${}_4C_2=\frac{4\times3}{2\times1}=6$で，6試合。それが8グループあるので，6×8＝48〔試合〕。次に，16チームのトーナメント戦になるので，(チーム数－1)＝負けチームの数＝総試合数に当てはめ，15試合となる。これに3位決定戦を加えるため，総試合数は 48＋15＋1＝64〔試合〕となる。 ③ 「直接フリーキック」では蹴ったボールがゴールに入ると得点が入るのに対して，「間接フリーキック」ではゴールに直接ボールが入っても得点にはならず，相手のゴールキックで試合が再開される。ただし，間接フリーキックでも，味方や相手選手など，他の選手にボールが触れてゴールに入れば得点となる。

(4) ① 振り逃げは，キャッチャーの捕球がしっかりとできなかった場合に発生するルールだが，キャッチャーにボールが届く前にワンバウンドしても振り逃げは成立する。 ② ソフトボールでは，走者のリードが禁止されている。走者はピッチャーの手からボールが離れるまで，ベースを離れてはならない。ピッチャーの手からボールが離れる前にベースから離れてしまうとアウトになる。これを離塁アウトと言う。 ③ ア スリングショットは，ソフトボールの原点ともいえる投げ方で，時計の振り子のように腕を下から振り上げ，その反動を利用して前方に振り戻して投げる投法である。ゴムのパチンコ(スリングショット)の動きに似ているのでこう呼ばれている。変化球を投げるには不向きであり，ボールの握りが常に打者に晒されてしまうため，現在ではほとんど見られなくなった。 イ ウインドミルは，もっともポピュラーな投げ方で，風車のように腕を大きく1回転させ，その遠心力を利用して投げるため，大きなスピードを得ることができる。腕の回転は1回に制限されており，打者を幻惑させるために何回転も腕を回すことは禁止されている。

2022年度　実施問題

【中学校】

【1】「中学校学習指導要領解説保健体育編(平成29年7月文部科学省)」の「第2章保健体育科の目標及び内容」に示されている内容である。次の各問いに答えよ。

(1) 次の文は，保健体育科の目標である。次のa～fに適語を記せ。

> 体育や保健の見方・考え方を働かせ，課題を発見し，合理的な解決に向けた(　a　)を通して，心と体を一体として捉え，(　b　)にわたって心身の健康を保持増進し豊かな(　c　)を実現するための資質・能力を次のとおり育成することを目指す。
>
> (1) 各種の運動の特性に応じた技能等及び(　d　)における健康・安全について理解するとともに，基本的な技能を身に付けるようにする。
>
> (2) 運動や健康についての(　e　)の課題を発見し，合理的な解決に向けて思考し判断するとともに，他者に伝える力を養う。
>
> (3) 生涯にわたって運動に(　f　)とともに健康の保持増進と体力の向上を目指し，明るく豊かな生活を営む態度を養う。

(2) 下線部「保健の見方・考え方」は，どのようなものと示されているか記せ。

(☆☆☆◎◎◎◎◎)

【2】「JSPO－ACP　アクティブ チャイルド プログラム ガイドブック(令和3年5月公益財団法人日本スポーツ協会)」では，子どもが基礎的な動きを身に付けるために，指導者は子どもの動きについて，まず総合的

に見て，全体的な動きの印象(以下「全体印象」という)を，次にからだの部分の動きや様子に着目し，適切に観察評価することが大切であるとしている。次の各問いに答えよ。

(1) 次の図は，全体印象が「よい」と評価された走動作(50m走)の中間地点(20～30m)付近における様子である。以下の①と②の問いに答えよ。

「JSPO-ACP アクティブ チャイルド プログラム ガイドブック」より一部改

① aとbに適語を記せ。

「中間地点(20～30m)付近における全体印象」 力強く地面を(a)し，前方に(b)に進んでいる

② 観察評価のポイントを三つ記せ。

(2) 次の図は，全体印象が「よい」と評価された投動作(ボール投げ)の様子である。観察評価のポイントを四つ記せ。

「JSPO-ACP アクティブ チャイルド プログラム ガイドブック」より一部改

(☆☆☆◎◎◎)

【3】次の文は，「学校体育実技指導資料第2集柔道指導の手引(三訂版)(平成25年3月文部科学省)」の固め技の学習指導に示されている内容である。以下の各問いに答えよ。

固め技には，抑え技，絞め技，関節技があります。中学校，高等学校ともに(　a　)では抑え技のみを扱うことが示されています。

抑え技は，中学校第1学年及び第2学年などの初歩の段階から(　b　)な練習を行った上で，自由練習や(　c　)な試合を行い，攻防する楽しさなど柔道の特性に触れさせることが考えられます。

また，抑え技の条件を示して，生徒に効果的な抑え方を試行錯誤させるなど，生徒が主体に技を工夫する場面を設けることも(　d　)を高める上で効果的です。

安全面の配慮事項として，絞め技や関節技を指導しないことはもちろんのこと，生徒がふざけて行うことがないよう注意する必要があります。

また，頸椎や脊椎を無理にそらせたり，関節部を可動域以上に，あるいは(　e　)に曲げたり，直接相手の(　f　)に手を当てたり，相手の頭部を抱えたり，腕や帯などで相手の頸部を絞めることが無いように十分指導することが重要です。

(1)　a～fに適語を記せ。

(2)　下線部「抑え技のみを扱うこと」について，取と受との相対関係による抑え技の取り扱いに当たり，基本的に重要なことが示されている。その内容を記せ。

(3)　下線部「抑え技の条件」について，「抑え込みの3つの条件」が示されている。「取が脚を絡まれるなど受から拘束を受けていない」の他の条件を二つ記せ。

(4)　下線部「安全面の配慮事項」について，文中の配慮事項の他に固め技の授業での安全を確保するために指導しておく大切なことは何か，答えよ。

(☆☆☆◎◎◎)

【4】次の文は,「中学校学習指導要領解説保健体育編(平成29年7月文部科学省)」の「第2章保健体育科の目標及び内容　A体つくり運動　第1学年及び第2学年　(1)知識及び運動」に示されている内容である。以下の各問いに答えよ。

> (1)　次の運動を通して,体を動かす楽しさや(　a　)を味わい,体つくり運動の(　b　)と行い方,体め動きを高める方法などを理解し,(　c　)に適した運動を身に付け,組み合わせること。
>
> ア　体ほぐしの運動では,手軽な運動を行い,(　d　)との関係や心身の状態に気付き,仲間と積極的に関わり合うこと。
>
> イ　体の動きを高める運動では,ねらいに応じて,体の柔らかさ,　(　e　)な動き,力強い動き,動きを(　f　)する能力を高めるための運動を行うとともに,それらを組み合わせること。

(1)　a～fに適語を記せ。

(2)　下線部「手軽な運動」について示されている三つの内容を記せ。

(3)　下線部「それらを組み合わせること」について,次の図の運動の計画を立てた生徒に対して,「効率のよい運動の組合せ」の観点から自己評価させるために,どのような助言が適切か,二つ記せ。

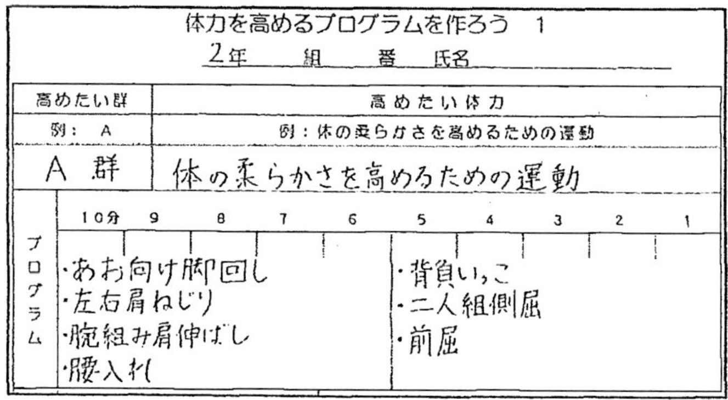
体力を高めるプログラムを作ろう　1
2年　　組　　番　氏名

高めたい群	高めたい体力
例：A	例：体の柔らかさを高めるための運動
A 群	体の柔らかさを高めるための運動

プログラム　10分　9　8　7　6　5　4　3　2　1

・あお向け脚回し ・左右肩ねじり ・腕組み肩伸ばし ・腰入れ	・背負いっこ ・二人組側屈 ・前屈

(☆☆☆☆◎◎◎◎)

【5】「中学校学習指導要領解説保健体育編(平成29年7月文部科学省)」の保健分野「(4)健康と環境　(イ)飲料水や空気の衛生的管理」に示されている内容について，次の各問いに答えよ。

(1)　次のa～fに適語を記せ。

> ㋐　飲料水の衛生的管理
>
> 水は，人間の生命の維持や健康な生活と密接な関わりがあり重要な役割を果たしていること，飲料水の水質については一定の基準が設けられており，(　a　)を設けて衛生的な水を確保していることを理解できるようにするとともに，飲料水としての適否は(　b　)な方法によって(　c　)し，管理されていることを理解できるようにする。
>
> ㋑　空気の衛生的管理
>
> 室内の二酸化炭素は，人体の(　d　)や物質の燃焼により増加すること，そのため，室内の空気が汚れてきているという指標となること，定期的な(　e　)は室内の二酸化炭素の濃度を衛生的に管理できることを理解できるようにする。
>
> また，空気中の一酸化炭素は，主に物質の不完全燃焼によって発生し，吸入すると一酸化炭素中毒を容易に起こし，人体に(　f　)であることを理解できるようにするとともに，そのために基準が決められていることにも触れるようにする。

(2)　「健康と環境」における「飲料水や空気の衛生的管理」の指導において，㋐，㋑の内容と関連させて，触れるように配慮する内容を記せ。

(3)　下線部「一定の基準」が定められている法律名を記せ。

(4)　下線部「基準が決められていること」について，学校環境衛生基準で定められている空気中の一酸化炭素の濃度を記せ。

(☆☆☆◎◎◎)

【6】中学校の保健体育科教諭のあなたは，運動制限のある生徒本人(又は保護者)の強い希望で「禁止されている運動をしたい」とお願いされました。授業における事故防止のための個に応じた管理や対応という観点からどのようなことが大切であるか，次の【　　】の語句を使い，160字程度で説明せよ。

【学校生活管理指導表，主治医】

(☆☆☆☆◎◎◎)

【7】「中学校学習指導要領(平成29年3月文部科学省)」及び「中学校学習指導要領解説保健体育編(平成29年7月文部科学省)」に示されている内容について，次の各問いに答えよ。

(1) 次の文は，「第1章総則第5　学校運営上の留意事項　1教育課程の改善と学校評価，教育課程外の活動との連携等」に示されている内容である。次のa～eに適語を記せ。

ウ　教育課程外の学校教育活動と教育課程の関連が図られるように留意するものとする。特に，生徒の(　a　)，(　b　)な参加により行われる部活動については，スポーツや文化，科学等に親しませ，学習意欲の向上や(　c　)，連帯感の涵(かん)養等，学校教育が目指す資質・能力の育成に資するものであり，学校教育の一環として，教育課程との関連が図られるよう留意すること。その際，学校や地域の，(　d　)に応じ，地域の人々の(　e　)，社会教育施設や社会教育関係団体等の各種団体との連携などの運営上の工夫を行い，持続可能な運営体制が整えられるようにするものとする

(2) (1)の文中の下線部「学校教育の一環として，教育課程との関連が図られるよう留意する」について，次の①と②の問いに答えよ。

① 運動部の指導に当たっては，学校教育活動の一環であることから，どのような視点を参考に指導を行うことが大切であると示されているか記せ。

② 運動部の活動と保健体育科の指導との関連を図った学びとはどのようなものか，「する，みる，支える，知る」のスポーツとの関わり方という視点から説明せよ。

(3) (1)の文中の下線部「持続可能な運営体制が整えられるようにする」について，次の①と②の問いに答えよ。

① 部活動の指導体制の充実を図るために改正された「学校教育法施行規則の一部を改正する省令(平成29年3月14日公布)」でスポーツ等に関する教育活動に係る技術的な指導に従事する役職の名称を記せ。

② ①の職務の一つである「生徒指導に係る対応」に，いじめや暴力行為等の事案が発生した場合等の対応について，留意すべきことを記せ。

(☆☆☆☆◎◎◎)

【8】保健体育科の指導におけるICTの活用について，次の各問いに答えよ。

(1) 次の文は，「中学校学習指導要領解説保健体育編(平成29年7月文部科学省)」の「第3章指導計画の作成と内容の取扱い　1指導計画の作成」に示されている内容である。下線部「各分野の特質に応じた学習活動」について，以下の①と②の問いに答えよ。

> (3) 第2の内容の指導に当たっては，コンピュータや情報通信ネットワークなどの情報手段を積極的に活用して，各分野の特質に応じた学習活動を行うよう工夫すること。

① 運動の実践において留意することを記せ。

② 保健体育科の指導に当たっての配慮事項として，「学習の効果を高めること」の他に示されていることは何か記せ。

(2) 「教育の情報化に関する手引(追補版)(令和2年6月文部科学省)」に保健体育科の特質を踏まえ7つの場面におけるICTの効果的な活用が示されている。次の3つの場面におけるICTの効果的な活用を記せ。

・生徒の学習に対する興味・関心を高める場面
・生徒一人一人が課題を明確に把握する場面
・動きを撮影した画像を基に，グループでの話合いを活性化させる場面

(☆☆☆☆◎◎◎)

【9】体育史について，次の各問いに答えよ。

(1) 次の文は，ダンスの歴史について述べたものである。次のa～fに適語をア～シの中から選び記号で記せ。

ダンスは，人類の(a)の文化の一つであり，(b)を持たない民族はないといわれるように，今日に至るまで，時代とともに変容しながら常に人間の(c)と深く関わって存在してきた文化である。

ヨーロッパの貴族文化の中で(d)ダンスが，さらにこれが音楽と結び付いて(e)が誕生した。

18世紀には(e)が発展し，20世紀に入ると，感情を自由に工夫した動きで表現する(f)ダンスが生まれた。

ア 武器	イ 創造	ウ 踊り	エ 世界
オ 最古	カ 生活	キ 社交	ク モダン
ケ ロック	コ バレエ	サ フォーク	シ ヒップホップ

(2) 次の文は，球技の歴史について述べたものである。次のa～fに適語をア～シの中から選び記号で記せ。

球技は，古代からヨーロッパ各地で行われてきたさまざまな(a)が，19世紀にイギリスで統一ルールがつくられて近代スポーツとなったヨーロッパ生まれの球技と，それらを基に(b)で考案された球技に大別できる。19世紀後半から20世紀にかけて世界に普及した球技は，(c)でも多くの競技が採用されて行われている。

ヨーロッパ生まれの球技は，(d)そのものを楽しむという伝統が引き継がれている。サッカーやラグビーは，時間内に勝負がつかないときは引き分けにする大会(特にリーグ戦)が多い。

(　b　)生まれの球技は，スポーツの持つ，より(　e　)な面を強調しているという特徴がある。それは，(　f　)や野球のように延長してでも勝敗を必ず決めようとするルールに表れている。

ア　ブラジル　　イ　アメリカ　　ウ　ダンス
エ　ゲーム　　オ　応援　　カ　競争的
キ　娯楽的　　ク　オリンピック　　ケ　運動会
コ　プレイ　　サ　テニス　　シ　バスケットボール

(☆☆☆◎◎◎)

【10】次の語句について説明せよ。

(1)　COPD(慢性閉塞性肺疾患)
(2)　フリークライミング
(3)　塵浄水(ちりちょうず)
(4)　スマート・ライフ・プロジェクト
(5)　ロコモティブシンドローム

(☆☆☆◎◎◎)

【高等学校】

【1】次の文は，高等学校学習指導要領解説保健体育編　体育編(平成30年7月文部科学省)に示されている科目「体育」の目標である。以下の各問いに答えよ。

> 体育の見方・考え方を働かせ，課題を発見し，合理的，計画的な解決に向けた学習過程を通して，心と体を一体として捉え，生涯にわたって豊かなスポーツライフを継続するとともに，(　a　)に応じて体力の向上を図るための資質・能力を次のとおり育成することを目指す。
>
> (1)　運動の合理的，計画的な実践を通して，運動の楽しさや喜びを深く味わい，生涯にわたって運動を豊かに継続することができるようにするため，運動の(　b　)や体力の必要性について理解するとともに，それらの技能を身に付ける

ようにする。

(2) 生涯にわたって運動を豊かに継続するための課題を発見し，合理的，計画的な解決に向けて思考し判断するとともに，自己や仲間の考えたことを(c)を養う。

(3) 運動における競争や協働の経験を通して，公正に取り組む，互いに協力する，自己の責任を果たす，(d)する，一人一人の(e)を大切にしようとするなどの意欲を育てるとともに，健康・安全を確保して，生涯にわたって継続して運動に親しむ態度を養う。

① 文中の(a)～(e)に適語を記せ。

② (1)～(3)の目標について，育成を目指す資質・能力を答えよ。

③ 下線部の健康・安全を確保してについて，主体的に取り組む生涯スポーツの実践場面を想定して，自分や仲間のけがを最小限にとどめたり，事故の危険性を未然に回避したりするためにすべきこととして示されているものを，「体調に応じて」「仲間や相手の」「用具や場の」の書き出しに合わせて答えよ。

(☆☆◎◎◎◎◎)

【2】次の表は，高等学校学習指導要領解説保健体育編　体育編(平成30年7月文部科学省)科目「体育」B　器械運動[入学年次]に示されているマット運動の主な技の例である。以下の各問いに答えよ。

系	技群	グループ	基本的な技（主に中1・2で例示）	発展技
回転系	接転	前転	開脚前転 ――→	伸膝前転
			――→ 倒立前転	
			――→	(a)
		後転	開脚後転 ――→	伸膝後転 ――→ 後転倒立
	(b)	倒立回転・倒立回転跳び	側方倒立回転 ――→	側方倒立回転跳び1/4ひねり（ロンダート）
			倒立ブリッジ ――→	前方倒立回転 ――→ 前方倒立回転跳び
		はねおき	頭はねおき	
巧技系	平均立ち	片足平均立ち	片足正面水平立ち ――→	片足側面水平立ち，(c)
		倒立	倒立 ――→	倒立ひねり

(1) 表中の(a)～(c)に適語を記せ。

(2)　次の図は，下線部の伸膝前転を示したものである。

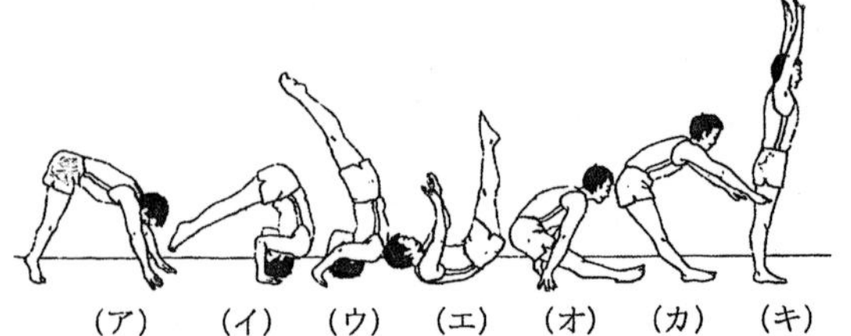

出典：ステップアップ中学体育2021

①　(エ)及び(オ)における，指導のポイントについて述べよ。

②　回転のスピードがつかず起きあがれない生徒への指導の手立てについて述べよ。

(☆☆☆◎◎◎◎◎)

【3】次の文は，高等学校学習指導要領解説保健体育編　体育編(平成30年7月文部科学省)科目「体育」A　体つくり運動[入学年次]に示されている内容(一部抜粋)である。以下の各問いに答えよ。

> (1)　次の運動を通して，体を動かす楽しさや心地よさを味わい，運動を継続する(　a　)，体の構造，運動の(　b　)などを理解するとともに，健康の保持増進や体力の向上を目指し，(　c　)に適した運動の計画を立て取り組むこと。
>
> ア　体ほぐしの運動では，手軽な運動を行い，心と体は互いに影響し変化することや心身の状態に気付き，仲間と自主的に関わり合うこと。
>
> イ　実生活に生かす運動の計画では，(　d　)に応じて，健康の保持増進や調和のとれた体力の向上を図るための運動の計画を立て取り組むこと。
>
> (3)　体つくり運動に自主的に取り組むとともに，互いに助け合い教え合おうとすること，一人一人の違いに応じた動きなどを大切にしようとすること，話合いに貢献しようとすることなどや，健康・安全を確保すること。

① 文中の(a)～(d)に当てはまる語句を語群から選び記号で答えよ。

【語群】

ア ねらい イ 意義 ウ 効果 エ 目標 オ 目的
カ 原則

② 下線部の手軽な運動とは，どのような運動か。示されている三つの運動を答えよ。

③ 下線部の自主的・教え合おう・話合いは，[入学年次の次の年次以降]に示されている内容と表現が異なる部分である。それぞれについて，[入学年次の次の年次以降]でどのように示されているか答えよ。

④ あなたが担当するクラスで，実生活に生かす運動の計画をグループごとに考えさせることとした。実際の指導場面を想定し，生徒に示す「計画作成上の留意点」を四つ書け。ただし，一つの留意点は簡潔に18字以内で，文末表現は「こと」とする。

(☆☆☆◎◎◎◎◎)

【4】高等学校学習指導要領解説保健体育編 体育編(平成30年7月文部科学省)第3章第2節 内容の取扱いに当たっての配慮事項に，「体育」と「保健」の関連の例が示されている。このことについて次の各問いに答えよ。

(1) 次の文は，高等学校学習指導要領解説保健体育編 体育編(平成30年7月文部科学省)に示されている，水泳の事故防止に関する心得である。文中の(a)～(c)に適語を記せ。

水泳の事故防止に関する心得とは，自己の(a)や技能の程度に応じて泳ぐ，無理な(b)は(c)の危険があるため行わない，溺れている人を見付けたときの対処としての救助の仕方と留意点を確認するなどといった健康・安全の心得を示している。

(2)　文中の下線部と関連させて，科目「保健」の(2)「安全な社会生活」ア(イ)「応急手当」の授業を行う際，どのような関連付けの工夫が考えられるか。二つ答えよ。

(☆☆☆◎◎◎◎◎)

【5】次の文は，高等学校学習指導要領解説保健体育編　体育編(平成30年7月文部科学省)科目「保健」3　内容(1)現代社会と健康　ア　知識に示されている内容である。以下の各問いに答えよ。

> (ウ)　生活習慣病などの予防と回復
>
> がん，(　a　)，虚血性心疾患，(　b　)，脂質異常症，(　c　)などを適宜取り上げ，これらの生活習慣病などのリスクを軽減し予防するには，適切な運動，(　d　)，休養及び睡眠など，(　e　)のとれた健康的な生活を続けることが必要であること，定期的な健康診断や(　f　)などを受診することが必要であることを理解できるようにする。
>
> その際，がんについては，肺がん，大腸がん，胃がんなど様々な種類があり，生活習慣のみならず(　g　)や(　h　)の感染などの原因もあることについて理解できるようにする。がんの回復においては，手術療法，化学療法(抗がん剤など)，放射線療法などの治療法があること，患者や周囲の人々の(　i　)を保つことや緩和ケアが重要であることについて適宜触れるようにする。

(1)　文中の(　a　)～(　i　)に適語を記せ。

(2)　知識を習得した上で，生徒自身の将来における生活習慣病の予防について考えさせる学習を行う際，ICTをどのように活用することが考えられるか。具体的な学習活動の場面を想定し，二つ答えよ。

(☆☆☆◎◎◎)

【6】次の各問いに答えよ。

(1) 薬剤耐性菌の出現を促した背景を説明せよ。

(2) ノーマライゼーションとはどういう意味か説明せよ。

(3) 1986年にオタワ憲章のなかで提唱された，ヘルスプロモーションとはどのようなプロセスか説明せよ。

(4) 新興感染症の問題点は何か説明せよ。

(☆☆☆☆◎◎◎)

【7】次の文は，「令和3年度　学校教育の指針」(秋田県教育委員会)における「第Ⅳ章　学校教育指導の重点」教科指導「保健体育　高等学校」に示されている内容(一部抜粋)である。文中の(　a　)～(　e　)に適語を記せ。

1　全ての生徒が運動の楽しさや喜びを味わうための指導の充実
・(　a　)の接続及び発達の段階のまとまりを踏まえ，(　b　)も見通した年間指導計画の作成
・三つの資質・能力の具体的な指導内容及び学習評価を(　c　)，計画的に設定した指導と評価の計画(単元計画)の作成
・楽しく，(　d　)して運動に取り組むとともに，学習した結果としてより一層の体力の向上につながる指導の工夫・改善
・体力や技能の程度，性別や障害の有無等にかかわらず，運動やスポーツの多様な楽しみ方を(　e　)で実践することができるよう配慮した指導の工夫

(☆☆☆◎◎◎◎◎)

【8】次の文は，「運動部活動の在り方に関する総合的なガイドライン」(平成30年3月スポーツ庁)における，前文に示されている内容である。文中の(　a　)～(　j　)に当てはまる語句を語群から選び記号で答えよ。

前文

○　学校の運動部活動は，スポーツに興味・関心のある(a)が参加し，各運動部の責任者(以下「運動部顧問」という。)の指導の下，学校教育の一環として行われ，我が国の(b)を大きく支えてきた。

○　また，体力や技能の向上を図る目的以外にも，異年齢との交流の中で，生徒同士や生徒と教師等との好ましい(c)を図ったり，学習意欲の向上や(d)，責任感，連帯感の涵養に資するなど，生徒の(e)として，教育的意義が大きい。

○　しかしながら，今日においては，社会・経済の変化等により，教育等に関わる課題が複雑化・多様化し，学校や教師だけでは解決することができない課題が増えている。とりわけ，少子化が進展する中，運動部活動においては，従前と同様の(f)では維持は難しくなってきており，学校や地域によっては(g)にある。

○　将来においても，全国の生徒が生涯にわたって豊かなスポーツライフを実現する資質・能力を育む(h)として，運動部活動を(i)なものとするためには，各自のニーズに応じた運動・スポーツを行うことができるよう，速やかに，運動部活動の在り方に関し，(j)な改革に取り組む必要がある。

【語群】

ア　存続の危機	イ　スポーツ計画	ウ　同好の生徒
エ　抜本的	オ　人間関係の構築	カ　運営体制
キ　自己実現の場	ク　自己肯定感	ケ　自主的な生徒
コ　持続可能	サ　連携体制	シ　多様な学びの場
ス　スポーツ振興	セ　自己有用感	ソ　基盤

(☆☆☆◎◎◎◎◎)

【9】次の各問いに答えよ。

(1) 武道について，次の各問いに答えよ。

① 武道特有の練習方法である「見取り稽古」について説明せよ。

② 柔道における「連絡技」について説明せよ。

③ 剣道における「打突の好機」を三つ答えよ。

(2) 次の文は，卓球のダブルスの進め方である。文中の(a)～(e)に当てはまる語句を語群から選び記号で答えよ。

① サーバーとレシーバーを決定する。

ア 第1ゲーム：最初にサービス権を持った組がサーバーを決め，レシーブ組は最初のレシーバーを決める。

イ 第2ゲーム以降：サービス組が最初のサーバーを決める。レシーバーは，前のゲームでそのサーバーに(a)した者がなる。

② サービスは必ず(b)に入れる。

③ サービス権が移った時は，直前のレシーバーがサーバーに，直前のサーバーのパートナーがレシーバーになる。

④ 打球は各組の2人が(c)に行わなければならない。

⑤ 勝敗を決める最終ゲームでは，どちらかの組の得点が(d)に達したとき(e)を交替するとともに，レシーブ組はレシーバーを交替する。

【語群】

ア 交互　イ スマッシュ

ウ 10点　エ サービス

オ エンド　カ 5点

キ サイド　ク ライトハーフコート

ケ センター　コ レフトハーフコート

サ 適切

(3) 次の表は，走り高跳びの試技の結果である。1位から3位までの順位を決定し，その理由を答えよ。

	1.40m	1.45m	1.50m	1.54m	1.58m	1.62m	1.66m
A	－	×○	○	×○	－	××○	×○
B	○	○	○	×－	×○	××○	×××
C	○	○	×－	○	××○	××○	×××
D	○	○	－	××○	××○	×○	×××

(☆☆☆◎◎◎)

解答・解説

【中学校】

【1】(1)　a　学習過程　　b　生涯　　c　スポーツライフ　　d　個人生活　　e　自他　　f　親しむ　　(2)　(解答例)　個人及び社会生活における課題や情報を，健康や安全に関する原則や概念に着目して捉え，疾病等のリスクの軽減や生活の質の向上，健康を支える環境づくりと関連付けること。

〈解説〉(1)　学習指導要領解説の教科の目標からの出題である。目標については，学年ごとの目標についても違いを整理し，文言は必ず覚えること。　(2)　同資料・同項目に示されている。他の文言についても同資料にて理解を深めておくこと。

【2】(1)　①　a　キック　　b　スムーズ　　②　(解答例)　・脚の動きに着目し，「腿がよく上がっているか」を評価する。　・脚の動きに着目し，「歩幅が大きいか」を評価する。　・腕の動きに着目し，「腕(肘)は適度に曲がり，前後に大きく振られているか」を評価する。　(2)　(解答例)　・ステップ脚(投げ腕と反対側)が前に出ているか。　・上半身をひねって，投げ腕を後方に引いているか。　・軸脚からステップ脚に体重が移動しているか。　・腕をムチのように振っているか。

〈解説〉(1)　体の部分の動きや様子については，脚の動きに着目して，腿がよく上がっている，歩幅が大きいという2つのポイントを観察する。腿がよく上がっていて，大きくテンポよく前方に脚が運び出されているのがよい動きといえる。また，腕(肘)は適度に曲がり，前後に大きく振られているかどうかに着目する。腕が大きくしっかり振られていることは，歩幅の大きさに関係するとともに，全身(上肢と下肢)のバランスのよい大きな走りである。　(2)　体の部分の動きや様子については，まずステップ脚(投げ腕と反対側)が前に出ているかを見る。次に上半身をひねって，投げ腕を後方に引いているかを見る。胸が投げ腕側の側方を向く(右利きなら右側を向く)ように，腕を後ろに引くことができると，上半身がひねりやすくなる。次に軸脚からステップ脚に体重が移動しているかを見る。両脚を前後に踏み出していても，投げるときに前方(ステップ脚)への体重移動がないとボールを遠くに投げることはできない。腕をムチのように振っているかどうかは，ボール投げの動きの完成度をはかる観点といえる。

【3】(1)　a　学習指導要領　　b　段階的　　c　ごく簡単　　d　意欲　e　反対方向　　f　顔面　　(2)　(解答例)　受にとって安心感があるように，取が抑える際には，接触面が狭く，圧迫感が小さくなるようにし，取と受が心理的に安心した状態で学習できるようにする。　(3)　(解答例)　・受が仰向けの姿勢である。　・取が受とほぼ向き合っている。　(4)　(解答例)　受は抑え込まれて苦しい状態になったら時は，我慢せず「参った」の合図で体や畳を2回以上叩くことを約束し，取も相手に気を配り，危険な体勢が続かないよう徹底する。

〈解説〉(1)　固め技について，学習指導要領解説で抑え技，絞め技及び関節技の中で抑え技のみ扱うことと示されているので，絞め技や関節技を指導しないことはもちろん，生徒間でふざけて行うことがないよう十分注意しなければならない。また，抑え技の練習では，誤って腕や帯などで相手の頸部を絞めることが無いように十分留意させた上で，生徒の技能の程度に応じた指導を工夫する必要がある。　(2)　取は，相手と直接向かい合ってその動きを制することになるが，受との接触面が狭いものと広いものとがある。接触面が狭い抑え方は比較的抑えやすいが返されやすい特徴がある。また，接触面が広い場合は，相手の動きを制する工夫が必要となるが，その分相手の動きに対応した柔軟な抑え方が可能となる。　(3)　抑え技のポイントは，相手を20秒以上25秒未満抑え込むと有効，25秒以上30秒未満だと技あり，30秒で一本となる。　(4)　抑え込まれて苦しい時は潔く「参った」をすることを教える。「参った」の合図は相手の体や畳を2回以上叩くこととし，「参った」をした場合はすぐに技を解くなど，常に相手の状態に気を配りながら抑えることを徹底する。

【4】(1)　a　心地よさ　　b　意義　　c　目的　　d　心と体　　e　巧み　　f　持続　　(2)　(解答例)　・誰もが簡単に取り組むことができる運動　　・仲間と協力して楽しくできる運動　　・心や体が弾むような軽快な運動　　(3)　(解答例)　・あお向け脚回しは，力強い動きを高めるための運動になるので，「体の柔らかさを高める」という一つのねらいに合った運動を選ぼう。　・体の全ての部位が柔らかくなるように，前屈や側屈だけでなく，後屈なども選んで組み合わせてみよう。

〈解説〉(1)　体つくり運動の目標(1)からの出題である。目標について文言は必ず覚えること。学年の違いも整理し理解を深めておくこと。(2)　手軽な運動の三つの内容は同資料に示されているので確認しておくこと。行い方の例として6つあげられているので確認しておきたい。(3)　それらを組み合わせるとは，体の動きを高める運動を効率よく組み合わせたり，バランスよく組み合わせたりすることを示している。効率のよい組み合わせとは，高めたい体の動きのねらいを一つ決め，それを高めるための運動を組み合わせることである。バランスのよい組み合わせとは，ねらいが異なる運動を組み合わせることである。効率のよい運動の組合せの指導に際しては，体の柔らかさや巧みな動きを高める運動では，一つの運動を反復してから次の運動を行うこと，力強い動きや動きを持続する能力を高める運動では，体力やねらいに応じて回数や運動時間を設定して行うことが大切である。バランスのよい運動の組合せの指導に際しては，総合的に体の動きを高めるように組み合わせることが大切である。この場合は，「体の柔らかさを高める」というねらいに対して，体の全ての部位を柔らかくしようとしているか，組み合せの構成に無理はないか，静的な運動と動的な運動が組み合わされているかなどを助言する必要がある。

【5】(1)　a　水道施設　　b　科学的　　c　検査　　d　呼吸作用　e　換気　　f　有害　　(2)　放射線と健康　　(3)　水道法　(4)　0.001％以下

〈解説〉(1)　㋐　水道水は水道法第4条で規定する，水質基準項目と基準値(51項目)に適合することが必要である。　㋑　建築物環境衛生管理基準では，浮遊粉じんの量，一酸化炭素の含有率，二酸化炭素の含有率，温度，相対湿度，気流，ホルムアルデヒドの量について規準を設けている。　(2)　学習指導要領解説の同項目に，「必要に応じて，㋐，㋑の内容と関連させて，放射線と健康についても触れるように配慮するものとする。」と示されている。　(3)　水道法は1957年に成立した。第4条水質基準に「水道により供給される水は，次の各号に掲げる要件を備えるものでなければならない。一　病原生物に汚染され，又は病原生物に汚染されたことを疑わせるような生物若しくは物質を含むものでないこと。二　シアン，水銀その他の有毒物質を含まないこと。三　銅，鉄，弗素，フェノールその他の物質をその許容量をこえて含まないこと。四　異常な酸性又はアルカリ性を呈しないこと。五　異常な臭味がないこと。ただし，消毒による臭味を除く。六　外観は，ほとんど無色透明であること。」とある。　(4)　換気，温度，相対湿度，一酸化炭素，二酸化炭素，揮発性有機化合物，照度，まぶしさ，騒音レベルなど様々な項目について確認しておきたい。

【6】まず，生徒や保護者の希望について，傾聴しながらしっかり気持ちを受け止める。その上で，管理職や養護教諭と連携を図り組織的に対応し，十分な話し合いを行う。その中で，体育の運動種目への取組方によって強度が分類されている学校生活管理指導表を示し，制限を超えて運動することのリスクについて話し，主治医の助言指導を仰ぐよう勧める。(159字)

〈解説〉学校生活管理指導表では，教科体育に掲げられている全運動種目を取り上げ，幼稚園用，小学生用，中・高校生用に分けて作成されている。運動強度については，軽い運動，中等度の運動，強い運動に分けられている。学校の教育活動における死亡・重傷事故の割合の1位は「突然死」である。本人または保護者が自ら強い希望をしたとしても，管理指導表を基に主治医の判断を仰ぎ，十分な話し合いがなされなければならない。

【7】(1)　a　自主的　　b　自発的　　c　責任感　　d　実態　　e　協力　　(2)　①　主体的・対話的で深い学びの実現に向けた視点
②　(解答例)　競技を「すること」のみならず，「みる，支える，知る」といった視点からスポーツに関する科学的知見やスポーツとの多様な関わり方及びスポーツがもつ様々な良さを実感しながら，自己の適性等に応じて，生涯にわたるスポーツとの豊かな関わり方を学ぶことである。　(3)　①　部活動指導員　　②　(解答例)　部活動指導員は，部活動中，いじめや暴力行為等の生徒指導上の事案が発生した場合には，速やかに教諭等に連絡し，教諭等とともに学校として組織的に対応を行う。

〈解説〉(1)　この項目は保健体育科と関連が深いので確認しておくこと。
中学校学習指導要領解説の第3章　指導計画の作成と内容の取扱い
3　教育課程外の学校教育活動と教育課程との関連（第1章第5の1のウ）に詳しく解説されているので理解を深めておきたい。　(2)　学校教育の一環として行われる部活動は，異年齢との交流の中で，生徒同士や教員と生徒等の人間関係の構築を図ったり，生徒自身が活動を通して自己肯定感を高めたりするなど，その教育的意義が高いことも指摘されている。そうした教育的意義が部活動の充実の中のみで図られるのではなく，例えば，運動部の活動において保健体育科の指導との関連を図り，競技を「すること」のみならず，「みる，支える，知る」といった視点からスポーツに関する科学的知見やスポーツとの多様な関わり方及びスポーツがもつ様々な良さを実感しながら，自己の適性等に応じて，生涯にわたるスポーツとの豊かな関わり方を学ぶなど，教育課程外で行われる部活動と教育課程内の活動との関連を図る中で，その教育効果が発揮されることが重要である。 (3) ① 部活動指導員は，部活動の顧問として技術的な指導を行うとともに，担当教諭等と日常的に指導内容や生徒の様子，事故が発生した場合の対応等について情報交換を行う等の連携を十分に図る。技術的指導のみの外部指導者とは役割が違う。 ② 部活動指導員は，部活動中，日常的な生徒指導に係る対応を行うこと。いじめや暴力行為等の事案が発生した場合等には，速やかに教諭等に連絡し，教諭等とともに学校として組織的に対応を行う。

【8】(1) ① 活動そのものの低下を招かないよう留意すること。
② 情報機器の使用と健康との関わりについて取り扱うこと。
(2) (解答例) 生徒の学習に対する興味・関心を高める場面…上級者等の模範となる動きを映像等で確認することにより，これから学習する内容に対する興味・関心を高める。 生徒一人一人が課題を明確に把握する場面…自己の動きをデジタルカメラやタブレット型の学習者用コンピュータにより撮影し，その場で映像を確認することで，技能における自己の課題を明確に把握するとともに，課題を解決する方法を思考，判断し，選択する際の参考とする。 動きを撮影した画像を基に，グループでの話合いを活性化させる場面…球技のゲームや武道の試合，ダンスの発表などを撮影し，グループでの活動後，個人の動きや相手との攻防，仲間との連携等を画像で振り返ることにより，仲間の動きを指摘し合ったり，新たな動き方などを話し合ったりする

など，自己の考えを表現するための資料とする。

〈解説〉(1)　①　体育分野においては，学習に必要な情報の収集やデータの管理・分析，課題の発見や解決方法の選択などにおけるICTの活用が考えられる。運動の実践では，補助的手段として活用するとともに，効果的なソフトやプログラムの活用を図るなど考えられる。

②　保健分野については，健康情報の収集，健康課題の発見や解決方法の選択における情報通信ネットワーク等の活用などが考えられる。モラル等にも配慮した上で，必要に応じて，コンピュータや情報通信ネットワークなどを適切に活用すること。　(2)　出題の資料には，生徒の学習に対する興味・関心を高める場面，生徒一人一人が課題を明確に把握する場面，動きを撮影した画像を基に，グループでの話合いを活性化させる場面，学習の成果を確認し，評価の資料とする場面，動画視聴による課題発見・課題解決の場面，アンケート機能の活用による生徒の意見を効率的に可視化する場面，情報の収集や表現をする場面について活用例が示されているので確認しておくこと。

【9】(1)　a　オ　　b　ウ　　c　カ　　d　キ　　e　コ　　f　ク

(2)　a　エ　　b　イ　　c　ク　　d　コ　　e　カ　　f　シ

〈解説〉(1)　ダンスのジャンルは多岐に渡る。地域と分類を整理して覚えておくこと。　(2)　古代より世界各地では様々なボールを扱うゲームが行われてきた。それらは，自然発生的な遊びから，それぞれの民族によるゲームに発展していったものまであり，多様である。近代になり，イギリスにおいて各種の民俗フットボールからパブリックスクールを経て，サッカーが統一されていったように，競技として近代スポーツが生まれ，普及していった。

【10】(1)　(解答例)　喫煙等による，有害物質を長期に吸入曝露することで生じた肺の炎症性疾患であり，呼吸器障がいを起こす。喫煙習慣を背景に中高年に発症する生活習慣病といえる。　(2)　(解答例)　安全確保の道具だけを使い，自己のテクニックと自分の手足だけを使って

岩を登る。 (3) (解答例) 相撲の力士が土俵で対戦の前に行う，正々堂々と戦うことを互いに誓い合う，伝統的な礼法。蹲踞し，手を2回すり合わせてから拍手1回，次いで大きく左右に広げ手のひらを上向きから下向きに返す動作のことである。 (4) (解答例) 「健康寿命をのばそう！」をスローガンに，国民全体が人生の最後まで元気に健康で楽しく毎日が送れることを目標とした国民運動。運動，食生活，禁煙，健診の具体的なアクションの呼びかけを行っている。

(5) (解答例) 運動器の障がいのために移動機能の低下をきたした状態のことである。介護が必要になるリスクが高い状態である。

〈解説〉(1) 慢性閉塞性肺疾患(COPD：chronic obstructive pulmonary disease)とは，従来，慢性気管支炎や肺気腫と呼ばれてきた病気の総称である。タバコ煙を主とする有害物質を長期に吸入曝露することで生じた肺の炎症性疾患であり，喫煙習慣を背景に中高年に発症する生活習慣病といえる。 (2) フリークライミングとは，道具に頼らず，自己のテクニックと体力を使って岩を登ることをいう。インドアでのフリークライミングでは人工ホールド・スタンスを利用して登る。クライミングシステムの支点にはあらかじめセッティングされた支点を利用する。アウトドアでのフリークライミングでは元々ある自然の形状に手を入れず，在るがままの岩の形をホールド・スタンスとして利用し登る。 (3) 塵浄水とは，相撲の取組前に，相手に危害を加えるものは何も持っていません，正々堂々と勝負しますと確認し合うこと，体の塵を落とし空気を揉んで清めるためという，2つの意味で行われる。 (4) スマート・ライフ・プロジェクトは，厚生労働省が行っている健康寿命を延ばすためのプロジェクトである。適度な運動(毎日プラス10分の運動)，適切な食生活(毎日プラス一皿の野菜)，禁煙(たばこの煙をなくす)，健診・検診の受診(定期的に自分を知る)の具体的なアクションを呼びかけている。 (5) ロコモティブシンドローム(locomotive syndrome)とは，「運動器の障害のために移動機能の低下をきたした状態」のことを表し，2007年に日本整形外科学会によって新しく提唱された概念である。略称は「ロコモ」，和名は「運動器症候群」と言われる。運動器とは，身体を動かすために関わる組織や器管のことで，骨・筋肉・関節・靱帯・腱・神経などから構成されている。

【高等学校】

【1】① a　自己の状況　b　多様性　c　他者に伝える力　d　参画　e　違い　② (1)　知識及び技能　(2)　思考力，判断力，表現力等　(3)　学びに向かう力，人間性等　③ (解答例)　・(体調に応じて)運動量を調整すること。　・(仲間や相手の)体力や技能の程度に配慮すること。　・(用具や場の)安全を確認すること。

〈解説〉① 科目「体育」の目標について，語句の穴埋め記述式の問題である。目標について，文言は必ず覚えること。また，教科の目標，「保健」の科目の目標についても整理して覚えること。　② 目標については，全教科・全科目共通で項目ごとに育成を目指す資質・能力をそれぞれ設定している。理解した上で学習すること。　③ 学習指導要領解説の同項目の他の語句についても確認しておくこと。

【2】(1)　a　跳び前転　b　ほん転　c　Y字バランス

(2)　①　(解答例)　エ　手を広げながら足を前へ投げ出す。

オ　手と足を同時につき，手を強く押す。　②　(解答例)　マットを重ねた段差をつけた場や，ロイター板をマットの下に差し込んで傾斜をつけた場を用意し，回転の勢いを使用して立つ練習をするよう助言する。

〈解説〉(1)　鉄棒運動，平均台運動，跳び箱運動についても確認しておくこと。またそれぞれ，入学年次の次の年次以降の項目も違いを整理して覚えること。　(2)　伸膝前転，全体の練習について，大きな前転(手をつく位置が足先に近すぎないようにする)，ゆりかご，ゆりかご立ち，跳び箱(1段)を使う，傾斜を使うなどの練習方法がある。

【3】① a　イ　b　カ　c　オ　d　ア　② (解答例)　誰もが簡単に取り組むことができる運動，仲間と協力して楽しくできる運動，

心や体が弾むような軽快な運動　③　自主的…主体的　教え合おう…高め合おう　話合い…合意形成　④　(解答例)　・体力向上のねらいを明確にすること(16字)　・いつ，どこで運動するか想定すること(17字)　・バランスよく組み合わせ運動を選ぶこと(18字)　・運動強度，時間，回数を設定すること(17字)

〈解説〉①　A体つくり運動の領域の目標から，語句の穴埋め選択式の問題である。目標については，教科の目標，科目の目標，領域の目標(入学年次と，入学年次の次の年次以降)について整理して，文言は必ず覚えること。　②　行い方の例として，「のびのびとした動作で用具などを用いた運動を行うことを通して，気付いたり関わり合ったりすること。」「リズムに乗って心が弾むような運動を行うことを通して，気付いたり関わり合ったりすること。」「緊張したり緊張を解いて脱力したりする運動を行うことを通して，気付いたり関わり合ったりすること。」「いろいろな条件で，歩いたり走ったり飛び跳ねたりする運動を行うことを通して，気付いたり関わり合ったりすること。」「仲間と協力して課題を達成するなど，集団で挑戦するような運動を行うことを通して，気付いたり関わり合ったりすること。」と示されている。　③　入学年次と，入学年次の次の年次以降について，内容にどのような進展があるのか整理して理解しておくこと。他の領域についても同様である。　④　学習指導要領解説に「指導に際しては，①ねらいは何か，②いつ，どこで運動するのか，③どのような運動を選ぶのか，④どの程度の運動強度，時間，回数で行うかなどに着目して運動を組み合わせ，計画を立てて取り組めるようにすることが大切である。また，一部の能力のみの向上を図るのではなく，総合的に体の動きを高めることで調和のとれた体力の向上が図られるよう配慮する必要がある。」と示されている。

【4】(1)　a　体力　b　潜水　c　意識障害　(2)　(解答例)　工夫1…水泳授業において，溺れたことを想定して，心肺蘇生法の実習を行う。　工夫2…ペットボトルを代用し，胸骨圧迫の練習を行う。

〈解説〉(1)　D水泳の領域の目標(3)の水泳の事故防止に関する心得の説明文からの出題である。また,「健康・安全を確保するとは,水温や気温の低いときは活動の仕方や水に入る時間に配慮して活動する,自己の体調や技能の程度に応じて段階的に練習するなどを通して,健康を維持したり自己や仲間の安全を保持したりすることを示している。そのため,プールや用具に関する取り扱い方,また練習場所に関する安全や体調に留意して運動するなどの留意点などを理解し,取り組めるようにする。なお,着衣のまま水に落ちた場合の対処の仕方については,安全への理解を一層深めるため,各学校の実態に応じて取り扱うことができるものとする。」からの出題も頻度が高いので覚えておきたい。　(2)　応急手当の指導には,応急手当の意義,日常的な応急手当,心肺蘇生法がある。心肺蘇生法の項目には,「体育」における水泳などとの関連を図り,指導の効果を高めるよう配慮するように示されているので,実際の指導について指導案を作成するなど具体的に考えておくとよい。

【5】(1)　a　脳血管疾患　　b　高血圧症　　c　糖尿病　　d　食事　　e　調和　　f　がん検診　　g　細菌　　h　ウイルス　　i　生活の質
(2)　(解答例)　活用1…厚生労働省のホームページから,人口動態をはじめとする様々な統計データの収集・管理・分析を行う。　活用2…その予防策について情報機器を用いて調べ学習を行い,得られた情報をICT機器で送信し合い,ペア→グループ→クラスで共有する。

〈解説〉(1)　現代社会と健康のア知識として,設問にあげられている(ウ)の他に,(ア)健康の考え方,(イ)現代の感染症とその予防,(エ)喫煙,飲酒,薬物乱用と健康,(オ)精神疾患の予防と回復の項目があるので,これらも確認しておくこと。　(2)　健康情報の収集,健康課題の発見や解決方法の選択における情報通信ネットワーク等の活用などが考えられる。

【6】(1) (解答例) 抗生物質を，自己判断で途中で服用をやめたり，必要がないのに服用したりするなど，適切な薬剤を適切な期間，正しく使用しなかったことにより，本来なら消滅していた細菌が生き残り，薬剤耐性であった細菌が変化して耐性化したりする。 (2) (解答例) 障害のある人が障害のない人と同等にノーマルに生活し，ともにいきいきと活動できるように社会を改善することを目指すという理念。 (3) (解答例) 人々が自らの健康とその決定要因をコントロールし，改善することができるようにするプロセス。 (4) (解答例) 原因となるウイルスや細菌などの病原体に対する免疫をもっておらず，原因菌の特定，診断や治療の方法の確立，ワクチンや治療薬の開発には時間が掛かり，また人や物の移動の高速化・大量化で蔓延する速度は速くなっていること。

〈解説〉(1) 抗菌薬が効かなくなる薬剤耐性感染症が世界的に拡大している一方で，新規の抗菌薬等の開発は近年停滞している。何も対策を取らない場合(耐性率が現在のペースで増加した場合)，2050年には全世界で年間1000万人の死亡が想定される。2015年WHO総会において，全ての国に対し，世界行動計画の採択から2年以内に，国家行動計画を策定し，行動することが決議された。 (2) ノーマライゼーションの8つの原理は，1日のノーマルなリズム，1週間のノーマルなリズム，1年間のノーマルなリズム，ライフサイクルでのノーマルな発達的経験，ノーマルな個人の尊厳と自己決定権，その文化におけるノーマルな両性の形態すなわちセクシャリティと結婚の保障，その社会におけるノーマルな経済的水準とそれを得る権利，その地域におけるノーマルな環境水準である。 (3) 宣言文では「身体的・精神的・社会的に完全に良好な状態を達成するためには，個人や集団が望みを確認し，要求を満たし，環境を改善し，環境に対処することができなければならない。それゆえ，健康は生きる目的ではなく，毎日の生活の資源である。健康は身体的な能力であると同時に，社会的・個人的資源であることを強調する積極的な概念なのである。」と述べられている。 (4) 新興感染症とは，最近新しく認知され，局地的にあるいは国際的に公衆衛生上の問題となる感染症のことである。SARS，鳥インフルエンザ，エボラ出血熱，後天性免疫不全症候群（HIV），マールブルグ病，ラッサ熱などがある。

【7】a　学校段階間　　b　卒業後　　c　意図的　　d　安心　　e　社会

〈解説〉他に，2「体つくり運動」の充実，3健康課題を解決する科目保健の指導の充実の全部で3つの項目が示されている。小学校・中学校についても示されているので，系統立てて覚えておきたい。毎年，秋田県教育委員会の「学校教育の指針」から出題されているので必ず学習しておくこと。

【8】a　ウ　　b　ス　　c　オ　　d　ク　　e　シ　　f　カ　　g　ア　　h　ソ　　i　コ　　j　エ

〈解説〉出題のガイドラインは頻出なので必ず確認しておくこと。過去には，部活動の取り組みについて考えを述べる形式の出題もあったので，活動についての考えをまとめておくとよい。運動部活動での指導の充実のために必要と考えられる7つの事項があげられているので理解を深めておきたい。

【9】(1)　(解答例)　①　他人の稽古を見て，相手との間合いの取り方や相手の隙をついて勢いよく技をしかける機会，技のかけ方や武道特有の「気合」などを学ぶ方法。　②　技をかけたときに，相手の防御に応じて，更に効率よく相手を投げたり抑えたりするために組み合わせてかける技。　③　動作や技の起こり，引くところ，居ついたところ，技のつきたところ，受け止めたところ　から三つ　(2)　a　エ　b　ク　c　ア　d　カ　e　オ　(3)　(解答例)　1位…A／最高記録の1.66mを唯一成功している。　2位…D／1.62mの成功で，BCDの3人のうち，試技数が一番少ない。　3位…B／Cと記録は同じだが，Cより無効試技数が少ない。

〈解説〉(1) ① 見取り稽古は，武道特有の重要な練習方法である。 ②「作り」,「掛け」,「体さばき」などを複合的に組み合わせ，連続して相手に技を掛ける。大内刈りから大外刈り，小内刈りから背負い投げなどがある。 ③ 打突の好機は7つある。解答にあげられているものの他に，心が動いたところ，油断したところがある。 (2) テニスやバドミントンと違い，ペアを組んでいる選手が1人1球ずつ，必ず交互に打つことがルールで決められている。他の競技についてもルールを確認しておくこと。 (3) 解答参照。

2021年度　実施問題

【中学校】

【1】「中学校学習指導要領解説保健体育編(平成29年7月文部科学省)」に示されている内容について，次の(1)～(4)の問いに答えよ。

(1) 次の①～⑦の文は，「第1章総説　2保健体育科改訂の趣旨及び要点　(2)保健体育科改訂の要点」に示されている方針である。次の(　a　)～(　h　)に適語を記せ。

① 体育分野においては，育成を目指す資質・能力を明確にし，生涯にわたって豊かなスポーツライフを実現する資質・能力を育成することができるよう，「知識及び技能」，「思考力，判断力，表現力等」，「(　a　)」の育成を重視し，目標及び内容の(　b　)の見直しを図ること。

② 「カリキュラム・マネジメント」の実現及び「主体的・対話的で深い学び」の実現に向けた授業改善を推進する観点から，(　c　)の段階のまとまりを考慮し，各領域で身に付けさせたい具体的な内容の(　d　)を踏まえた指導内容の一層の充実を図るとともに，保健分野との一層の関連を図った指導の充実を図ること。

③ 運動やスポーツとの多様な関わり方を重視する観点から，体力や技能の程度，性別や障害の有無等にかかわらず，運動やスポーツの多様な楽しみ方を共有することができるよう指導内容の充実を図ること。その際，(　e　)の視点を重視して改善を図ること。

④ 生涯にわたって豊かなスポーツライフを実現する基礎を培うことを重視し，資質・能力の三つの柱ごとの指導内容の一層の明確化を図ること。

⑤ 保健分野においては，生涯にわたって健康を(　f　)する

資質・能力を育成することができるよう，「知識及び技能」，「思考力，判断力，表現力等」，「(　a　)」に対応した目標，内容に改善すること。
⑥　心の健康や疾病の予防に関する健康課題の解決に関わる内容，(　g　)や心肺蘇生法等の技能に関する内容等を充実すること。
⑦　個人生活における健康課題を解決することを重視する観点から，健康な生活と疾病の予防の内容を(　h　)に配当するとともに，体育分野との一層の関連を図った内容等について改善すること。

(2)　(1)②の下線部について，「第1章総説　2保健体育科改訂の趣旨及び要点　(2)　保健体育科改訂の要点」に，保健体育科においても「カリキュラム・マネジメント」の考え方に基づいた学習指導を充実させるための留意点が三つ示されている。その三つの内容を記せ。

(3)　(1)③の下線部について，「第3章指導計画の作成と内容の取扱い　1指導計画の作成」に，生涯にわたる豊かなスポーツライフの実現に向けた重要な学習の機会であることから，原則としてどのような学習を行うことが求められているかを記せ。

(4)　(1)④の下線部について，「第1章総説　2保健体育科改訂の趣旨及び要点　(2)　保健体育科改訂の要点　ウ内容及び内容の取扱いの改善」に，従前の解説との改善点が示されている。その内容を記せ。

(☆☆☆◎◎◎)

【2】「学校における突然死予防必携－改訂版－(平成23年2月独立行政法人日本スポーツ振興センター)」に示されている内容について，次の(1)～(3)の問いに答えよ。

(1)　次の文は「突然死を防ぐための10か条」である。(　a　)～(　e　)に適語を記せ。

<table><tr><td>
基本的な注意事項
1　学校心臓検診(健康診断)と事後措置を確実に行う
2　<u>健康観察</u>，(　a　)を十分に行う
3　(　b　)を充実し，体調が悪いときには，無理をしない，させない
4　運動時には，準備運動・整理運動を十分に行う

疾患のある(疑いのある)子どもに対する注意事項
5　必要に応じた検査の受診，正しい治療，生活管理，(　c　)を行う
6　<u>学校生活管理指導表</u>の指導区分を遵守し，それを守る
7　自己の病態を正しく理解する，理解させる
8　学校，家庭，主治医間で健康状態の情報を交換する

その他，日頃からの心がけ
9　(　d　)に対する体制を整備し，充実する
10　(　e　)の使用法を含む心肺蘇生法を教職員と生徒全員が習得する
</td></tr></table>

(2)　下線部「健康観察」について，保健体育科授業における運動時の留意事項を二つ記せ。

(3)　下線部「学校生活管理指導表」について，次の①と②の問いに答えよ。

①　「学校生活管理指導表」とは何かを記せ。

②　「学校生活管理指導表」に示されている「運動強度の定義」について，次の表の(　a　)～(　c　)に適語を記せ。

運動強度	定　義
軽い運動	ほとんど息が弾まない程度の運動 球技では原則として（　a　）を伴わないもの 等尺運動は含まれない。
中等度の運動	息が弾むが，息苦しさを感じない程度の運動 パートナーがいれば楽に会話ができる程度 原則として身体の強い（　b　）を伴わないもの 等尺運動は「強い運動」程の力を込めて行わない
強い運動	息が弾み息苦しさも感じる程度の運動 等尺運動の場合は，動作時に歯を食いしばったり 大きな（　c　）を伴ったり，動作中及び動作後に， 顔面の紅潮，呼吸促迫を伴う程度の運動

(☆☆☆◎◎◎)

【3】器械運動(マット運動)の指導について，次の(1)と(2)の問いに答えよ。

(1)　下の文は，「中学校学習指導要領解説保健体育編(平成29年7月文部科学省)」の「第2章保健体育科の目標及び内容　B器械運動　第1学年及び第2学年　知識」に示されている指導内容である。次の①と②の問いに答えよ。

①　次の文は，「技の名称や行い方」についての内容である。(　a　)～(　e　)に適語を記せ。

> 技の名称や行い方では，技の名称は，運動の(　a　)と関連して，懸垂・(　b　)・上がり・回転などの運動の基本形態を示す名称と，運動の(　c　)における，方向・(　d　)・運動などの課題を示す名称によって成り立っていることを理解できるようにする。例えば，マット運動の「前方倒立回転とび」では，前方(方向課題)・倒立回転(運動の基本形態)・跳び(運動の課題)が示されている。技の行い方は，技の課題を解決するための(　e　)な動き方のポイントがあることを理解できるようにする。

②　頭はねおきについて，回転力を高めて起き上がるために大切な動きを記せ。

(2) 次の①と②は，マット運動における，生徒のつまずきの状態を示している。どのような助言が効果的か二つずつ記せ。

① 跳び前転で「背中をマットに打ってしまう」状態

「中学保体資料ノート２年　正進社」より一部改

② 伸膝後転で「膝を伸ばしたまま立つことができない」状態

「学校体育実技指導資料　第10集 器械運動指導の手引」より一部改

(☆☆☆☆◎◎◎)

【４】陸上競技の指導について，次の(1)～(3)の問いに答えよ。

(1) 「中学校学習指導要領解説保健体育編(平成29年7月文部科学省)」の「第1章総説　2保健体育科改訂の趣旨及び要点　ウ内容及び内容の取扱いの改善」において，陸上競技について新たな指導内容として加えられたものは何かを記せ。

(2) 「中学校学習指導要領解説保健体育編(平成29年7月文部科学省)」の「第2章保健体育科の目標及び内容　C陸上競技　第1学年及び第2学年　技能」に示されている「イ長距離走」について，(　a　)と(　b　)に適語を記せ。

長距離走では，自己のスピードを維持できる(　a　)でペースを守りながら，一定の距離を走り通し，タイムを短縮したり，(　b　)したりできるようにする。

(3)　次の図は，走り高跳びのまたぎ跳びにおける，生徒のつまずきの状態を示している。どのような助言が効果的か二つ記せ。

またぎ跳びで体が上にあがらず，バーの方へ流れてしまう状態

「WONDERFUL SPORTS 2019-2021
新学社」より一部改

(☆☆☆◎◎◎)

【5】「中学校学習指導要領解説保健体育編(平成29年7月文部科学省)」に示されている「H体育理論」の内容について，次の(1)～(3)の問いに答えよ。

(1)「第1章総説　2保健体育科改訂の趣旨及び要点　(2)保健体育科改訂の要点　ウ内容及び内容の取扱いの改善」について，次の①と②の問いに答えよ。

①　第1学年で新たに示された内容を記せ。

②　従前，第1学年で指導していた内容で第2学年で指導する内容として整理された内容を記せ。

(2)「第2章保健体育科の目標及び内容　内容の取扱い」に第2学年で「運動やスポーツが心身及び社会性に及ぼす効果」を取り上げる際に，次の①と②の点を踏まえて他の領域との関連を図ることが示さ

れている。その2点についてそれぞれ記せ。

① 体力に関連した内容について

② 心と体が一体として互いに関係していることについて

(3) 「第2章保健体育科の目標及び内容　第3学年　文化としてのスポーツの意義」の内容について，次の①～③の問いに答えよ。

① 次の(　a　)～(　e　)に適語を記せ。

(ア) 現代生活におけるスポーツの文化的意義

　現代生活におけるスポーツは，生きがいのある豊かな人生を送るために必要な(　a　)，豊かな交流や伸びやかな(　b　)の機会を提供する重要な文化的意義をもっていることを理解できるようにする。

　また，国内外には，<u>スポーツの文化的意義を具体的に示した憲章やスポーツの振興に関する計画</u>などがあることにも触れるようにする。

(イ) 国際的なスポーツ大会などが果たす文化的な役割

　オリンピック・パラリンピック競技大会や国際的なスポーツ大会などは，世界中の人々にスポーツのもつ教育的な意義や倫理的な価値を伝えたり，人々の相互理解を深めたりすることで，(　c　)や(　d　)に大きな役割を果たしていることを理解できるようにする。

　また，(　e　)の発達によって，スポーツの魅力が世界中に広がり，オリンピック・パラリンピック競技大会や国際的なスポーツ大会の(　c　)や(　d　)などに果たす役割が一層大きくなっていることについても触れるようにする。

(ウ) 人々を結び付けるスポーツの文化的な働き

　スポーツには民族や国，人種や性，障害の有無，年齢や地域，風土といった違いを超えて人々を結び付ける文化的な働きがあることを理解できるようにする。

> その際，「スポーツ」という言葉自体が，国，地域や言語の違いを超えて世界中に広まっていること，年齢や性，障害などの違いを超えて交流するスポーツ大会が行われるようになっていることなどについても触れるようにする。

② 下線部「スポーツの文化的意義を具体的に示した憲章やスポーツの振興に関する計画」について，日本で2011年に制定された法律を記せ。

③ 下線部「年齢や性，障害などの違いを超えて交流する」について，誰もが得点や勝敗に同じように関わることができるようにルールなどが工夫されたスポーツの総称を記せ。

(☆☆☆☆◎◎◎)

【6】感染症の予防について，次の(1)と(2)の問いに答えよ。

(1) 「中学校学習指導要領解説保健体育編(平成29年7月文部科学省)」の「第2章保健体育科の目標及び内容　保健分野　(1)健康な生活と疾病の予防」に示されている内容について，次の(　a　)～(　e　)に適語を記せ。

(オ) 感染症の予防

> ㋐ 感染症の予防
>
> 感染症は，病原体が環境を通じて主体へ感染することで起こる疾病であり，適切な対策を講ずることにより感染の(　a　)を軽減することができることを，例えば，結核，コレラ，ノロウイルスによる感染性胃腸炎，麻疹，風疹などを適宜取り上げ理解できるようにする。
>
> 病原体には，細菌やウイルスなどの(　b　)があるが，温度，湿度などの(　c　)環境，住居，人口密度，交通などの(　d　)環境，また，主体の抵抗力や(　e　)状態などの条件が相互に複雑に関係する中で，病原体が身体に侵入し，感

染症が発病することを理解できるようにする。その際，病原体の種類によって感染経路が異なることにも触れるものとする。

(2)「かけがえのない自分　かけがえのない健康〔中学生用〕(平成30年3月文部科学省)」の内容について，次の①と②の問いに答えよ。

① 「感染症対策のポイント」について，次の表の(　a　)～(　f　)に適語を記せ。

対策のポイント	具　体　例
(　a　)を断つ	殺菌消毒
感染経路を断つ	皮膚・衣服の(　b　) 住居の(　c　) 水道の整備 衛生的な(　d　)の流通・保管，冷蔵
抵抗力を高める	バランスのとれた(　e　) 適度な運動，休養，(　f　) 予防接種

② 下線部「抵抗力」とは何かを記せ。

(☆☆☆◎◎◎)

【7】「全国体力・運動能力，運動習慣等調査」について，次の(1)～(3)の問いに答えよ。

(1) 次のグラフは「令和元年度全国体力・運動能力，運動習慣等調査の結果のポイントについて(令和元年12月スポーツ庁)」の調査結果の一部である。令和元年度は，体力合計点について，中学生男女ともに低下した状況である。

スポーツ庁では，この状況の主な背景として生徒の生活状況の変化について，3点を示している。3点について具体的に記せ。

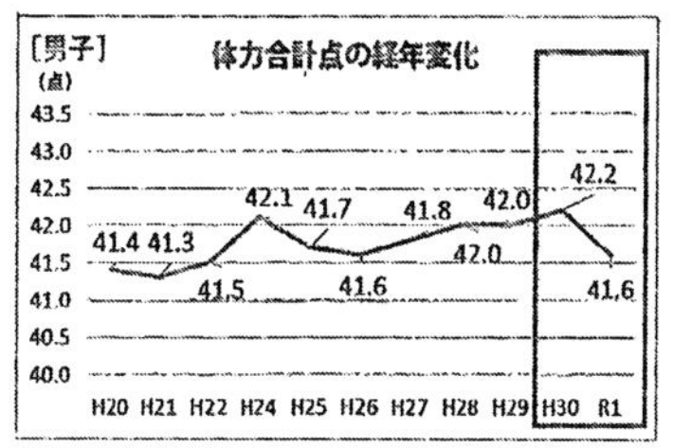

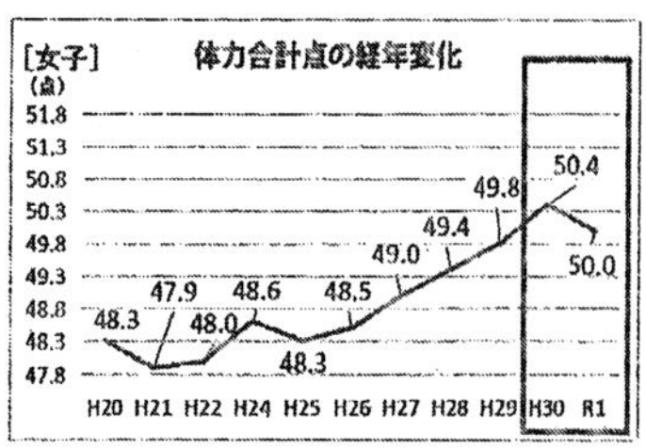

(2) 「平成30年度の全国体力・運動能力，運動習慣等調査報告書(平成30年12月スポーツ庁)」では，体力・運動能力の向上のための重要な取組が三つ示されている。「授業における体力・運動能力の向上の直接的な取組」の他に示されている内容を二つ記せ。

(3) スポーツ庁では，子どもたちの「スポーツ嫌い」を減らすために「全国体力・運動能力，運動習慣等調査」の分析結果を基に体育・保健体育をより魅力的に変化させる大きな柱として新学習指導要領を据え，保健体育科における改善の具体的事項として，従前の内容の「する・みる・支える」のスポーツとの多様な関わり方に「知る」の要素が加えられている。その目的を記せ。

(☆☆☆☆◎◎◎)

【8】体育史について，次の(1)と(2)の問いに答えよ。

(1) 次の文は，パラリンピックの歴史に関する文である。次の(a)～(d)に適語をア～クの中から選び記号で示せ。

パラリンピックの起源は1948年，医師ルードウィッヒ・グットマン博士の提唱によって，(a)郊外のストーク・マンデビル病院内で開かれたアーチェリーの競技会である。第2次世界大戦で主に脊髄を損傷した兵士たちの，リハビリの一環として行われたこの大会は回を重ね，1952年に国際大会になった。

さらに(b)年のローマ大会からはオリンピック開催国で，1988年のソウル大会からはオリンピックの直後に同じ場所で開催されるようになった。

当初はリハビリテーションのためのスポーツだったパラリンピッ

クだが，現在はアスリートによる競技スポーツへと発展している。出場者も「(c)」から対象が広がり，(d)＋オリンピックという意味で「パラリンピック」という公式名称も定められた。

ア　車いす使用者　　イ　ロンドン
ウ　最高の(パラマウント)　　エ　1960
オ　松葉杖使用者　　カ　もうひとつの(パラレル)
キ　アテネ　　ク　1968

(2) 次の文は，水泳の歴史に関する文である。次の(a)～(d)に適語をア～クの中から選び記号で示せ。

イギリスの(a)以後，顔を水面に出す護身用の泳ぎから，タイムを競いスピードを出すために工夫された(b)が完成され，近代オリンピック競技大会において主要な競技として発展してきた。近代オリンピックでは1896年の第1回アテネ大会から正式競技で，当時は海や川で行われていた。第4回ロンドン大会以降はプールで行われている。日本選手では，1992年バルセロナ大会で，当時中学生だった(c)選手が(d)で金メダルを獲得するなど，多くのメダリストが誕生している。

ア　北島康介　　イ　名誉革命　　ウ　近代泳法
エ　200m平泳ぎ　　オ　産業革命　　カ　岩崎恭子
キ　自由形　　ク　100m平泳ぎ

(☆☆◎◎◎)

【9】次の(1)～(4)の語句について説明せよ。

(1) アンガーマネジメント
(2) 循環型社会
(3) WBGT(湿球黒球温度)
(4) シンコペーション

(☆☆☆◎◎◎)

【高等学校】

【1】高等学校学習指導要領解説保健体育編　体育編(平成30年7月文部科学省)科目「体育」D　水泳に示されている内容について，次の各問いに答えよ。

(1)　次の文は，4つの泳法における[入学年次の次の年次以降]の知識及び技能に示されている内容である。文中の(　a　)，(　b　)に適語を記せ。

ア　クロールでは，手と足の動き，呼吸のバランスを保ち，(　a　)と安定したペースで(　b　)すること。 イ　平泳ぎでは，手と足の動き，呼吸のバランスを保ち，(　a　)と安定したペースで(　b　)すること。 ウ　背泳ぎでは，手と足の動き，呼吸のバランスを保ち，安定したペースで(　b　)すること。 エ　バタフライでは，手と足の動き，呼吸のバランスを保ち，安定したペースで(　b　)すること。

(2)　技能[スタート及びターン]では，入学年次の次の年次以降においても原則として水中からのスタートを取り扱うこととするが，「安全を十分に確保した上で，学校や生徒の実態に応じて段階的な指導を行うことができること」と示されている。次の各問いに答えよ。

①　スタートの指導を段階的に行う場合は，「安全を十分に確保した指導を行うことができる施設・設備が整備されていること」や「生徒の体力や技能の程度を踏まえた段階的な指導を行うことができる体制が整備されていること」の他に，どのような場合に限ることが必要か答えよ。

②　スタートにおける段階的な指導について，初歩の段階から順に全て答えよ。

(3)　学びに向かう力，人間性等では，「水泳の事故防止に関する心得を遵守するなど<u>健康・安全を確保すること</u>」と示されている。このことに関連して，学校体育実技指導資料第4集水泳指導の手引(三訂版)(平成26年3月文部科学省)に示されている，着衣のまま水に落ちた場合の対処について，次の各問いに答えよ。

① 下線部の<u>健康・安全を確保する</u>について，着衣での水泳指導を行う目的を，次の語句を用いて説明せよ。

【語句】 落ち着いた対応の仕方　　泳ぎの難しさ

② 文中の(a)~(c)に適語を記せ。

> 着衣のままでの水泳では，(a)泳ぐことを強調することは(b)であり，長い間(c)ことの練習が大切であることを認識させるようにします。

(☆☆☆◎◎◎)

【2】次の文は，高等学校学習指導要領解説保健体育編　体育編(平成30年7月文部科学省)科目「体育」E　球技[入学年次の次の年次以降]の知識及び技能「技能」イ　ネット型における「連携した動き」に示されている内容(一部抜粋)である。

> 【例示】
> ・ラリーの中で，相手の攻撃や味方の移動で生じる空間をカバーして，守備のバランスを維持する動きをすること。

次の条件を踏まえた上で，例示に示されている技能を習得するための授業を構想し，学習指導案の一部を作成せよ。

> 【条件】
> ① ネット型の種目は，バレーボール・バドミントンのどちらかを選択する。
> ② 「学習活動」は，1単位時間の「展開」の中で行う，複数の活動の1つとする。
> ③ 「留意点(教師の支援)」は，具体的に記入する。
> ④ 文章の他に簡単な図や絵などを用いて記載してもよい。

種目	※　種目名を記入してください	
	学習活動	留意点（教師の支援）
展開		

(☆☆☆◎◎◎)

【3】高等学校学習指導要領解説保健体育編　体育編(平成30年7月文部科学省)では，障害のある生徒などへの指導として，個々の生徒の困難さに応じた指導方法等の工夫例が新たに示された。次の文は，10項目示された配慮の例(一部抜粋)である。下の各問いに答えよ。

・見えにくさのため活動に制限がある場合には，不安を軽減したり安全に実施したりすることができるよう，(　a　)や動きを事前に確認したり，仲間同士で(　b　)を事前に決めたり，(　c　)を使用したりするなどの配慮をする。
・身体の動きに制約があり，活動に制限がある場合には，生徒の(　d　)に応じて仲間と積極的に活動できるよう，<u>用具やルールの変更</u>を行ったり，それらの変更について仲間と(　e　)活動を行ったり，必要に応じて(　f　)を図ったりするなどの配慮をする。

(1)　文中の(　a　)～(　f　)に当てはまる語句を次の語群から選び記号で答えよ。

【語群】

ア	補助用具の活用	イ	活動場所	ウ	拡声器
エ	声を掛け合う方法	オ	実情	カ	音が出る用具
キ	日程	ク	コミュニケーション		
ケ	助け合う	コ	話し合う		

(2)　下線部の用具やルールの変更についてどのような変更が考えられるか。次の条件を踏まえた上で，用具の変更，ルールの変更について1つずつ答えよ。

【条件】

①　種目は球技のネット型とし，バレーボール・バドミントン・卓球から1種目を選択する。

②　選択した接目の「簡易ゲーム」において，障害の有無にかかわらず参加可能な変更とする。

(☆☆☆◎◎◎)

【4】次の文は，高等学校学習指導要領解説保健体育編・体育編(平成21年12月文部科学省)科目「休育」G　ダンス「技能」に示されている内容である。あとの各問いに答えよ。

(1)　次の運動について，感じを込めて踊ったり，仲間と自由に踊ったりする楽しさや喜びを味わい，それぞれ特有の表現や踊りを高めて交流や発表ができるようにする。

ア　創作ダンスでは，表したいテーマにふさわしいイメージをとらえ，個や群で，対極の動きや空間の使い方で変化を付けて即興的に表現したり，イメージを強調した作品にまとめたりして踊ること。

イ　フォークダンスでは，踊り方の特徴を強調して，音楽に合わせて多様なステップや動きと組み方で仲間と対応して踊ること。

ウ　現代的なリズムのダンスでは，リズムの特徴を強調して全身で自由に踊ったり，変化とまとまりを付けて仲間と対応したりして踊ること。

(1) 下線部の即興的に表現したりについて，動きや空間の使い方に変化を付けた上で，どのように表現することか答えよ。

(2) 次の文は，下線部のフォークダンスについて，重視して指導することが大切な内容(一部抜粋)である。文中の(a)～(e)に当てはまる語句を語群から選び記号で答えよ。

踊りが生まれ(a)されてきた地域や(b)などの背景や(c)を思い浮かべるとともに，踊りや動きの中に込めたい(d)や表現の(e)を重視して指導することが大切であるが…(以下省略)

【語群】

ア 情景　イ 視点　ウ 自由　エ 感じ　オ 改善
カ 風土　キ 都市　ク 伝承

(3) 次の文は，下線部の現代的なリズムのダンスについて，入学年次の学習のねらいを解説した内容(一部抜粋)である。文中の(a)～(e)に当てはまる語句を語群から選び記号で答えよ。

入学年次の「リズムに乗って全身で踊る」とは，この段階では，(a)でリズムをとって全身で自由に弾んで踊ることを発展させ，体の各部位の動きを(b)たり(c)させたりして踊ることや，ダイナミックな(d)を加えたり違うリズムを取り入れたりして，変化を付けて(e)して踊ることである。

【語群】

ア 連動　イ アクセント　ウ 打楽器
エ 体幹部　オ タイミング　カ ずらし
キ 分割　ク 連続

(☆☆☆◎◎◎)

【5】次の文は，高等学校学習指導要領解説保健体育編・体育編(平成21年12月文部科学省)科目「保健」3　内容「(3)　社会生活と健康」に示されている内容(一部抜粋)である。下の各問いに答えよ。

> イ　環境と食品の保健
>
> (イ)　食品保健にかかわる活動
>
> 食品の安全性の確保は，(　a　)法などに基づいて行われており，食品の製造・(　b　)・保存・(　c　)などの各段階での適切な管理が重要であることを理解できるようにする。
>
> その際，衛生管理の一つの方法である危害分析に基づく重要管理点方式の導入などについても触れるようにする。

(1)　文中の(　a　)～(　c　)に適語を記せ。

(2)　下線部の危害分析に基づく重要管理点について，別称を答えよ。また，どのような方式か，次の語句を全て用いて説明せよ。

【語句】　ポイント　　すべての段階　　原材料　　混入

(☆☆☆◎◎◎)

【6】次の文は，高等学校学習指導要領解説保健体育編　体育編(平成30年7月文部科学省)科目「保健」4　内容の取扱いに示されている内容(一部抜粋)である。あとの各問いに答えよ。

> (9)　指導に際しては，自他の健康やそれを支える環境づくりに関心をもてるようにし，健康に関する課題を解決する学習活動を取り入れるなどの指導方法の工夫を行うものとする。
>
> (9)は，自分や他者の健康やそれを支える環境づくりに関心をもてるようにするとともに，健康に関する課題を解決する学習活動を積極的に行うことにより，資質・能力の(　a　)をバランスよく育成していくことを示したものである。

指導に当たっては，生徒の内容への興味・関心を高めたり，思考を深めたりする(b)を工夫すること，自他の健康やそれを支える環境づくりと(c)との関連が深い教材・教具を活用すること，ディスカッション，ブレインストーミング，ロールプレイング(役割演技法)，(d)などの実習，実験，課題学習などを取り入れること，また，学校や地域の実情に応じて，保健・医療機関等の(e)を推進すること，必要に応じて(f)や栄養教諭などとの連携・協力を推進することなど，多様な指導方法の工夫を行うよう配慮することを示したものである。

(1) 文中の(a)～(f)に適語を記せ。

(2) 下線部の実習について，取り入れるねらいを答えよ。

(3) 下線部の実験について，取り入れるねらいを答えよ。

(☆☆☆◎◎◎)

【7】次の文は，高等学校学習指導要領解説保健体育編 体育編(平成30年7月文部科学省)に示されている科目「保健」の目標である。あとの各問いに答えよ。

保健の見方・考え方を働かせ，(a)，計画的な解決に向けた(b)を通して，生涯を通じて人々が自らの健康や環境を適切に管理し，(c)していくための資質・能力を次のとおり育成する。

(1) 個人及び社会生活における健康・安全について理解を深めるとともに，技能を身に付けるようにする。

(2) 健康についての自他や社会の課題を発見し，(a)，計画的な解決に向けて思考し判断するとともに，目的や(d)に応じて他者に伝える力を養う。

(3) 生涯を通じて自他の健康の保持増進やそれを支える環境づくりを目指し，明るく豊かで(e)ある生活を営む態度を養う。

(1)　文中の(　a　)～(　e　)に適語を記せ。

(2)　次の文は，下線部の保健の見方・考え方について示されている内容である。文中の(　a　)～(　e　)に適語を記せ。

> 保健の見方・考え方については，疾病や傷害を(　a　)するとともに，生活の質や(　b　)を重視した健康に関する(　c　)を踏まえ，「個人及び社会生活における課題や(　d　)を，健康や安全に開する原則や概念に着目して捉え，疾病等の(　e　)の軽減や生活の質の向上，健康を支える環境づくりと関連付けること」であると考えられる。

(☆☆☆◎◎◎)

【8】「熱中症　環境保健マニュアル2018」(環境省)に示されている内容について，次の各問いに答えよ。

(1)　暑さ指数は4つの要素を積極的に取り入れた指標である。4つの要素を答えよ。

(2)　次の文は，熱中症を防ぐための運動時の対策である。文中の(　a　)～(　g　)に適語を記せ。

①　(　a　)条件を把握しておきましょう

②　状況に応じた(　b　)補給を行いましょう

③　暑さに徐々に(　c　)

④　個人の条件や(　d　)を考慮する

⑤　(　e　)に気をつける

⑥　(　f　)が悪くなった場合には早めに措置をとる

⑦　(　g　)な運動はしない

(☆☆☆◎◎◎)

【9】次の文は，「令和2年度　学校教育の指針」(秋田県教育委員会)における，「第Ⅳ章　学校教育指導の重点」教科指導「保健体育　高等学校」に示されている内容(一部抜粋)である。あとの各問いに答えよ。

1　全ての生徒が運動の楽しさや(　a　)を味わうための指導の充実
・地域や学校の実態，(　b　)との接続，生徒の特性等を十分に考慮し，卒業までを見通した年間<u>指導計画</u>の作成
2「体つくり運動」の充実
・体を動かす楽しさや(　c　)を味わわせる授業の展開
・学習したことを地域などの(　d　)で生かすことができるようにする指導の充実
3 (　e　)を解決する科目保健の指導の充実
・個人及び社会生活における健康・安全に関する内容について，体育と一層の関連を図りながら，より総合的な理解を図る指導方法の工夫

(1) 文中の(　a　)~(　e　)に適語を記せ。

(2) 下線部の<u>指導計画</u>について，高等学校学習指導要領解説保健体育編　体育編(平成30年7月文部科学省)　第3章　各科目にわたる指導計画の作成と内容の取扱いに示されている，作成するに当たって配慮すべき事項に関する，次の各問いに答えよ。

① 体つくり運動や体育理論に配当する授業時数についての配慮すべき事項を，それぞれ答えよ。

② 体つくり運動及び体育理論以外の各領域に授業時数を配当する場合に，留意すべき点を3つ答えよ。

(☆☆☆◎◎◎)

【10】次の文は，「運動部活動運営・指導の手引」(平成30年8月秋田県教育委員会)　Ⅱ　適切な休養日等の設定に示されている各部の活動計画作成に当たっての留意点である。文中の(　a　)~(　g　)に当てはまる語句を語群から選び記号で答えよ。

・学校教育目標及び「学校の(　a　)」等を基に計画する。
・生徒の(　b　)の段階，運動能力，(　c　)等を考慮する。
・参加する大会等の時期を考慮し，基礎練習期，(　d　)練習期，大会期，休養期の設定等，活動と休養の適切な(　e　)に配慮する。
・運動会等の(　f　)に配慮する。
・安全面を考慮に，(　g　)を設定する。

【語群】

ア	競技経験	イ	試合想定
ウ	危機管理マニュアル	エ	発育や発達
オ	熱中症	カ	学校行事
キ	運動部活動運営方針	ク	練習開始時刻
ケ	バランス	コ	睡眠時間
サ	最終下校時刻	シ	新体力テスト

(☆☆☆◎◎◎)

【11】次の文は，オリンピック憲章に示されているオリンピズムの根本原則の内容(一部抜粋)である。文中の(　a　)～(　h　)に適語を記せ。

・オリンピズムの目的は，人間の(　a　)の保持に重きを置く(　b　)な社会の推進を目指すために，人類の(　c　)のとれた発展にスポーツを役立てることである。
・スポーツをすることは(　d　)の1つである。すべての個人はいかなる種類の(　e　)も受けることなく，オリンピック精神に基づき，スポーツをする(　f　)を与えられなければならない。オリンピック精神においては(　g　)，連帯，(　h　)の精神とともに相互理解が求められる。

(☆☆☆◎◎◎)

【12】次の各問いに答えよ。

(1) 陸上競技の混成競技(高等学校の公式大会)において，男女で共通して行われる種目を4つ答えよ。

(2) 剣道における安全管理について，竹刀を点検する際に確認すべきポイントを3つ答えよ。

(3) バスケットボール競技について，次の各問いに答えよ。

① スクリーンプレイは，どのような攻撃の方法か説明せよ。

② フリースローにおけるシューターの反則について，文中の(a)～(c)に適語を記せ。

・審判からボールを与えられたあと，(a) 以内にボールを放たなければならない。
・ボールがバスケットに入るか(b)に触れるまでは，フリースローラインまたは制限区域内のフロアに触れてはならない。
・フリースローをするふりをして，途中でわざと(c)はならない。

③ 次のイラストに示した審判のシグナルが，どんな反則行為があったときのものか答えよ。なお，イに関しては，ディフェンス側の反則行為について答えよ。

ア

手首を握って下げる

イ

両手を腰に

ウ

握りこぶしで手の平をたたく

エ

両手の握りこぶしを上げる

(4) 次の表は，バドミントン競技のダブルスにおけるサービスの順番(サービスコートとサーバー及びレシーバー)についてまとめたものである。(a)～(c)に当てはまるものを，サービスコートは①～④の数字で，サーバー及びレシーバーはA～Dの記号で答えよ。

スコア	サービスコート	サーバー	レシーバー
AB組 0－0 CD組	①	A	D
AB組 0－1 CD組			
AB組 1－1 CD組			
AB組 2－1 CD組			
AB組 2－2 CD組			
AB組 2－3 CD組			
AB組 2－4 CD組	(　a　)	(　b　)	(　c　)

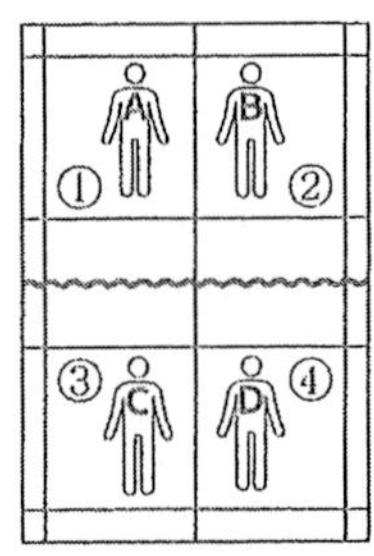

(5)　次の文は，サッカー競技規則2019/20版の内容(一部抜粋)である。文中の(　a　)～(　f　)に適語を記せ。

> ボールを入れるとき，スロワーは競技のフィールドに面して立って，両足ともその一部を(　a　)上または(　a　)の外のグラウンドにつけ，ボールが競技のフィールドを出た地点から，頭の後方から頭上を通して(　b　)を用いてボールを投げなければならない。すべての相手競技者は，スローインが行われる場所の(　a　)上の地点から(　c　)以上離れなければならない。
>
> スロワーは他の競技者が触れるまでは再びボールに触れてはならない。ボールがインプレーになって，他の競技者が触れる前にスロワーがボールに再び触れた場合，(　d　)が与えられる。
>
> スローインから直接得点することはできない。ボールが相手チームのゴールに入った場合，(　e　)が与えられる。ボールがスロワーのゴールに入った場合，(　f　)が与えられる。

(6) ラグビー競技について，次の各問いに答えよ。

① 次の用語を説明せよ。

ア ノックオン

イ ノットリリースザボール

ウ スローフォワード

② 次の文は，キックについて説明したものである。4つのキックの名称を答えよ。

ア ボールを地面に落とし，はね返ってくる瞬間に蹴る

イ 手に持ったボールを落として地面につく前に蹴る

ウ 地面にボールを置いて蹴る

エ 手の中に保持したボールを足に当てる

(☆☆☆☆◎◎◎)

解答・解説

【中学校】

【1】(1) a 学びに向かう力，人間性等　b 構造　c 発達　d 系統性　e 共生　f 保持増進　g ストレス対処　h 学年ごと　(2) ・3年間の見通しをもった年間指導計画の作成　・生徒の現状に基づいた計画の作成・実施・評価・改善　・地域の人的・物的資源等の活用　(3) 男女共習で学習を行うこと。

(4) (解答例) 生涯にわたって豊かなスポーツライフを実現する基礎を培うことを重視し，指導と評価の一体化を一層推進する観点から，3つの柱に整理された指導内容を一層明確にするため，解説において，従前，技能及び思考・判断で示していた例示を，全ての指導内容で示すこととした。

〈解説〉(1) 保健体育科においては，中央教育審議会答申の趣旨を踏まえ，7項目の方針によって改訂を行った。 (2) 「3年間の見通しをも

った年間指導計画の作成」については，体育分野及び保健分野の指導内容の関連を踏まえること，体育・健康に関する指導につながる健康安全，体育的行事等との関連について見通しをもつことが重要となる。「生徒の現状に基づいた計画の作成・実施・評価・改善」については，中学校第1学年及び第2学年において，全ての領域を学ぶことになる。このため，2年間の見通しをもって，効率的で効果的な指導と評価の計画を作成することが必要となる。第3学年においては，生涯にわたる豊かなスポーツライフの基礎を培う観点から，複数教員配置校においては，生徒が選択して学習ができるよう配慮すること，単数教員配置校においては，生徒の希望ができる限り可能となる教育課程編成の工夫が求められている。「地域の人的・物的資源等の活用」については，特に，障害のある生徒等への支援や実生活へのつながりを充実する観点から，活用可能な地域等の人的・物的資源等との連携を図り，指導の充実につなげることが大切になる。　(3)　体力や技能の程度，性別や障害の有無等にかかわらず，運動やスポーツの多様な楽しみ方を共有することができるよう，共生の視点を踏まえて指導内容が示された。　(4)　公開解答の評価基準には，「例示」，「全ての指導内容」等のキーワードを主な観点として相対的に評価するとある。旧学習指導要領では，技能と思考・判断のみで示されていたが，今回の改訂により，「知識及び技能」，「思考力，判断力，表現力等」，「学びに向かう力，人間性」のそれぞれで例示が示された。

【2】(1)　a　健康相談　　b　健康教育　　c　経過観察　　d　救急　e　AED　　(2)　(解答例)　・顔色や全体的な様子について，運動開始前，運動中，運動終了時と，常に注意を払う必要がある。　　・呼吸数や脈拍数の観察については，自己の体の調子を整え，その変化に気付いたり，教師のみならず仲間にも相談したりできる雰囲気づくりをしておく。　　(3)　①　(解答例)　学校生活において特別な配慮や管理が必要になった場合，生活上の注意及び指示事項について主治医が記入した表のこと。　②　a　フットワーク　　b　接触　　c　掛け声

〈解説〉(1) 学校における重度・死亡事故の原因としては，突然死が最も多い。WHO(世界保健機関)では，突然死を「発症から24時間以内の予期せぬ内因性(病)死」と定義している。突然死の予防のため，学校では日頃の健康管理の情報を基に，教育活動において適切な指導や配慮を行う必要がある。また，家庭，主治医，学校医等関係機関と子どもの健康状態について情報交換を行い，連携を図ることも大切となる。さらに，中学校及び高等学校では，AEDの使用を含む心肺蘇生法等の正しい手順や方法を理解させておく。突然死の予防と関連させ，心停止，呼吸停止等の緊急事態が生じたとき，専門家に引き継ぐまでに，応急手当を実施することの必要性などにも気づかせることが求められている。 (2) 教師は，心疾患や心疾患の疑いがある生徒などに対しては，健康観察のチェックポイントを参考として，重点的に生徒の顔色や全体的な様子を観察する。一方，生徒は自己の体の調子を整えることが大切となる。 (3) ① 「心臓病管理指導表」，「腎臓病管理指導表」が2002年に一本化され，「学校生活管理指導表」となった。その後，2011年の改訂時に「その他注意すること」の欄を新設し，主治医・学校医の意見を明記できるようになった。また，それまで運動制限の方向性が強い傾向にあったが，適正の範囲で体育の授業に参加できるよう配慮されるようになった。さらに，小学生用の管理表は，学年別に運動強度が示された。 ② 体力テストや学校行事についても，運動強度の定義を参考に，同年齢の平均的な児童生徒にとって，その活動がどの運動強度に属する程度のものであるかを考慮し，各指導区分の児童生徒の参加の可否を決定する。なお，指導区分はA～Eの5段階あり，A：在宅医療・入院が必要，B：登校はできるが運動は不可，C：軽い運動は可，D：中等度の運動まで可，E：強い運動も可，となっている。

【3】(1) ① a 構造 b 支持 c 経過 d 姿勢 e 合理的 ② (解答例) 手の前方に前頭部を着け，腰を持ち上げて足はマット近くに保持し，腰を曲げて足を低く保つ。足の高さを変えずに

腰を前方に移動させ，前上方に向かって一気にはねる。屈伸動作において，腰の伸ばしと手の押し放しを同調させてはねる。

(2)　①　(解答例)　・両手で体を受け止めるようにしながら後頭部をつける。　・背中を丸めて回る。　②　(解答例)　・腰の位置を高く持ち上げるようにして手の近くに足をつく。　・足を勢いよく突き上げる。

〈解説〉(1)　①　技の名称は，運動の基本形態を示す名称と，運動の経過における課題を示す名称によって名づけられている。また，技の行い方には，技の課題を解決するための合理的な動き方のポイントがある。　②　足を曲げないこと，勢いを止めないことがポイントとなる。この際，上半身の腹筋を使って起き上がるように意識するとよい。

(2)　①　跳び前転は，両手を床につけ，後頭部，肩，背中，腰の順に回る。背中をマットに打ってしまわないためには，手をパーの形にしてしっかりと床につけ，あごを引いて，背中を丸める。最初は台を利用し，床に両手をつけてから回る練習をするとよい。　②　伸膝後転は，後転(後ろ回り)を発展させた技である。このため，恐怖心を取り除くために，まず後転がしっかりできるようにする。その後，膝を伸ばし，手を使って足を勢いよく突き上げるコツを身に付ける。この際，足と手の位置が遠いと，膝を伸ばしたまま起き上がることが難しくなる。

【4】(1)　バトンの受渡し　(2)　a　フォーム　b　競走

(3)　(解答例)　・まず力を抜いてリズミカルな助走を行い，最後の2～3歩は素早く走る。　・足裏全体で強く地面を押しながら，振り上げ足を高く引き上げ，後方に体を残すようなイメージで踏み切る。

〈解説〉(1)　体育分野においても，資質・能力の3つの柱を踏まえた内容構造の見直しがなされた。陸上競技については，従前どおり，投てき種目を除く競走種目及び跳躍種目で構成されているが，「バトンの受渡し」の指導内容が新たに示された。なお，内容の取扱いでは，競走種目及び跳躍種目の中から，それぞれ選択して履修できることが示されている。 (2) 長距離走の走る距離は1,000～3,000m程度を目安とするが，生徒の体力や技能の程度や気候等に応じて，弾力的に扱うことが求められている。ペースを守って走るとは，設定した距離をあらかじめ決めたペースで走ることをいう。 (3) またぎ跳びで体を上にあげるためには，7～8mの長さの帯ゴムなどを使い，無理のない高さで跳躍練習をすることも効果的となる。なお，新学習指導要領解説では，バーに対して斜め後方や正面から助走し，踏み切った後，振り上げ足から順にバーをまたいで越える跳び方を，またぎ跳びと定義している。

【5】(1) ① 運動やスポーツの多様な楽しみ方 ② 運動やスポーツの学び方 (2) (解答例) ① 体力に関連した内容については，体つくり運動では，体つくり運動の意義や動きの高め方を扱うとともに，その他の運動に関する領域では，各領域に関連して高まる体力やその高め方を扱うこととしている。 ② 心と体が一体として互いに関係していることについては，体つくり運動の「体ほぐしの運動」では具体的な運動の視点から取り上げられている。また，保健分野の「心身の機能の発達と心の健康」では，「欲求やストレスとその適切な対処」の視点から取り上げられている。 (3) ① a 健やかな心身 b 自己開発 c 国際親善 d 世界平和 e メディア ② スポーツ基本法 ③ ユニバーサルスポーツ

〈解説〉(1) 体育理論では，従前の「運動やスポーツの多様性」，「運動やスポーツが心身の発達に与える効果と安全」，「文化としてのスポーツの意義」で構成していていたことを一部改め，「運動やスポーツの多様性」，「運動やスポーツの意義や効果と学び方や安全な行い方」，「文化としてのスポーツの意義」として構成された。 (2) 運動やスポーツは，心身両面への相乗効果が期待できることを理解できるようにする。 (3) ① (ア)ではスポーツが文化的な生活を営み，よりよく生きていくために重要であることを理解する。(イ)では，オリンピックやパラリンピック及び国際的なスポーツ大会などは，国際親善や

世界平和に大きな役割を果たしていることを理解する。(ウ)では，スポーツが民族や国，人種や性，障害の違いなどを超えて人々を結び付けていることを理解する。　②　スポーツ基本法は，1961年に制定されたスポーツ振興法を50年ぶりに全部改正した法律である。スポーツに関して基本理念を定め，国及び地方公共団体の責務，スポーツ団体の努力等を明らかにするとともに，スポーツに関する施策の基本となる事項を定めている。　③　ユニバーサルスポーツは，障害の有無に関係なく，大人も子どももみんな一緒に楽しめることを特徴とする。これは，障害の有無に関わらず，誰もが生き生きと暮らすことのできる社会を目指そうという，ノーマライゼーションの考え方を基本としている。

【6】(1)　a　リスク　　b　微生物　　c　自然　　d　社会　　e　栄養
(2)　①　a　感染源　　b　清潔　　c　清掃　　d　食料　　e　食事　　f　睡眠　　②　(解答例)　病原体などに打ち勝つ力や免疫力が高いこと。

〈解説〉(1)　感染症の予防や健康を守る社会の取組みについては，習得した知識を自他の生活に適用したり，応用したりして，疾病等にかかるリスクを軽減し，健康を保持増進する方法を選択することが求められている。　(2)　①　感染症を予防するためには，(ア)病原体が体内で増殖しにくくするため，体の抵抗力を高めること，(イ)病原体を死滅させるため発生源をなくすこと，(ウ)病原体が体に入らないようにするため，感染経路を断つことが必要となる。なお，これらの感染症予防対策について，体の抵抗力を高めるためにはバランスのとれた食事と十分な睡眠をとること，発生源をなくすためには，殺菌・消毒をすること，感染経路を断つためには，人ごみを避ける，手洗い・うがい・マスクをするといったことなどが求められる。　②　免疫力とは，細菌やウイルスなどの病原体から体を守る防御能力のことであり，免疫力が低いと様々な感染症にもかかりやすくなる。したがって，感染症にかからないためには，免疫力を高めることが重要となる。

【7】(1) ・授業以外の運動時間の減少 ・スクリーンタイム(平日1日当たりのテレビ，スマートフォン，ゲーム機等による映像の視聴時間)の増加 ・肥満である生徒の増加 (2) ・運動やスポーツの習慣化を図る取組 ・運動やスポーツに対する肯定的な意識を高める取組 (3) (解答例) ただ単に知識を増やすだけではなく，身体や心によい影響を及ぼすものとして運動やスポーツに取り組むようになったり，運動やスポーツを身近なものとして感じられるようになったりするという目的がある。

〈解説〉(1) この調査によると，中学生の令和元年度における体力合計点は，女子よりも男子の方が大きく低下している。運動時間の減少について見ると，運動時間が420分以上の児童生徒の体力合計点は，420分未満の児童生徒に比べて高くなっている。平日1日当たりの映像視聴時間については，長時間になるほど体力合計点が低下しており，女子よりも男子の方が長時間となる傾向となっている。また，体格が肥満の児童生徒は，普通の児童生徒と比べて総合評価A・Bの割合が低く，D・Eの割合が高い。肥満傾向児の割合は，女子よりも男子の方が高くなっている。 (2) 「運動やスポーツの習慣化を図る取組」については，スポーツ庁が支援する「運動・スポーツ習慣化促進事業」なども行われている。また，「運動やスポーツに対する肯定的な意識を高める取組」については，運動やスポーツ，体育・保健体育の授業に対する意識，達成感や自己肯定感に関する心理的側面など，多様なアプローチが求められている。 (3) 運動やスポーツの歴史・記録などを，書物やインターネットなどを通して調べたりする関わり方がある。

【8】(1) a イ b エ c ア d カ (2) a オ b ウ c カ d エ

〈解説〉(1) もうひとつ(パラレル)のオリンピックのパラレル(Parallel)には，「並ぶ→寄り添う」という意味が含まれている。 (2) a 1837年には世界的な水泳大会がイギリスのロンドンで開催された。これが水泳競技の歴史の始まりとされる。 b 近代泳法にはクロール，平泳ぎ，バタフライ，背泳ぎの4つの泳ぎ方がある。　c　岩崎恭子は当時14歳であったことから，オリンピックの競泳史上，最年少の金メダル獲得記録保持者となった。　d　オリンピックの女子200m平泳ぎでは，2016年のリオデジャネイロ大会でも，金藤理絵が金メダルを獲得している。

【9】(1)　(解答例)　アンガーマネジメントとは，怒りの感情をコントロールすることをいう。自分の心理状態を客観的に把握し，イライラしたり怒ったりする感情とうまく付き合うことが大切となる。

(2)　(解答例)　循環型社会とは，天然資源の消費量を減らし，環境汚染をできるだけ少なくした社会のこと。循環型社会を構築する方法として，「リデュース」「リユース」「リサイクル」の3Rが提示されている。　(3)　(解答例)　WBGTは，暑さ指数(湿球黒球温度)のこと。暑さ寒さに関係する環境因子には4要素(気温，湿度，輻射熱，気流)があり，これは，人体と外気との熱のやりとり(熱収支)に大きく影響する。　(4)　(解答例)　シンコペーションとは，ダンスのリズムにおいて，拍子の強弱を逆転させたり，ずらしたり，変化させたりすることをいう。

〈解説〉(1)　アンガーマネジメントは，1970年代にアメリカで生まれたといわれている。当初は，軽犯罪者などの矯正プログラムのために行われていたとされるが，現在では，さまざまな企業研修，教員研修にも取り入れられている。　(2)　循環型社会は，循環型社会形成促進基本法により，環境の3Rをキーワードとして推進されている。環境の3Rとは，廃棄物のリデュース(減量)，リユース(再使用)，リサイクル(再資源化)のことである。　(3)　WBGT(Wet Bulb Globe Temperature)は，熱中症予防の温度指標として，1954年にアメリカで提案された。これは，乾球温度(気温)，湿球温度(湿度)，黒球温度(輻射熱)の値を使って算出し，WBGTが31度以上の場合，熱中症予防のため運動は原則中止となる。　(4)　シンコペーション(syncopation)は，「短くすること」を意味するギリシャ語に由来するとされる。なお，現代的なリズムのダンスにおいて，シンコペーション(拍子の強弱を逆転させる)は，アフタービート(後拍を強調した弱起のリズム)と共に，それぞれのリズムの特徴を生かし，動きやすいビートとテンポを選んで踊るようにすることが，学習指導要領解説において示されている。

【高等学校】

【1】(1) a 伸びのある動作 b 長く泳いだり速く泳いだり

(2) ① (解答例) 水泳の授業時数等，学校や生徒の実態に応じて取扱いを検討し，安全を十分に確保できる場合 ② (解答例) スタートにおける段階的な指導では，「水中から」「プールサイドで座位から」「プールサイドでしゃがんだ姿勢や立て膝から」「プールサイドで中腰から」など，生徒の体力や技能の程度に応じて行う。

(3) ① (解答例) 着衣での水泳指導の目的は，水の事故を未然に防ぐため，プール等での水着での泳ぎと違う泳ぎの難しさを身をもって体験させ，そこから不慮の事故に出会ったときの落ち着いた対応の仕方を学ばせることにある。 ② a 速く b 危険 c 浮く

〈解説〉(1) a クロールの伸びのある動作とは，水平な流線型の姿勢を保つことで水の抵抗を小さくし，プルやキックの推進力を生かして，1回のストロークで大きく前進する動作のことをいう。 b クロールの安定したペースで長く泳いだり速く泳いだりするとは，プル，キック，呼吸動作のタイミングを合わせた無理のない一定のスピードで，続けて長く泳ぐこと，力強いプルとキックのテンポを上げてスピードに乗って泳ぐことを示している。クロール，平泳ぎ，背泳ぎ，バタフライについては，表示内容の共通点と違いについて，理解を深めておこう。 (2) ① スタートの指導については，事故防止の観点から，入学年次においては水中からのスタートを取り扱う。入学年次の次の年次以降においても原則として水中からのスタートを取り扱うこととするが，「安全を十分に確保した上で，学校や生徒の実態に応じて段階的な指導を行うことができること」が明示されている。 ② プールサイド等からスタートの指導を行う際は，深く入水することのない

よう，水面に対して平行に遠くに飛びだすように行わせる。　(3)　着衣のままでの水泳は，体力を温存したり，体温を保持したりしながら，長く浮いたり泳いだりすることを学習する。また，着衣のままでの水泳の能力は，個々の児童生徒の水泳能力の違いで大きく異なること，他者との比較は意味を持たないことを理解させ，自分自身の能力を客観的に知らせることが大切となる。

【2】(解答例)

種目	バレーボール	
	学習活動	留意点(教師の支援)
展開	○約束練習を行う ・攻撃側は，レシーブ役がセッターにボールを投げ，セッターがボールを保持してトスを上げ，アタッカーがスパイクを打つ(又は打つ振りをする)。 ・守備側は，トスが上がった方向によって，ブロックを行い，それに伴って空いた空間を他の生徒がカバーできる位置に動く。 ・これを攻撃側はランダムに方向を変えてトスを上げ，相手コートにアタック又は投げ入れて，守備はそれに対応して動く練習を行う。	・攻撃側のトスの位置(右，左，中央)によって，どのようなフォーメーションが考えられるか，学習資料や映像を使用して動きを確認する。 ・ネット際に，味方が移動した際に，空きのできるエリアを確認する。 ・相手のランダムなボールの位置によって，フォーメーションを変えるよう助言する。 ・空間をカバーし，よい動きを確認すると共に賞賛する。

種目	バドミントン	
	学習活動	留意点(教師の支援)
展開	○約束練習を行う ・攻撃側は，ランダムに相手コートにシャトルを打ち込む。 ・守備側は，サイド・バイ・サイドフォーメーションをとり，ペアが横ならびになってシャトルを受ける。 ・守備側は，シャトルの方向によって，移動して打った後も，横並びになる位置に戻るようにする。	・シャトルの飛んだ方向や位置によって，どのようなフォーメーションが考えられるか，学習資料や映像を使用して動きを確認する。 ・ネット際や後方にシャトルが飛んだ場合，味方が移動した際に，空きのできるエリアを確認する。 ・相手のランダムなシャトルの方向や位置によって，対応したらすぐ横並びの位置に戻るよう助言する。 ・空間をカバーし，よい動きを確認すると共に賞賛する。

〈解説〉入学年次の次の年次以降のネット型では，ラリーの中で，相手の攻撃や味方の移動で生じる空間をカバーし，守備のバランスを維持する動きをすることなどが求められている。ネット型では，ゴール型のように入り乱れることがなく，自分の攻撃後に守備の体制をとることができる。攻撃側と守備側とで約束練習を行い，ボールや相手，味方の動きによって，どう空間をカバーしたらよいか，確認しながら学習していく必要がある。

【3】(1) a イ　b エ　c カ　d オ　e コ　f ア

(2) 種目…バドミントン　用具の変更…正規の高さよりも高いネットにすることでスマッシュ等速いラリーになりにくいようにする。ルールの変更…動きの範囲が異なる者同士の対戦では，片側のコートを半面にするなど，コートの大きさを変えてゲームを行う。

〈解説〉(1) 障害のある生徒などについては，学習活動を行う場合に生じる困難さに応じた指導内容や指導方法の工夫を計画的，組織的に行うことが求められている。設問文は，10項目の配慮の例のうち，1番前と2番目に示されている内容である。他の8つの例についてもよく目を通し，理解を深めておこう。 (2) 他にも，上半身を動かせる障害のある生徒も参加できるよう，全員が座って行うシッティングバレーなども考えられる。また，卓球では，シングルスやダブルスにこだわらず，障害のある生徒の台を複数人で囲み，だれが打ってもよいルールにするなどの配慮も考えられる。

【4】(1)　(解答例)　即興的に表現するとは，これらの動きや空間の使い方に変化を付けて，思いつくままにとらえたイメージをすぐに動きに変えたりして表現することをいう。　(2)　a　ク　b　カ　c　ア　d　エ　e　イ　(3)　a　エ　b　カ　c　ア　d　イ　e　ク

〈解説〉この大問で示された設問文は，いずれも平成21年に示された学習指導要領解説の内容であることに留意し，新学習指導要領解説との違いをよく確認しておこう。(1)　新学習指導要領解説の創作ダンス(高校入学年次)では，即興的に表現することについて，「緩急(時間的要素)や強弱(力の要素)の動きや，列・円などの空間の使い方に変化を付けて，思いつくままに捉えたイメージをすぐに動きに変えて表現することである」と示されている。　(2)　新学習指導要領解説のフォークダンス(高校入学年次)では，「踊り方の特徴を捉え，音楽に合わせて特徴的なステップや動きと組み方で踊ることができるようにする。また，日本や外国の風土や風習，歴史などの文化的背景や情景を思い浮かべて，音楽に合わせてみんなで踊って交流して楽しむことができるようにすることが大切である」とされている。　(3)　新学習指導要領解説の現代的なリズムのダンス(高校入学年次)では，リズムに乗って全身で踊ることについて，「体幹部でリズムをとって全身で自由に弾んで踊ることを発展させ，体の各部位の動きをずらしたり連動させたりして踊ることや，ダイナミックなアクセントを加えたり違うリズムを取り入れたりして，変化を付けて連続して踊ることである」と示されている。

【5】(1)　a　食品衛生　b　加工　c　流通　(2)　別称…HACCP(ハサップ)　方式…(解答例)　食品等事業者自らが食中毒菌汚染や異

物混入の可能性について検討し，危害要因(ハザード)を把握した上で，原材料の入荷から製品の出荷に至るすべての段階でポイントを決めて管理し，製品の安全性を確保しようとする衛生管理の手法である。

〈解説〉(1)　設問文に相当する内容については，新学習指導要領解説では，第2章第2節「保健」の「(4)健康を支える環境づくり」の中で示されている。したがって，この部分についても熟読し，その違いをよく確認しておこう。　(2)　HACCP(ハサップ)は，Hazard Analysis Critical Control Point の略称である。HACCPを導入した施設では，必要な教育・訓練を受けた従業員により，定められた手順や方法が遵守されることが不可欠となる。

【6】(1)　a　三つの柱　　b　発問　　c　日常生活　　d　心肺蘇生法　　e　参画　　f　養護教諭　　(2)　(解答例)　実習を取り入れるねらいは，技能を習得することだけでなく，実習を自ら行う活動を重視し，概念や原則といった指導内容を理解できるようにすることにある。　(3)　(解答例)　実験を取り入れるねらいは，実験の方法を習得することではなく，内容について仮説を設定し，これを検証したり，解決したりするという実証的な問題解決を自ら行う活動を重視し，科学的な事実や法則といった指導内容を理解できるようにすることにある。

〈解説〉(1)　指導方法の工夫については，取り扱う内容によって様々なやり方が考えられる。高等学校保健教育参考資料　改訂「生きる力」を育む高等学校保健教育の手引(文部科学省)には，内容例と指導方法の工夫についての対応が例示されているので，よく目を通しておこう。　(2)　実習を取り入れる際には，応急手当の意義や手順など，該当する指導内容を理解できるようにすることが大切となる。　(3)　実習・実験を通して応急手当の技能などを身に付けることは，安全な社会生活を目指す上でも大切となる。

【7】(1)　a　合理的　　b　学習過程　　c　改善　　d　状況　　e　活力　　(2)　a　防止　　b　生きがい　　c　観点　　d　情報　　e　リ

スク

〈解説〉(1)　高等学校の保健では，生徒が保健の見方・考え方を働かせて課題を発見し，心と体を一体として捉え，生涯を通じて心身の健康を保持増進するための資質・能力を育成することを目指している。

(2)　保健においては，環境が大きく変化している中で，生徒が生涯にわたって課題解決に役立つ健康情報を選択したり，健康に関する課題を適切に解決したりすることが求められている。その際，保健に関わる原則や概念を根拠としたり活用したりして，疾病等のリスクの軽減や生活の質の向上，さらには健康を支える環境づくりと関連付け，情報選択や課題解決に主体的，協働的に取り組むことが必要となる。

【8】(1)　気温，湿度，日射・輻射，風　(2)　a　環境　b　水分　c　慣れる　d　体調　e　服装　f　具合　g　無理

〈解説〉(1)　暑さ指数(WBGT)は，気温，湿度，輻射熱の3項目によって算出される。ただし，気温，湿度は風(気流)の影響も反映されるため，暑さ指数は，この4つの要素すべてを反映した指標といえる。

(2)　①の対策については，気温が比較的低い場合には湿球温度(湿度)を，気温が比較的高い場合には，乾球温度(気温)を参考にしてもよいことが示されている。②の対策ついては，長時間の運動で汗を多くかく場合には，塩分の補給も必要であることが示されている。③の対策については，急に暑くなったとき，運動を軽くすることが求められている。④の対策については，体力のない人や肥満の人，下痢・発熱・疲労等体調の悪いときに対する注意点が示されている。⑤の対策については，服装は軽装とし，直射日光は帽子で防ぐことなどが示されている。⑥の対策については，具合が悪くなった場合には早めに運動を中止し，必要な処置をとることが求められている。⑦の対策については，強制的な運動は厳禁であることが示されている。

【9】(1)　a　喜び　b　中学校　c　心地よさ　d　実社会　e　健康課題　(2)　①　体つくり運動…(解答例)　体つくり運動について

は，各年次で7単位時間～10 単位時間程度を配当する。
体育理論…(解答例)　体育理論については，各年次で6単位時間以上を配当する。　②　まず，体つくり運動及び体育理論以外の領域に対する授業時数の配当については，その内容の習熟を図ることができるよう考慮する必要がある。したがって，指導内容の習熟を図ることができる十分な時間を確保することができるよう，あらかじめ，体育の総授業時数の中で調整していくことが大切である。また，1つの領域の内容に習熟させるには，授業をある期間に集中して行うか，あるいは年間にわたって継続的に行うかについて，十分検討する必要がある。さらに，運動領域や運動種目等を広げすぎると，各領域に配当する授業時数は減少し，内容の習熟を期待できなくなる点に留意することも大切となる。

〈解説〉(1)　1については，このほか「生徒の学習状況を的確に評価できる評価規準の設定と評価の場面や方法の工夫」などが示されている。2については，このほか「日常的に取り組める運動例を組み合わせることに重点を置くなどの指導の工夫」，「自己のねらいに応じて継続的な運動の計画を立て，実践することで運動やスポーツの習慣化につなげる指導の工夫」が示されている。3については，このほか「自他の健康やそれを支える環境づくりに関心をもてるようにし，健康に関する課題を解決する学習活動を取り入れるなどの指導方法の工夫」が示されている。　(2)　①　各領域に配当する授業時数は，指導内容の確実な定着を考慮して決められている。また，体つくり運動における配当を7単位時間～10単位時間程度としているのは，授業時数が2単位の学年については7単位時間以上とし，3単位の学年については10単位時間を目安として配当することを想定したためである。　②「体育」では，入学年次において，高等学校段階の学習に円滑に接続できるよう，中学校第3学年と同様の「内容の取扱い」を示し，義務教育段階での学習内容の確実な定着を図ることを重視している。

【10】a　キ　b　エ　c　ア　d　イ　e　ケ　f　カ　g　サ

〈解説〉学校は，教育目標や「運動部活動の在り方に関する総合的なガイドライン」等に則り，本手引を参考に，「学校の運動部活動運営方針」を作成する。全職員は，その方針で示されたねらい，留意点等について共通理解を図り，各部の活動計画を設定することが必要となる。また，校長は，教育上の意義や，生徒や指導者の負担が過度とならないことを考慮し，参加する大会等を精査する。指導者は，活動方法の工夫等を行いながら，適切な活動日数や活動時間を設定し，年間計画，月間計画，週間計画等を立てることで，生徒や保護者に活動の見通しをもたせながら，運動部活動を展開するよう努める。

【11】a　尊厳　b　平和　c　調和　d　人権　e　差別　f　機会　g　友情　h　フェアプレー

〈解説〉オリンピック憲章は，国際オリンピック委員会(IOC)により採択されたオリンピズムの根本原則，規則および付属細則を成文化したものである。この憲章はオリンピック・ムーブメントの組織，活動および作業の基準となるものであり，オリンピック競技大会の開催のための条件を定めている。なお，オリンピズムとは，オリンピックの根本的な考えのことをいう。また，オリンピズムは生き方の哲学であり，スポーツを文化，教育と融合させ，生き方の創造を探究するものでもある。

【12】(1)　走り幅跳び，砲丸投げ，やり投げ，走り高跳び

(2)　(解答例)　・竹がささくれたり割れたりしていないか。　・弦や中結が切れそうだったり，緩んだりしていないか。　・中結が適切な位置(剣先から全長の約4分の1)にあるか。　・先革が破損していないか。　から3つ　(3)　①　(解答例)　バスケットボール競技のスクリーンプレイとは，ボールを持っていない攻撃側の選手が防御側のディフェンスプレイヤーの進路上に立ち，その動きを止めることで空いたスペースを利用して攻めることをいう。　②　a　5秒　b　リング

c　やめて　③　ア　ホールディング　イ　ブロッキング　ウ　チャージング　エ　ディスクオリファイングファウル
(4)　a　④　b　D　c　B　(5)　a　タッチライン　b　両手　c　2m(2ヤード)　d　間接フリーキック　e　ゴールキック　f　コーナーキック　(6)　①　ア　(解答例)　ラグビー競技の場合，ボールを持ったプレーヤーが相手側のタックルなどを受け，そのボールが相手側のデッドボールラインの方向へ落とした場合には，ノックオンの反則となる。　イ　(解答例)　タックルを受けて倒されたプレーヤーがボールを放さなかった場合，ノットリリースザボールの反則となる。　ウ　(解答例)　相手のデットボールラインの方向に，ボールを投げるかパスをした場合，スローフォワードの反則となる。
②　ア　ドロップキック　イ　パントキック　ウ　プレースキック　エ　タップキック

〈解説〉(1)　高等学校の公式大会において，陸上競技の混成競技は男子が8種競技，女子が7種競技で行われる。　(2)　竹刀の点検・手入れの不備は，重大事故の発生につながる。このため，全日本剣道連盟では，竹刀の破損・ささくれ，付属品の破損・緩み，中結の位置などの徹底した点検について，使用前，使用中，使用後と頻繁に行うよう，指導を行っている。　(3)　①　バスケットボール競技のスクリーンプレイには，オンボールスクリーンやオフボールスクリーンなど多くの種類があるので，その違いをよく理解しておこう。　②　バスケットボールのスローインの反則については，バスケットボール競技規則第17条などによく目を通し，理解を深めておくこと。　③　バスケットボールの違反行為には，大きく分けてファウルとバイオレーションの2種類があり，より悪質なルール違反がファウルとなる。また，バイオレーションは，時間に関するものとボールの扱いに関するものに分けられる。イラストのアのホールディングは，相手プレーヤーの自由な動きを妨げるような接触があった場合のファウル・シグナル。イのブロッキングは，相手チームの進行を妨げる，不当なからだの接触があった場合のファウル・シグナル。ウのチャージングは，無理に相手プレーヤーのからだにぶつかった場合のファウル・シグナル。エのディスクオリファイングファウルは，悪質でスポーツマンシップに反する行為のファウル・シグナルである。この対象には，プレーヤーだけでなく，監督・コーチなどチーム関係者も含まれる。　(4)　a　バドミントン競技のダブルスの場合，サービスを打つ場所は，自分たちのペアの得点が偶数なら右。奇数なら左となる。サービスをしてラリーに勝てば，同じ人がサービスコートの左右をチェンジしてサービスする。サービスをしてラリーに負ければ，相手にサービスが移動し，そのラリーが始まったときの位置のまま，相手の得点が偶数なら右，奇数なら左のプレーヤーがサービスをする。　(5)　サッカー競技の場合，スローインは，グラウンド上または空中にかかわらず，ボールの全体がタッチラインを越えたとき，最後にボールに触れた競技者の相手競技者に与えられる。ただし，スローインから直接得点することはできない。間接フリーキックは，蹴ったボールが他のプレーヤーに触れたあとでなければ，ゴールに直接ボールが入っても得点にならない。また，サッカーのコーナーキックには，攻撃側のキッカーは，ボールが出た場所に近いほうのコーナーアークから蹴らなければならないなどのルールがある。　(6)　①　ア　ラグビー競技でノックオンの反則をした場合，相手ボールのスクラムとなる。　イ　ノットリリースザボールの反則をした場合，相手ボールのペナルティキックとなる。　ウ　スローフォワードの反則をした場合も，相手チームボールのスクラムになる。　②　ア　ラグビーのドロップキックは，キックオフやドロップアウト時に試合開始(再開)の方法として使われるほか，これによって得点したときは3点が入る。　イ　パントキックは，試合中最も多く使われるキックで，ドロップキックよりもコントロールしやすい。また，相手チームの頭越しにボールを運べるため，相手のディフェンスの薄いスペースに蹴り込めば，効果的に相手陣地へ入ることができる。　ウ　プレースキックは，キックの精度が最も高いキックで，現在はキックティー(台座)の上にポールを立てて蹴る(土を盛ってボールを立てても可)。トライ後のコンバージョンゴール(成功すれば2点が入る)やペナルティゴール(同3点)を狙う際に使う。　エ　タップキックは，いち早く攻撃に移ることができるため，相手の防御が手薄になっているときなどに仕掛けると，有効となる。

2020年度　実施問題

【中学校】

【1】「中学校学習指導要領(平成29年3月告示)」及び「中学校学習指導要領解説保健体育編(平成29年7月文部科学省)」に示されている「体育分野第1学年及び第2学年の目標」について，下の(1)～(4)の問いに答えよ。

> (1)　運動の合理的な実践を通して，運動の楽しさや喜びを味わい，運動を豊かに実践することができるようにするため，運動，体力の(　①　)について理解するとともに，基本的な技能を身に付けるようにする。
> (2)　運動についての自己の課題を発見し，合理的な解決に向けて思考し判断するとともに，自己や仲間の考えたことを(　②　)に伝える力を養う。
> (3)　運動における競争や(　③　)の経験を通して，(　④　)に取り組む，互いに協力する，自己の役割を果たす，一人一人の違いを認めようとするなどの意欲を育てるとともに，健康・安全に留意し，自己の(　⑤　)を尽くして運動をする態度を養う。

(1)　上の文の①～⑤に適語を記せ。

(2)　下線部「運動の楽しさや喜びを味わい」とは，どのようなことが大切であると示されているか記せ。

(3)　下線部「合理的な解決に向けて思考し判断する」とは，どのようなことと示されているか記せ。

(4)　下線部「一人一人の違いを認めようとする」とは，どのようなことが大切であると示されているか記せ。

(☆☆☆◎◎◎)

【2】「中学校学習指導要領(平成29年3月告示)」及び「中学校学習指導要領解説保健体育編(平成29年7月文部科学省)」に示されている「D　水

泳」について，下の(1)～(5)の問いに答えよ。

【[第1学年及び第2学年]　(1)知識及び技能】

(1)　次の運動について，(　①　)の向上や競争の楽しさや喜びを味わい，水泳の特性や(　②　)，技術の名称や行い方，その運動に関連して高まる体力などを理解するとともに，泳法を身に付けること。 ア　クロールでは，手と足の動き，呼吸のバランスをとり(　③　)泳ぐこと。 イ　平泳ぎでは，手と足の動き，呼吸のバランスをとり(　④　)泳ぐこと。 ウ　背泳ぎでは，手と足の動き，呼吸のバランスをとり泳ぐこと。 エ　バタフライでは，手と足の動き，呼吸のバランスをとり泳ぐこと。

(1)　上の文の①～④に適語を記せ。

(2)「ア　クロール」には，ローリングという技術があるがその動き方を記せ。

(3)「イ　平泳ぎ」について，技能の＜例示＞に示されている手のかき方(プル)を記せ。

(4)「ウ　背泳ぎ」について，脚や腰が沈まないようにするための解決法を記せ。

(5)「エ　バタフライ」のドルフィンキックの技術ポイントを記せ。

(☆☆☆◎◎◎)

【3】「中学校学習指導要領解説保健体育編(平成29年7月文部科学省)」に示されている「(1)　健康な生活と疾病の予防　(エ)　喫煙，飲酒，薬物乱用と健康」の内容について，あとの(1)～(4)の問いに答えよ。

㋒　薬物乱用と健康 　薬物乱用については，覚醒剤や(　①　)を取り上げ，摂取によって(　②　)を伴った激しい急性の錯乱状態や急死などを引

き起こすこと，薬物の連用により(　③　)が現れ，中断すると精神や身体に苦痛を感じるようになるなど様々な障害が起きることを理解できるようにする。

また，薬物乱用は，個人の心身の健全な発育や(　④　)の形成を阻害するだけでなく，社会への適応能力や(　⑤　)の発達を妨げるため，暴力，非行，犯罪など家庭・学校・地域社会にも深刻な影響を及ぼすこともあることを理解できるようにする。

(1)　上の文の①～⑤に適語を記せ。

(2)　喫煙，飲酒，薬物乱用などの行為はどのような要因によって助長されるのか，3つ記せ。

(3)「喫煙，飲酒，薬物乱用と健康」の指導内容について，体育分野との関連を図る観点から「触れるようにする内容」を記せ。

(4)　総合的な薬物乱用防止対策の実施に向け，厚生労働省が平成30年8月に策定した戦略名を記せ。

(☆☆☆◎◎◎)

【4】「中学校学習指導要領解説保健体育編(平成29年7月文部科学省)」に示されている「E　球技　ウ　ベースボール型」について，あとの(1)～(3)の問いに答えよ。

	中学校1・2年	中学校3年
バット操作やボール操作	<バット操作> ・投球の方向と平行に立ち，(　①　)にバットを構えること ・地面と(　②　)になるようにバットを振り抜くこと <ボール操作> ・ボールの正面に回り込んで，緩い打球を捕る ・投げる腕を後方に引きながら投げ手と(　③　)の足を踏み出し，軸足から踏み込み足へ体重を移動させながら，大きな動作でねらった方向にボールを投げること ・守備位置から塁上へ移動して，味方からの送球を受けること	<バット操作> ・身体の軸を安定させてバットを振りぬくこと ・タイミングを合わせてボールを打ち返すこと ・ねらった方向にボールを打ち返すこと <ボール操作> ・捕球場所へ(　⑥　)で移動して，相手の打ったボールを捕ること ・ねらった方向へ(　⑦　)を踏みながら一連の動きでボールを投げること ・仲間の送球に対して塁上でタイミングよくボールを受けたり，中継したりすること

ボールを持たないときの動き	<走塁> ・スピードを落とさずに，タイミングを合わせて塁を駆け抜けること ・打球の状況によって塁を進んだり戻ったりすること <連携した守備> ・決められた守備位置に繰り返し立ち，（　④　）をとること ・各ポジションの役割に応じて，ベースカバーや（　⑤　）の基本的な動きをすること	<走塁> ・スピードを落とさずに（　⑧　）を描くように塁間を走ること ・打球や守備の状況に応じた塁の回り方で，塁を進んだり戻ったりすること <連携した守備> ・味方からの送球を受けるために，走者の進む先の塁に動くこと ・打球や走者の位置に応じて，中継プレイに備える動きをすること

(1)　表中の①～⑧に適語を記せ。

(2)　進塁を阻止する動きである，相手走者を塁間にはさんだときのプレイの名称とその技術ポイントを記せ。

(3)　第1学年及び第2学年の指導に際して，易しい投球を打ち返したり，定位置で守ったりする攻防を中心とした学習課題を追究しやすくするために，どのように工夫したゲームを取り入れればよいか記せ。

(☆☆☆◎◎◎)

【5】「熱中症環境保健マニュアル2018(平成30年3月環境省)」に示されている「3．運動・スポーツ活動時の注意事項」の内容について，あとの(1)～(3)の問いに答えよ。

> スポーツ活動では(　①　)で大量の熱が発生するため，それだけ熱中症の危険が高くなります。激しい運動では，短時間でも，またそれほど気温が高くない場合でも熱中症が発生しています。暑い中ではトレーニングの(　②　)が低下するため，無理にトレーニングしても効果は上がりません。したがって，熱中症を予防するトレーニング方法や<u>水分補給</u>等を心がけることが，事故予防という観点だけでなく，効果的なトレーニングという点からも重要です。
>
> スポーツ活動には，個人で行うものと集団で行うものがあります。個人で行う場合は，状況に合わせて自分で活動を(　③　)できますが，集団でスポーツ活動を行う場合には，<u>指導者やリーダーが熱中症を理解し，予防の配慮をする</u>必要があります。

(1)　上の文の①～③に適語を記せ。

(2)　下線部「水分補給」について，運動中の水分補給に冷たい水が良い理由を2つ記せ。

(3)　下線部「指導者やリーダーが熱中症を理解し，予防の配慮をする」について，次の①と②の問いに答えよ。

①　熱中症とは何か説明せよ。

②　運動・スポーツ活動時による熱中症を予防するための対策について，「状況に応じた水分補給を行いましょう」の他に示されている6つの対策を記せ。

(☆☆☆◎◎◎)

【6】「スポーツ指導者のための倫理ガイドライン(公益財団法人日本スポーツ協会2019年4月)」には「Ⅲ　スポーツ指導者の心得」が示されている。次の表の(　a　)～(　j　)に適語を記せ。

【スポーツ指導者の心得】

1　プレーヤーが主役です	○スポーツ活動においてはプレーヤーが主役であり，指導者の役割はプレーヤーの活動の（　a　）であることを認識する ○プレーヤーを（　b　）した個人として考え，プレーヤーが（　c　）に判断し行動できるよう促す ○プレーヤーの権利や尊厳，人格を尊重し，（　d　）に接する ○プレーヤーとの信頼関係を築きつつも，過度の（　e　）関係や親密な関係はさけ，適切な距離を保つよう心がける ○指導者自らの言動だけではなく，プレーヤー間やOB・OG，保護者など，指導するスポーツ活動のあらゆる場面に注意を払う
2　指導者の持つ影響力を自覚しましょう	○指導者はプレーヤーに対して権力を持っていることを自覚する ○指導者による反倫理的な言動の多くは，指導者のもつ権力を背景に生じることを自覚する ○指導者による反倫理的言動は，プレーヤーの（　f　）やスポーツを行う権利を（　g　）することを自覚する
3　反倫理的言動に適切に対処しましょう	○あらゆる暴力や（　h　）をしない，許さない ○年齢，性別，性的指向や性自認，障がいの有無，国籍，文化，言語，民族，人種，宗教などの違いを理由とする，いかなる（　i　）な言動もしない，許さない ○反倫理的言動を（　j　）や隠ぺいせず，速やかに適切に対処する

(☆☆☆◎◎◎)

【7】体育史について，(1)と(2)の問いに答えよ。

(1)　次の文は，バドミントンの歴史について述べたものである。あとの①～⑤に適語を記せ。

バドミントンの起こりについては諸説があって正確には分からない。

100年以上続いた(　①　)を持つ側しか得点できないというルールは，2006年に(　①　)にかかわらず得点できる(　②　)に変更された。

オリンピックでは，1992年第25回(　③　)大会から正式種目となり，2016年第31回(　④　)大会で日本は女子ダブルスで金メダル，女子シングルスで銅メダルを獲得した。

また，近年秋田県の実業団チームに所属する選手の活躍はめざましいものがあり，世界規模の大会の女子ダブルスで優勝した米元小春さん，田中志穂さんを平成30年1月に，永原和可那さん，松本麻佑さんを平成30年10月に，秋田県は(　⑤　)を授与した。

(2)　次の文は，1964年に開催された東京オリンピックの日本人選手の活躍について述べたものである。下の①～⑤に適語を記せ。

1964年東京大会は，10月10日～24日までの15日間開催され，日本選手は355名が参加した。

特に注目を集めたのは，「(　①　)」と呼ばれた日本女子バレーボールチームであった。同大会から正式競技となったバレーボールにおいて，「(　②　)」に象徴される高い守備力を武器に相手国を次々と撃破し，決勝戦では最大のライバルであった(　③　)(当時)を3－0のストレートで下して金メダルを獲得した。

また，秋田県出身者では，男子体操競技で，(　④　)選手と(　⑤　)選手が金メダルを獲得した。

(☆☆☆◎◎◎)

【8】次の語句について説明せよ。

(1)　前さばき(相撲)

(2)　サッカー足

(3)　ウェーブ走(陸上競技)

(4)　クラムジー

(☆☆☆◎◎◎)

【9】「スポーツ実施率向上のための行動計画～『スポーツ・イン・ライフ』を目指して～(平成30年9月6日スポーツ庁)」の「3．スポーツ実施率向上のための具体的取組　(2)主な対象ごとの取組　エ．女性向けの取組」に示されている内容について，下の(1)～(3)の問いに答えよ。

> 女性向けの取組としては，女性のスポーツ実施の促進，スポーツをしない要因を考慮したアプローチを進めていく。
>
> 妊娠・出産・子育て期において，気軽にスポーツができるプログラムを開発するとともに，女性のスポーツ実施につながる(　①　)を図る。その際には，JSPOにおいて設置された(　②　)とも連携を図っていく。
>
> また，女子生徒のスポーツ実施の(　③　)や，食べない・運動しないことによる(　④　)，身体機能の低下も懸念されていることから，正しい知識の浸透を図るとともに，スポーツをすることの(　⑤　)を打ち出しつつ，「女性のスポーツ促進キャンペーン(仮称)」を実施する。

(1)　上の文の①～⑤に適語を記せ。

(2)　下線部について，国や地方自治体，学校等が連携したアプローチの例として示されている取組を3つ記せ。

(3)　女性アスリートの健康管理上の問題点である「女性アスリートの三主徴」を記せ。

(☆☆☆◎◎◎)

【高等学校】

【1】高等学校学習指導要領解説保健体育編　体育編(平成30年7月文部科学省)に示されている内容について，次の各問いに答えよ。

(1)　体育科，保健体育科における平成21年改訂の学習指導要領の成果を4つ答えよ。

(2)　体育科，保健体育科における平成21年改訂の学習指導要領の課題を4つ答えよ。

(3) 「A　体つくり運動」の「体力を高める運動」として示していたものを「実生活に生かす運動の計画」として新たに示した理由について説明せよ。

(4) 「F　武道」の内容の取扱いにおいて，履修させることができるものとして新たに明記された運動種目を4つ答えよ。

(☆☆☆◎◎◎)

【2】次の表は，高等学校学習指導要領解説保健体育編　体育編(平成21年12月文部科学省)　科目「体育」 C　陸上競技「陸上競技の動きの例」に示されている内容(一部抜粋)である。この表に関連した各問いに答えよ。

	中学校3年・高校入学年次	高校その次の年次以降
短距離走・リレー	○スタートから中間疾走へのつなぎを滑らかにした疾走 ・力強くキックして加速する（　a　） ・力みのないリズミカルな走り ○スピードが十分高まったところでバトンパスができるリレー	○中間走の高いスピードを維持した疾走 ・体の（　b　）近くに足を接地し，キックした足を素早く前に運ぶ走り ・速く走ることのできるペース配分に応じた動きの切り替え ○受け手と渡し手の距離を長くしてバトンパスができるリレー
長距離走	○リズムを作り出す走法 ・力みのないフォーム ・リズミカルな腕振り ・呼吸法	○ペースの変化に対応することのできる走法 ・ペースの変化に応じた（　c　）とピッチの切り替え
ハードル走	○最後までリズムを維持して走り越えていくハードル走 ・（　d　）を勢いよく ・振り上げ脚をまっすぐ ・インターバルのリズムを維持	○スピードを維持した走りからハードルを低くリズミカルに越すハードル走 ・（　e　）の素早い前方への引き出し ・インターバルでの力強い腕振り ・（　f　）のリズムの維持 ・ハードリングとインターバルの滑らかなつなぎ

	高校入学年次	高校その次の年次以降
砲丸投げ	○全身を使って砲丸を突き出す砲丸投げ	
	・砲丸の正しい保持 ・砲丸のまっすぐな突き出し ・25～35度程度の投射角度	・（　g　）の勢いを利用した投げ ・全身を使った砲丸の力強い突き出し
やり投げ	○短い助走からやりを前方にまっすぐ投げるやり投げ	
	・やりの柔らかい保持 ・（　h　）からの投げ ・25～35度程度の投射角度	・助走の勢いを利用した投げ ・投げる側の腕の大きな動作

(1) 表中の(　a　)～(　h　)に適語を記せ。

(2) 短距離走における，走る距離の目安を高校入学年次，高校その次の年次以降についてそれぞれ答えよ。

(3) 4×100mリレーにおいて，100m走の4人の合計タイムよりもリレーのタイムが速くなる理由を2つ答えよ。

(4) 長距離走において，持久力をつける練習方法の一つであるインターバル法とはどのようなトレーニングか具体的に説明せよ。

(5)　ハードル走において，スピードを維持して低くハードルを越えるための踏み切り位置に関する指導のポイントを説明せよ。

(6)　砲丸，やりの投げだしの角度は，一般的には35～40度程度が適切であるが，下線部の25～35度程度の投射角度と示されている理由を答えよ。

(7)　砲丸，やりによるけがや事故の防止について，事前に十分指導を行うことの他に，どのような安全対策を講じて実施する必要があるか2つ答えよ。

(☆☆☆◎◎◎)

【3】次の文は，高等学校学習指導要領解説保健体育編　体育編(平成21年12月文部科学省)　科目「保健」　3　内容「(1)　現代社会と健康」に示されている内容(一部抜粋)である。下の各問いに答えよ。

> 我が国の(　a　)や社会の変化に対応して，健康を保持増進するためには，個人の行動選択やそれを支える社会環境づくりなどが大切であるという(　b　)の考え方を生かし，人々が自らの健康を適切に管理すること及び環境を改善していくことが重要であることを理解できるようにする。
>
> ア　健康の考え方
>
> 健康の考え方は，国民の(　c　)の向上や(　a　)の変化に伴って変わってきていること。また，健康は，様々な要因の影響を受けながら，主体と環境の相互作用の下に成り立っていること。
>
> 健康の保持増進には，健康に関する個人の適切な意志決定や行動選択及び環境づくりがかかわること。

(1)　文中の(　a　)～(　c　)に適語を記せ。

(2)　下線部の健康の考え方は，個人や集団においても変化している。このことを理解できるようにするための，健康の考え方の例を2つ答えよ。

(3)　下線部の主体と環境の要因について示されているものを，それぞれ3つ答えよ。

(4)　下線部の適切な意志決定や行動選択を行うために，触れるようにする内容を3つ答えよ。

(☆☆☆◎◎◎)

【4】高等学校学習指導要領解説保健体育編　体育編(平成21年12月文部科学省)　科目「保健」　3　内容「(2)　生涯を通じる健康」に示されている内容について，次の各問いに答えよ。

(1)「思春期と健康」を指導するに当たって，心理面，行動面の変化に対応して理解できるよう示されている内容を2つ答えよ。

(2)「加齢と健康」を指導するに当たって，中高年期を健やかに過ごすために理解できるよう示されている内容を2つ答えよ。

(☆☆☆◎◎◎)

【5】次の文は，高等学校学習指導要領解説保健体育編　体育編(平成30年7月文部科学省)　第2節　保健体育科改訂の趣旨及び要点「2　保健体育科改訂の要点」　(3)　内容及び内容の取扱いの改善「保健」に示されている内容(一部抜粋)である。あとの各問いに答えよ。

> イ　内容の構成
>
> 内容のまとまりについては，個人及び社会生活における健康課題を解決することを重視する観点から，従前の「現代社会と健康」，「生涯を通じる健康」及び「社会生活と健康」の3項目を「現代社会と健康」，「(　a　)」，「生涯を通じる健康」及び「(　b　)」の4項目とした。内容については，個人及び社会生活に関する事項を正しく理解し，思考・判断・(　c　)できるようにするため，他教科及び小学校，中学校の内容との関連を考慮して高等学校における(　d　)を明確にした。
>
> 具体的には，個人及び社会生活における健康課題を解決する

ことを重視する観点から，(e)やがんを含めた生活習慣病などの現代的な健康課題の解決に関わる内容，応急手当の(f)を含めた(a)に関する内容，ライフステージにおける健康の保持増進や回復に関わる内容及び人々の(b)に関する内容等を充実した。その際，心身の健康の保持増進の実践力を育成するため，単なる(g)や知識理解にとどまらず，自他の健康やそれを支える環境づくりに関心をもてるようにし，健康に関する課題を解決する学習活動を取り入れるなど，保健の資質や能力が育成されるよう指導方法の工夫を行うとともに，適切な(h)や行動選択及び(b)が必要であることを示した。

(1)　文中の(a)～(h)に適語を記せ。

(2)　(a)が新たに示された理由を説明せよ。

(3)　現行学習指導要領では「社会生活と健康」に位置付けられているが，新学習指導要領では「生涯を通じる健康」に位置付けられた内容とその理由を説明せよ。

(☆☆☆◎◎◎)

【6】次の文は，「2019年度学校教育の指針」(秋田県教育委員会)における，「第Ⅱ章　学校教育指導の重点」教科指導「保健体育　高等学校」に示されている内容(一部抜粋)である。文中の(a)～(e)に適語を記せ。

1　基礎的・基本的な知識・技能の習得と活用

・地域や学校の実態，中学校との接続，生徒の特性等を十分に考慮し，卒業までを見通した(a)の作成

・「いつ何を教え，いつどの観点で何を使って評価するか」を明確にした指導と評価の計画(単元計画)の見直し・(b)

・生徒の学習状況を的確に評価できる(c)の設定と評価機会・方法の工夫

・身に付けた知識・技能を活用する学習活動を取り入れるな

どの指導過程の工夫
・体力や技能の程度，(d)や障害の有無にかかわらず，運動やスポーツの多様な楽しみ方を(e)で実践することができるよう配慮した指導の工夫

(☆☆☆◎◎◎)

【7】第32回オリンピック競技大会(2020／東京)に関連する次の各問いに答えよ。

(1) 第32回オリンピック競技大会(2020／東京)では，競技をわかりやすく表す絵文字が用いられるが，この絵文字のことを何というか答えよ。

(2) 次の①～⑫の絵文字が表す競技名を答えよ，また第32回オリンピック競技大会(2020／東京)で新たに追加された競技を全て選び，番号で答えよ。

(3) 絵文字は社会生活の様々な場面で使用されているが，オリンピックの競技種目を示すために正式に採用されたのは，西暦何年に，どの都市で行われた大会からか答えよ。

(☆☆☆◎◎◎)

【8】2019年に我が国では，2019世界柔道選手権東京大会，ラグビーワールドカップ2019，バレーボールワールドカップ2019，2019女子ハンドボール世界選手権大会が行われる。これらの競技について，次の各問いに答えよ。

(1)　柔道競技において，反則負けが与えられる「ヘッドディフェンス」とはどのようなものか説明せよ。

(2)　ラグビー競技の得点方法に関して，トライした側に与えられる権利のことを何というか答えよ。また，その権利を行使し，成功した場合の得点は何点か答えよ。

(3)　次の2つの図は，バレーボール競技において，相手がサービスを打ったときのアウトオブポジションの状態である。なぜ反則となるのか具体的に説明せよ。

①

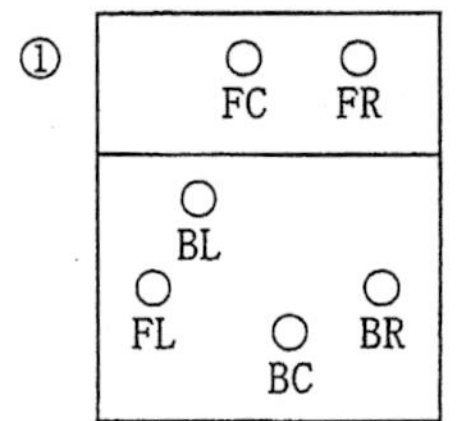

②

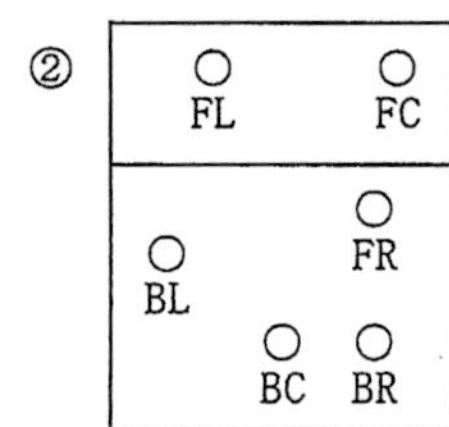

注)　F…フロント，B…バック，L…レフト，C…センター，R…ライトとする。

(4)　ハンドボール競技において，審判が「ブルーカード」を示すのはどのような目的のためか答えよ。

(☆☆☆◎◎◎)

【9】秋田県ではアスリート輩出のためのタレント発掘事業として，AKITAスーパーわか杉っ子発掘プロジェクトを実施している。このプロジェクトで発掘事業を行っている競技について，次の各問いに答えよ。

(1)　このプロジェクトでは，フェンシング競技の他に2つの競技で発掘事業を行っている。この2つの競技を答えよ。

(2)　実施競技の1つであるフェンシング競技について，次の各問いに答えよ。

①　フェンシング競技における各種目の攻撃有効面を「フルーレ」の例に従って塗りつぶせ。

② サーブル種目は，フルーレ種目とエペ種目と比較し，攻撃する際の剣の使い方が異なっている。どのように異なっているか説明せよ。

(☆☆☆◎◎◎)

【10】「運動部活動運営・指導の手引」(平成30年8月秋田県教育委員会)に示されている内容について，次の各問いに答えよ。

(1) 「Ⅱ　適切な休養日等の設定」について，高等学校の基準として示されている休養日及び1日の活動時間を答えよ。また，その際の留意事項を1つ答えよ。

(2) 次の文は，「Ⅴ　運動部活動の事故防止」に示されている内容(一部抜粋)である。あとの各問いに答えよ。

> 1　事故防止のマネジメント
>
> 運動部活動は学校教育活動の重要な場であることを踏まえ，各部の活動が安全かつ健全に行われるよう安全面に配慮し，万一に備えた関係者への(　a　)の確立や(　b　)の整備を図ることが必要である。
>
> また，生徒一人一人に安全に関する(　c　)や技能を身に付けさせ，主体的に(　d　)や仲間の安全を守ることができるようにすることが望ましい。練習中に守るべき安全に関するルールについては，機会を捉えて(　e　)するなど，徹底を図ることが必要である。

> (3)　環境条件に応じた配慮
>
> 練習実施の判断の際には，熱中症を未然に防止するため，環境省が予測値・実況値の提供を行っている，「環境省熱中症予防情報サイト」の熱中症の発生しやすさを示す指数(WBGT)などを有効に活用すること。

①　文中の(　a　)～(　e　)に適語を記せ。

②　下線部の「環境省熱中症予防情報サイト」の熱症の発生しやすさを示す指数について，「運動は原則中止」となる暑さ指数(WBGT)を答えよ。

③　熱中症を疑ったときには何をするべきか1つ答えよ。

(3)　次の文は，「Ⅶ　体罰・不祥事等の防止」に示されている内容(一部抜粋)である。あとの各問いに答えよ。

> 1　体罰等の防止
>
> 体罰は，学校教育法第11条にも記載されている(　a　)であり，指導者個人の問題にとどまらず，学校が生徒や保護者からの信頼を大きく失うなど，学校教育全体においても重大な問題である。
>
> 運動部活動の指導において，体罰を「厳しい指導」として(　b　)することはあってはならない。
>
> また，セクシュアル・ハラスメントや(　c　)と判断される不適切な言動(生徒の人間性や人格の尊厳を損ねたり，否定するような発言や態度)は，精神的な苦痛を与え，体罰と同様に生徒の心身に大きな影響を与える。心身の発育発達や技能レベルなどを十分考慮した指導をするとともに，生徒の手本となるような言動を心がけることが求められる。
>
> 指導者が指導的立場にいることによって，生徒に対して上位の(　d　)をもつことになる。こうした関係を指導者自身が自覚していることが大切である。

① 文中の(a)～(d)に適語を記せ。

② 体罰等につながりかねない「怒りの感情」と上手に付き合うための心理教育，心理トレーニングを何というか答えよ。

(☆☆☆◎◎◎)

【11】次の文は，スポーツ基本計画(平成29年3月24日文部科学省)「第2章 中長期的なスポーツ政策の基本方針」に示されている内容(一部抜粋)である。あとの各問いに答えよ。

1 スポーツで「人生」が変わる！

スポーツは「みんなのもの」であり，スポーツを「する」「みる」「ささえる」ことで全ての人々がスポーツに関わっていく。

(1) スポーツを「する」ことで，スポーツの価値が最大限享受できる。

スポーツは，体を動かすという人間の本源的な欲求に応え，(a)をもたらすものである。

スポーツを「する」ことでみんなが「(b)」「(c)」を得られ，これがスポーツの価値の中核である。さらに，継続してスポーツを「する」ことで，勇気，自尊心，(d)などの価値を実感するとともに，自らも成長し，心身の健康増進や(e)に満ちた生き方を実現していくことができる。

(2) スポーツを「する」「みる」「ささえる」ことでみんながスポーツの価値を享受できる。

スポーツへの関わり方としては，スポーツを「する」ことだけでなく「みる」「ささえる」ことも含まれる。

スポーツを「みる」ことで，極限を追求するアスリートの姿に(f)し，人生に(g)が得られる。家族や友人等が一生懸命応援することでスポーツを「する」人の(h)になることができる。

スポーツを「ささえる」ことで，多くの人々が交わり
(i)し合うことにより，(j)が強くなっていく。

① 文中の(a)～(j)に当てはまる語句を次の語群から選び，記号で答えよ。

【語群】

ア　共感　　イ　喜び　　ウ　生きがい
エ　力　　オ　精神的充足　　カ　感動
キ　楽しさ　　ク　社会の絆　　ケ　活力
コ　友情

② 下線部のスポーツを「ささえる」とは，自らの意思でスポーツを支援することを広く意味しているが，指導者や専門スタッフ，審判等のスポーツの専門家による支援だけでなく，他にどのような支援の形があるか答えよ。

(☆☆☆◎◎◎)

解答・解説

【中学校】

【1】(1) ① 必要性　② 他者　③ 協働　④ 公正　⑤ 最善　(2) (解答例) 心と体が関連していることを実感したり，それぞれの運動が有する特性や魅力に応じて，運動することそのものを楽しんだり，その運動の特性や魅力に触れたりすることが大切である。　(3) (解答例) 運動の行い方，組合せ方，仲間との関わり方，安全上の留意点など，これまで学習した運動に関わる一般原則や運動に伴う事故の防止等の科学的な知識や技能を，学習場面に適用したり，応用したりすること。　(4) (解答例) 体力や技能，性別や障害の有無等による，動きや課題及び挑戦などに違いがあることに気付き，

その違いを可能性として捉え，積極的に互いを認めようとする意思をもつことが大切である。

〈解説〉(1)　(1)～(3)の目標は，「知識及び技能」，「思考力，判断力，表現力等」，「学びに向かう力，人間性等」の育成を目指す資質・能力を示したものである。自己や仲間の考えたことを他者に伝えるとは，自己の課題について，思考し判断したことを，言葉や文章及び動作などで表したり，仲間や教師などに理由を添えて伝えたりすることを示している。　身につけさせたい情意面の目標を示す言葉としては，第1学年及び第2学年では「公正」「協力」「役割を果たす」「違いを認める」などであり，第3学年になると「公正」「協力」「責任を果たす」「参画する」「違いを大切にする」などとなる。　(2)　公式解答の評価基準には，「心と体の関連，運動を楽しむ，特性や魅力に触れる等のキーワードを主な観点として，相対的に評価する」とある。第1学年及び第2学年では，すべての運動領域を経験して，それぞれの運動が有する特性や魅力に触れ，第3学年以降の自己に適した運動を選択できるようにすることが大切である。　(3)　公式解答の評価基準には，「これまで学習した，科学的な知識や技能，適用，応用等のキーワードを主な観点として，相対的に評価する」とある。第1学年及び第2学年では，基本的な知識や技能を活用して，自己の課題に応じた取り組み方を工夫することができるようにすることが大切である。　(4)　公式解答の評価基準には，「動きや課題及び挑戦，違いに気付く，互いを認める等のキーワードを主な観点として，相対的に評価する」とある。自己の最善を尽くして運動する態度や，生涯にわたって運動に親しむ態度は，一人一人の違いを認めるなどの意欲や態度などの学習を通して育成される。

【2】(1)　①　記録　　②　成り立ち　　③　速く　　④　長く

(2)　(解答例)　腕のかきに合わせて，体の中心線を軸に上半身を回転させて，水面に対して斜めにひねるような動作のこと。

(3)　(解答例)　肩より前で，両手で逆ハート型を描くように水をかくこと。　(4)　(解答例)　両耳とあごを水面の下に置いて，キックする。　(5)　(解答例)　ダウンキックは足先を内股にして，太ももから鞭を打つようにけり下ろす。アップキックは脚うら全体でけり上げる。

〈解説〉水泳の知識及び技能に関する問題である。　(1)　①・②「記録の向上や競争の楽しさや喜びを味わい，水泳(陸上競技)の特性や成り立ち，技術の名称や行い方，その運動に関連して高まる体力などを理解するとともに」は，水泳と陸上競技とまったく同じ文章であり，「特性や成り立ち～理解するとともに」の部分はB～Fの領域においてほぼ同じ文章なので覚えておきたい。　③・④　水泳の第1学年及び第2学年の「知識及び技能」の指導内容として，クロールは「速く泳ぎこと」，平泳ぎは「長く泳ぐこと」が示され，第3学年では両泳法とも「安定したペースで長く泳いだり速く泳いだりすること」と示されている。　(2)　公式解答の評価基準には，「上半身，水面に対して斜め等のキーワードを主な観点として，相対的に評価する」とある。腕のかきに合わせて，体の中心線を軸に上半身を回転させて，水面に対して斜めにひねるような動作である。ただし，身体の回転が大きくなりすぎると(オーバーローリング)，抵抗が大きくなってしまうので注意する必要がある。　(3)　公式解答の評価基準には，「肩より前，逆ハート型等のキーワードを主な観点として，相対的に評価する」とある。　(4)　公式解答の評価基準には，「両耳，あご，水面の下等のキーワードを主な観点として，相対的に評価する」とある。耳が水面上に出ていると腰が折れてしまい，あごが上がっていると胸がそって脚が下がってしまう。　(5)　公式解答の評価基準には，「足先，けり下ろす，脚うら全体，けり上げる等のキーワードを主な観点として，相対的に評価する」とある。ドルフィンキックでは，うねりが大きくなると水の抵抗が増すので最小限にして，股関節をしっかり使って泳ぐことがポイントである。

【3】(1) ① 大麻 ② 幻覚 ③ 依存症状 ④ 人格
⑤ 責任感 (2) 心理状態，人間関係，社会環境
(3) (解答例) フェアなプレイに反するドーピングの健康への影響についても触れるようにする。 (4) 第五次薬物乱用防止五か年戦略

〈解説〉(1) 新しい学習指導要領解説(平成29年7月)では，「健康な生活と疾病の予防」については，個人生活における健康に関する課題を解決することを重視する観点から，内容を学年ごとに配当することとされた。㋒ 薬物乱用と健康については，第2学年に配当されている。
(2) 喫煙，飲酒，薬物乱用などの行為は，好奇心，なげやりな気持ち，過度のストレスなどの心理状態，断りにくい人間関係，宣伝・広告や入手し易さなどの社会環境によって助長されるので，それらに適切に対処する必要があることを理解する必要がある。 (3) 公式解答の評価基準には，「ドーピング，健康への影響等のキーワードを主な観点として，相対的に評価する」とある。ドーピングの最初は，覚せい剤が使用されたという記録が残っている。禁止薬物が使用されるドーピングは選手の健康を損ねるだけでなく，本来フェアであるべきスポーツの社会的価値も損なわれる。さらに，青少年に薬物摂取に対する抵抗感をうすれさせるなど社会全体へも悪影響を及ぼす。 (4) 平成30年8月に策定された第五次薬物乱用防止五か年戦略では，児童生徒等の薬物乱用の根絶に向けた規範意識の向上を図るため，「青少年を中心とした広報・啓発を通じた国民全体の規範意識の向上による薬物乱用未然防止」が最初の目標として掲げられ，学校における薬物乱用防止教育を一層推進することを求めている。

【4】(1) ① 肩越し ② 水平 ③ 反対側 ④ 準備姿勢
⑤ バックアップ ⑥ 最短距離 ⑦ ステップ ⑧ 円
(2) プレイの名称…ランダンプレイ 技術ポイント…(解答例) 味方の選手にボールが見えやすいように，ボールを持つ手を高く上げてランナーを追う。進塁側には長く追いすぎない。
(3) (解答例) プレイヤーの人数，グラウンドの広さ，用具，プレイ

上の制限を工夫したゲーム。

〈解説〉(1)　学習指導要領解説(平成29年7月)のソフトボールの知識及び技能に，第1学年及び第2学年では「基本的なバット操作と走塁での攻撃」,「ボール操作と定位置での守備」による攻防，第3学年では「安定したバット操作と走塁での攻撃」,「ボール操作と連携した守備」による攻防が指導内容として示され，その具体が例示に示されている。

④　準備姿勢とは，ボールを受ける前の身体の構え方である。

⑤　ベースカバーとは，走者をアウトにするために守備位置近くのベースに入ること。バックアップとは，打球を取り損ねたり，味方の送球がそれたりすることを想定して，他のプレイヤーの後方で備えることである。　⑦　ステップとは，打球の通過コースや落下地点への移動の仕方である。　(2)　技術ポイントに関する公式解答の評価基準には,「ボールを持つ手を高く上げる，進塁側に追いすぎない等のキーワードを主な観点として，相対的に評価する」とある。ボールのやり取りは少なくし，ボールを受け取ると同時に前に出る。走りながらスナップスローし，送球はランナーに当たらないように注意する必要がある。　(3)　公式解答の評価基準には,「人数，広さ，用具，プレイ上の制限等のキーワードを主な観点として，相対的に評価する」とある。第1学年及び第2学年では攻撃を重視し，易しい投球を打ち返したり，定位置で守ったりする攻防を展開できるようにするのがねらいであり，バット操作やボール操作とボールを持たないときの動きに着目させ，学習に取り組ませることが大切である。

【5】(1)　①　筋肉　　②　質　　③　調節

(2)　(解答例)　・冷たい水は深部体温を下げる効果があるから。

・胃にとどまる時間が短く，水を吸収する器官である小腸に速やかに移動するから。　　(3)　(解答例)　①　体温を平熱に保つために汗をかき，体内の水分や塩分(ナトリウムなど)の減少や血液の流れが滞るなどして，体温が上昇して重要な臓器が高温にさらされたりすることにより発症する障害の総称。　　②　・環境条件を把握する　　・暑

さに徐々に慣らす　・個人の条件や体調を考慮する　・服装に気をつけさせる　・具合が悪くなった場合には早めに措置をとる　・無理な運動をさせない

〈解説〉(1)　①　筋肉には熱を作る働きがあり「熱産生」という。また，汗により熱を放出する働きを「熱放散」という。　②　暑い中で無理をしてもトレーニングの質が低下して，効果も得られない。暑さ対策で熱中症を予防することは，トレーニング効果を上げることに通じる。　③　集団で行うスポーツでも，それぞれの体力に配慮して運動の強度を調節して，トレーニングや試合中の事故を避けるようにしたい。　(2)　公式解答の評価基準には，「深部体温を下げる等，吸収しやすい等のキーワードを主な観点として，相対的に評価する」とある。ふだんの水分補給では体温に近い常温水のほうが吸収がよいといわれているが，熱中症などで体を冷やしたいときには冷たい飲料のほうが深部体温(身体の内部の温度)を下げるのに適している。　(3)　①　熱産生と熱放散のバランスが崩れてしまい，体温が急激に上昇した状態が熱中症である。公式解答の評価規準には，「汗，水分，血液，体温等のキーワードを主な観点として，相対的に評価する」とある。　②　熱中症の発生には，環境の条件，運動の条件，個人のコンディションが関係しているため，それらへの対策が必要である。

【6】a　サポート役　b　自立　c　主体的　d　公平　e　主従　f　人権　g　侵害　h　ハラスメント　i　差別的　j　黙認

〈解説〉a　スポーツには競争的特性があるが，指導者は勝利を優先することなく，プレーヤーの自発的な行動を促すサポート役でなければならい。　b・c　一方的，強制的な指導にならないよう，コミュニケーションスキルを高め，活動のねらいや内容をプレーヤーと共有することが大切である。　d　すべてのプレーヤーに常に公平な態度で接し，また活動に参加したくなるような雰囲気を作ることが大切である。　e　指導者が指導的立場にいることにより，プレーヤーに対して上位の権力を持つことになるが，こうした関係を指導者自身が自覚して，権利や尊厳や人格を尊重した指導により，相互尊敬の関係にあることが望まれる。　f・g　指導者の倫理観やそれに基づく言動は，プレーヤーに大きな影響を及ぼし，反倫理的言動はプレーヤーへの人権侵害や権利侵害をまねくことを，指導者は自覚する必要がある。
h・i・j　反倫理的言動に適切に対処するには，暴力，ハラスメント，差別的言動及び，それらの反倫理的言動の黙認や隠ぺいを絶対にしない，許さないという強い意志を持つことが必要である。

【7】(1)　①　サービス権　②　ラリーポイント　③　バルセロナ　④　リオデジャネイロ　⑤　秋田県県民栄誉章　(2)　①　東洋の魔女　②　回転レシーブ　③　ソ連　④　小野喬　⑤　遠藤幸雄

〈解説〉(1)　バドミントンは2006年にサイドアウト制にかわってラリーポイント制が導入され，常にどちらかにポイントが与えられる制度になったことから，試合の展開が滞ることなく進むようになった。バドミントンの起源は，イギリスに古くから伝わるバトルアンドシャトルコックという羽根突き遊びがはじまりであるとされる。　(2)　当時，日本女子バレーボールチームは，東京オリンピック前のヨーロッパ遠征で連勝を重ねたことから，「東洋の台風」や「東洋の魔法使い」などと言われていた。体格で劣る日本が世界と戦うために編み出したのが，柔道の受け身のような「回転レシーブ」だった。小野喬選手，遠藤幸雄選手は共に秋田県出身で，オリンピック東京大会の体操団体で金メダルを獲得した。なお，遠藤幸雄選手は同大会で個人総合優勝も果たしている。地域で活躍する事例等の出題もあるので，県のホームページ等をチェックしてアンテナを張っておく必要がある。

【8】(1)　(解答例)　相手の攻めを防ぎ，自分に有利な体勢をつくるための相撲の技術。　(2)　(解答例)　足の甲などでのキックする動作を繰り返しているうちに，足首の関節にある骨同士(脛骨と距骨)が衝突して軟骨が損傷を起こすスポーツ障害。　(3)　(解答例)　ウェーブ

走とは，スピードを上げて走る区間と，慣性を利用してリラックスして走る区間を波のように繰り返す練習方法。　(4)　(解答例)　小学校高学年から中学生頃の子どもにおいて，急激な身体の発達によって一時的に身体のバランスが崩れる時期や現象。

〈解説〉(1)　公式解答の評価基準には，「相手の攻め，有利な体勢等のキーワードを主な観点として，相対的に評価する」とある。相撲では力任せに押したり投げたりするだけでなく，自分で有利な体勢をつくって攻めることが重要で，「前さばき」はその代表的な技術の一つである。　(2)　公式解答の評価基準には，「キックする動作を繰り返す，足首の関節等のキーワードを主な観点として，相対的に評価する」とある。サッカー足は，サッカーにおけるスポーツ障害の一つである。サッカー足やフットサル足等の言葉があるが，テニス肘や野球肘等に比べると認知度が低い。　(3)　公式解答の評価基準には，「スピード，リラックス等のキーワードを主な観点として，相対的に評価する」とある。練習方法としては他に，一定のペースで走り続けるペース走や，少しずつスピードを上げていくビルドアップ走などがある。　(4)　公式解答の評価基準には，「急激な身体の発達，身体のバランス等のキーワードを主な観点として，相対的に評価する」とある。クラムジーには，不器用，ぎこちないという意味があり，急激に身体が成長する第二次性徴期に，身体と感覚のバランスが崩れ，以前に習得した技術を思うように発揮できなくなる状態のことをいう。

【9】(1)　①　環境整備　②　女性スポーツ委員会　③　二極化　④　痩せすぎ　⑤　効果　(2)　(解答例)　・多様なニーズに応じた運動・スポーツを行うことができるよう，学校運動部活動改革を進めるとともに，学校外でのスポーツ実施の機会の確保を図る。
・激しい運動ばかりではなく，ゆったりスポーツを楽しむ意義の発信を行う。　・若い女性は，痩せ願望に陥る例も多いことから，しっかり食べてスポーツをする大切さを訴えていく。　(3)　利用可能エネルギー不足，無月経，骨粗鬆症

〈解説〉(1)　スポーツ実施率向上のための具体的な取り組みとして,「広く国民全体に向けた取組」のほかに,「子供，若者」,「ビジネスパーソン」「高齢者」「女性」「障害者」のように，対象を五つに分けて示している。　(2)　公式解答の評価基準には,「多様なニーズ，学校運動部活動改革，機会の確保等のキーワードを主な観点として，相対的に評価する」,「楽しむ，意義，発信等のキーワードを主な観点として，相対的に評価する」,「食べる，スポーツする，大切さ等のキーワードを主な観点として，相対的に評価する」とある。国，地方公共団体，学校等の連携での取り組みとしては他に，スポーツの必要性の普及促進として,「食べない」「運動しない」ことによる健康への影響の発信などをはじめとする健康問題についての働きかけが示されている。(3)　1997年にアメリカスポーツ医学会が発表した「女性アスリートの三主徴」には,「摂食障害」「(運動性)無月経」「骨粗鬆症」が三主徴として挙げられていた。しかし，2007年に三主徴の一つである「摂食障害」が「摂食障害の有無にかかわらないlow energy availability(利用可能エネルギー不足)」へ変更となった。「low energy availability(利用可能エネルギー不足)」とは，運動によるエネルギー消費量に対して，食事などによるエネルギー摂取量が不足した状態をさす。

【高等学校】

【1】(1)　(解答例)　・運動やスポーツが好きな児童生徒の割合が高まったこと。　・体力の低下傾向に歯止めが掛かったこと。　・「する，みる，支える」のスポーツとの多様な関わりの必要性や公正，責任，健康・安全等，態度の内容が身に付いていること。　・健康の大切さへの認識や健康・安全に関する基礎的な内容が身に付いていること。　(2)　(解答例)　・習得した知識や技能を活用して課題解決すること。　・学習したことを相手に分かりやすく伝えること。・運動する子供とそうでない子供の二極化傾向が見られること。・体力水準が高かった昭和60年ごろと比較すると，依然として低い状況が見られること。　・健康課題を発見し，主体的に課題解決に取

り組む学習が不十分。　から4つ。　(3)　(解答例)　体力の必要性を認識し，日常的に継続して高める能力の向上が重要であるため。

(4)　空手道，合気道，少林寺拳法，銃剣道

〈解説〉(1)　公式解答の評価基準には，「(運動やスポーツが好き)，(体力の低下傾向に歯止め)，(態度の内容が身に付いている)，(健康の大切さへの認識)等のキーワードを主な観点として，相対的に評価する」とある。平成21年改訂の高等学校学習指導要領では，豊かなスポーツライフの実現を重視し，指導内容の明確化と体系化を図ったことが特徴であり，それにより解答例に示されたような一定の成果が見られたとしている。　(2)　公式解答の評価基準には，「(習得した知識や技能を活用)，(分かりやすく伝える)，(二極化傾向)，(昭和60年ごろ，依然として低い)，(主体的に課題解決に取り組む学習が不十分)等のキーワードを主な観点として，相対的に評価する」とある。これらの課題を踏まえて，運動や健康に関する課題を発見し，その解決を図る主体的・協働的な学習活動を通して，「知識・技能」，「思考力・判断力・表現力等」，「学びに向かう力・人間性等」を育成することが目標として示された。　(3)　公式解答の評価基準には，「(体力の必要性を認識)，(継続して高める)等のキーワードを主な観点として，相対的に評価する」とある。体つくり運動に関して，「体ほぐしの運動」の内容が現行の「気付き」「調整」「交流」から，「気付き」と「関わり合い」に改められた。また，「体力を高める運動」として示されていたものが「実生活に生かす運動の計画」に改められた。　(4)　武道については，我が国固有の伝統と文化により一層触れることができるようにすることとして，学校や地域の実態に応じて，従前から示されている柔道，剣道，相撲，なぎなた，弓道に加えて，空手道，合気道，少林寺拳法，銃剣道についても履修できることが新たに示された。

【2】(1)　a　クラウチングスタート　b　真下　c　ストライド　d　1台目　e　抜き脚　f　3歩　g　準備動作　h　クロスステップ　(2)　高校入学年次…100～200m程度　高校その次の年次以

降…100～400m程度　(3)　(解答例)　・腕を伸ばしてバトンパスをすることで，実際に走る距離が短くなる。　・第2走者からは加速してバトンをもらうので，スピードが速くなる。
(4)　(解答例)　運動を負荷期と休息期に分けて，それを反復回数は10回程度を繰り返すトレーニング。　(5)　(解答例)　ブレーキがかからずにスピードを維持して走り，ハードルを低く走り越すために遠くから踏み切る。　(6)　(解答例)　一般的には35～40度程度が適切であるが，投げ出しの速度を高めることに着目して，通常より低い角度で指導するようにする。　(7)　(解答例)　・個人の体力や技能に応じた十分な練習空間を確保する。　・投げる際に仲間に声をかける。

〈解説〉(1)　本資料の陸上競技「陸上運動・陸上競技の動きの例」に示されている言葉である。他には跳躍の走り幅跳び，走り高跳び，三段跳びの動きの例が示されている。　(2)　中学校学習指導要領解説保健体育編(平成20年9月)の第3学年には「短距離走で100～200m程度」と示され，本資料では「短距離走で100～400m程度」と示されている。
(3)　公式解答の評価基準には，「(腕を伸ばしてバトンパス)，(走る距離が短くなる)等のキーワードを主な観点として，相対的に評価する」とある。腕を伸ばしたバトンパスによる両走者間の距離を「利得距離」という。また，公式解答の評価基準には，「(加速してバトンをもらう)，(スピードが速くなる)等のキーワードを主な観点として，相対的に評価する」とある。第2走者からは加速をした状態でバトンを受け取るために，スタートダッシュをしたときよりもスピードが速くなる。実際には加速による影響が大きいとみられている。　(4)　公式解答の評価基準には，「(運動を負荷期と休息期に分け)，(反復回数は10回程度)等のキーワードを主な観点として，相対的に評価する」とある。インターバルトレーニングを行うときには，心拍管理や目的に応じて距離の使い分けを行うことが大切である。　(5)　公式解答の評価基準には，「(遠くから)等のキーワードを主な観点として，相対的に評価する」とある。近くから踏み切ると高く跳び上がってしまい，走りにブレーキがかかることになりスピードを維持できなくなる。ジャンプしないように，リズミカルにハードルを越えて走ることがポイントである。(6) 公式解答の評価基準には，「(投げ出しの速度を高める)等のキーワードを主な観点として，相対的に評価する」とある。投てき競技では，投射角が大きければ大きいほど初速度が遅くなってしまったり，空気や風の影響も受けやすくなる。投てきの記録は，初速度，投射高，投射角で決まるので，初速度を高めるために高く投げすぎないことも学ばせたい。 (7) 公式解答の評価基準には，「(十分な練習空間)，(仲間に声)等のキーワードを主な観点として，相対的に評価する」とある。投てきサークルの周囲に防護ネットを設置できれば，さらに安全である。

【3】(1) a 疾病構造 b ヘルスプロモーション c 健康水準 (2) (解答例) ・疾病や症状の有無を重視する健康の考え方 ・生活の質や生きがいを重視する健康の考え方 (3) 主体…免疫，遺伝，生活行動 環境…自然，経済，文化，保健・医療サービス から3つ (4) (解答例) ・十分に情報を集め，思考・判断すること。 ・行動に当たっては自分なりの計画・評価を行うこと。 ・社会的な影響力に適切に対処すること。

〈解説〉(1) 我が国の疾病構造は，感染症の減少に対して生活習慣病の増加へと変化してきている。ヘルスプロモーションとは，自らの健康をコントロールし，改善することができるようにするプロセスで，個人の行動選択やそれを支える環境づくりが大切である。 (2) 公式解答の評価基準には，「(疾病や症状の有無)，(生活の質や生きがい)等のキーワードを主な観点として，相対的に評価する」とある。人生において社会的役割を果たすなど，自分なりの目標をもち，生きがいや満足感といった生活の質を重視した健康観も生まれている。 (3) 健康が成立するには，主体要因(免疫，遺伝，生活行動)と環境要因(自然，経済，文化，保健・医療サービス)の両面が互いに影響し合いながらかかわって成り立っている。 (4) 公式解答の評価基準には，「(十分に情報を集め)，(自分なりの計画・評価)，(社会的な影響力)等のキーワードを主な観点として，相対的に評価する」とある。健康の保持増進のために，何をするか決めることが「意志決定」，その意志決定にそって具体的な行動を選ぶことが「行動選択」である。なお，現行学習指導要領(平成21年告示)で記されている「意志決定」は，新学習指導要領(平成30年告示)では「意思決定」と表記されているので注意したい。

【4】(1)　(解答例)　・自分の行動への責任感や異性を尊重する態度が必要であること。　・性に関する情報等への適切な対処が必要であること。　(2)　(解答例)　・若いときから適正な体重や血圧などに関心をもち，適切な健康習慣を保つこと。　・定期的に健康診断を受けることなど自己管理をすること。　・生きがいをもつこと。　・家族や親しい友人との良好な関係を保つこと。　・地域との交流をもつこと。　から2つ。

〈解説〉(1)　公式解答の評価基準には，「(異性を尊重する態度)，(性に関する情報等)等のキーワードを主な観点として，相対的に評価する」とある。指導に当たっては，発達の段階を踏まえること，学校全体で共通理解を図ること，保護者の理解を得ることなどに配慮することが大切である。　(2)　公式解答の評価基準には，「(適切な健康習慣)，(自己管理)，(生きがい)，(良好な関係)，(地域との交流)等のキーワードを主な観点として，相対的に評価する」とある。若いころからの生活習慣や自己管理，運動やスポーツに取組むこと，はりのある生活を送ることが大切である。

【5】(1)　a　安全な社会生活　b　健康を支える環境づくり　c　表現　d　基礎的事項　e　精神疾患　f　技能　g　暗記　h　意思決定　(2)　(解答例)　小学校，中学校の系統性及び安全に関する指導を重視する観点から，新たに示した。　(3)　内容…労働と健康　理由…(解答例)　生涯の各段階の健康課題に応じた自己の健康管理や環境づくりが重要であり，労働と健康についても生涯の各段

階と関連が深いため。

〈解説〉(1) 「保健」の内容構成が3項目から4項目に変更されるとともに，内容構成の組み替えが行われているので，新旧を対比して確認しておきたい。 (2) 公式解答の評価基準には，「(系統性)，(安全に関する指導)等のキーワードを主な観点として，相対的に評価する」とある。現行の学習指導要領(平成21年告示)でも「現代社会と健康」の中の一部として扱われている内容であるが，交通安全，応急手当を取り出して新たに「安全な社会生活」として示されている。 (3) 公式解答の評価基準には，「(各段階関連が深い)等のキーワードを主な観点として，相対的に評価する」とある。現行学習指導要領の「社会生活と健康」の「ア環境と健康」，「イ環境と食品の保健」が新学習指導要領の「健康を支える環境づくり」に移行し，「ウ労働と健康」が新学習指導要領の内容構成の整理の中で「生涯を通じる健康」に移された。

【6】a 年間指導計画 b 改善 c 評価規準 d 性別 e 社会

〈解説〉本資料は，中学校・高等学校の新学習指導要領の趣旨を踏まえ，すべての教育活動を通して取り組む最重点の教育課題として，「地域に根ざしたキャリア教育の充実」と「“「問い」を発する子ども”の育成」の2つが位置付けられている。また，教科指導のページには，主体的・対話的で深い学びの視点から授業改善を推進できるよう，指導上の留意事項が示されている。秋田県を受験するにあたっては，新学習指導要領だけでなく，本県の「学校教育の指針」にもよく目を通して理解を深めておく必要がある。

【7】(1) (スポーツ)ピクトグラムまたは(スポーツ)ピクトグラフ
(2) ① スケートボード ② 体操競技 ③ サーフィン ④ ハンドボール ⑤ 空手 形 ⑥ ホッケー ⑦ スポーツクライミング ⑧ 競泳 ⑨ ウエイトリフティング ⑩ テコンドー ⑪ 空手 組手 ⑫ バレーボール 追加競

技…①，③，⑤，⑦，⑪　(3) 1964年，東京

〈解説〉(1) ピクトグラムは絵単語，絵文字，絵言葉のことであり，案内表示などを言葉や文字が分からなくても誰が見ても分かりやすいようにデザインしたものである。ユニバーサルデザインの趣旨にも当てはまるものである。 (2) 東京2020年オリンピック競技大会の追加種目は，野球／ソフトボール，空手，スケートボード，スポーツクライミング，サーフィンの5種目である。なお，バスケットボールの3×3(スリー・バイ・スリー)，卓球の男女混合ダブルス，柔道の男女混合団体戦などのように既に行われている競技の中にも新しく加えられる種目があり，東京オリンピックの種目数は全部で339種目となる。 (3) ピクトグラムが正式に採用されたのは1964年の前回の東京オリンピックから。当時は日本人で英語を話せる人も少なくコミュニケーションをとることが難しかったため，誰が見ても分かるマークを作ろうということでピクトグラムを案内表示として取り入れた。

【8】(1) (解答例) 相手の投技に対して，背中から着地することやスコアを取られることを防ぐ為に，故意に頭部を使用する動作のことで，「反則負け」が与えられる。 (2) 与えられる権利…コンバージョン　得点…2点 (3) ① BLがFLよりも前にいるから。(FLがBLよりも後ろにいるから。) ② FCがFRよりも右にいるから。(FRがFCよりも左にいるから。) (4) (解答例) 違反行為が意図的で，危険または悪質な場合，レフェリーは報告書を提出すべき失格であることを明確に伝えるために，レッドカードを示した後にブルーカードを示す。

〈解説〉(1) 公式解答の評価基準には，「(背中から着地すること)，(スコアを取られること)，(故意に頭部を使用する)等のキーワードを主な観点として，相対的に評価する」とある。ヘッドディフェンスは，2018年1月1日から規定に加えられた。 (2) 「コンバージョン」は「変換」という意味があり，点数を変換させるためのキックということでコンバージョンキックといわれるようになった。トライが5点でコンバー

ジョンが2点であり，コンバージョンが決まればトライの5点を7点に変換するということになる。　(3)　相手チームがサーブする瞬間に，(L左)(C中)(R右)の(F前衛)と(B後衛)が前後に入れ替わることなく，(L左)(C中)(R右)が左右も入れ替わらない場合は反則にならないが，(F前衛)と(B後衛)が前後で入れ替わったり，(C中)を含めた前衛同士または後衛同士が左右で入れ替わったりしているとアウトオブポジションの反則となる。　(4)　公式解答の評価基準には，「(報告書の提出)，(明確に伝える)等のキーワードを主な観点として，相対的に評価する」とある。あまりにも無謀で危険な行為や競技の状況とかけ離れた意図的で悪質な行為等，失格に相当する行為をさらに上回る行為をした場合に，失格に報告書をつけて提出して，裁定委員会の決定により更なる処罰が与えられる。

【9】(1)　スピードスケート競技，ライフル射撃競技

(2)　①

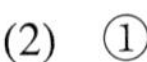

サーブル　　　　エペ

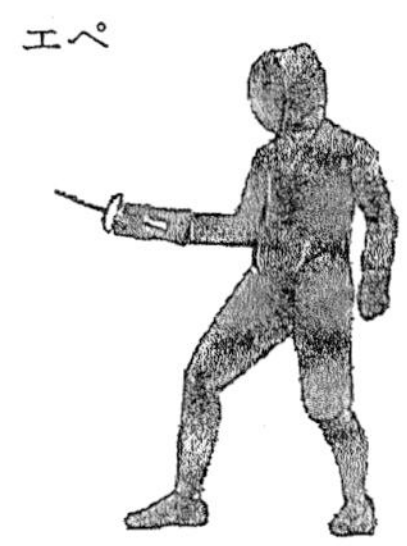

②　(解答例)　フルーレとエペが「突き」だけの競技であるのに対し，サーブルには「斬り(カット)」と「突き」がある。

〈解説〉(1)　オリンピック等の国際舞台で活躍できるトップアスリートを育成するプロジェクト「AKITAスーパーわか杉っ子発掘プロジェクト」は，平成26(2014)年度まではフェンシング競技をモデルに取り組んでいたが，平成27(2015)年度からライフル射撃とスピードスケートの2競技を加えて実施している。　(2)　①　フルーレは胴体が有効面に対して，サーブルは上半身すべてが有効面，エペは全身すべてが有

効面である。　②　公式解答の評価基準には，「(「突き」だけ)，(「斬り」(カット)と「突き」)等のキーワードを主な観点として，相対的に評価する」とある。フェンシングには「フルーレ」「エペ」「サーブル」の三種目があり，使用する剣・ルールがそれぞれ異なる。フルーレは胴体が有効面で攻撃権がある。エペは全身が有効面で攻撃権はなく突けば得点になる。サーブルは上半身が有効面で「斬り(カット)」と「突き」があり，攻撃権もある。攻撃権は，先に攻撃をしかけた選手に与えられ，防御側は，相手の攻撃を阻止することで攻撃権を奪うことができる。

【10】(1)　(解答例)　休養日…学期中は，平日は週当たり1日以上，土曜日及び日曜日は月2日以上の休養日を設ける。　1日の活動時間…1日の活動時間は，長くとも平日は2時間30分程度，学校の休業日は3時間30分程度とする。　留意事項…・長期休業中の休養日の設定は，学期中に準じた扱いを行う。　・生徒が十分な休養をとることができるようにするとともに，多様な活動を行うことができるように，ある程度長期の休養期間(オフシーズン)を設ける。　・大会参加や練習試合等は，生徒の過度な負担にならないように配慮する。　・休養日及び活動時間等の基準の運用に当たっては，地域や学校の実態を踏まえ，定期試験前の一定期間等に学校全体の休養日を設けるなど，学校や競技種目の特性を踏まえ，月間，年間単位等での活動頻度・時間を設定することも考えられる。　から1つ。　(2)　①　a　連絡システム　b　救急体制　c　知識　d　自分　e　繰り返し指導　②　31℃以上　③　涼しい環境への避難，脱衣と冷却，水分・塩分の補給，医療機関へ運ぶ　から1つ

(3)　①　a　違法行為　b　正当化　c　パワー・ハラスメント　d　権力　②　アンガーマネジメント

〈解説〉(1)　秋田県の「運動部活動運営・指導の手引」は，スポーツ庁「運動部活動の在り方に関する総合的なガイドライン」を受け，秋田県教育委員会が，各学校において運動部活動が適正に行われるととも

に，運営や指導方法の一層の向上が図られ，運動部活動が充実・発展することを願って，運動部活動の在り方に関する方針及び運動部活動を行う際に考慮したい基本的な事項，留意点等をまとめたものである。(2) ②・③ 暑さ指数(WBGT)は，人体と外気との熱のやり取りに着目した指数で，労働や運動時の熱中症予防に用いられている。熱中症になった際の対処のしかたは，環境省の「熱中症環境保健マニュアル2018」等に示されている。重症の場合は救急車を呼ぶことはもとより，現場ですぐに体を冷やし始めることが必要である。 (3) アンガーマネジメントとは，怒りの感情をコントロールし，問題の解決を図るスキルのことである。

【11】① a オ b キ c イ d コ e ウ f カ g ケ h エ i ア j ク ② (解答例) 指導者や専門スタッフ，審判等のスポーツの専門家による支援だけでなく，サポーターやボランティアなど様々な形がある。また，スポーツ活動を成り立たせるために，スポーツ団体やチームの経営を担ったり，スポーツ用品や施設の提供を行ったりすることも含まれる。

〈解説〉① 第2期スポーツ基本計画では，特に第2章において「スポーツの価値」に関し，1 スポーツで「人生」が変わる，2 スポーツで「社会」を変える，3 スポーツで「世界」とつながる，4 スポーツで「未来」を創るという4つの観点から説明し，「スポーツ参画人口」を拡大し，「一億総スポーツ社会」の実現への取り組みを第2期計画の基本方針として提示している。 ② 公式解答の評価基準には，「(サポーターやボランティア)，(スポーツ団体やチームの経営)，(スポーツ用品や施設の提供)等のキーワードを主な観点として，相対的に評価する」とある。

2019年度　実施問題

【中学校】

【1】次の文は，「評価規準の作成，評価方法等の工夫改善のための参考資料【中学校　保健体育】(平成23年11月文部科学省国立教育政策研究所教育課程研究センター)」の「3　各学校における指導と評価の工夫改善について　(1)　指導と評価の一体化」に示された内容である。次の①～⑧に適語を記せ。

なお，本文中の新学習指導要領とは，現行学習指導要領を示すものである。

> 新学習指導要領は，基礎的・基本的な知識・技能の(　①　)と思考力，判断力，表現力等をバランスよく育てることを重視している。各教科の指導に当たっては，生徒の(　②　)的な活動を生かしながら，目標の確実な実現を目指す指導の在り方が求められる。
>
> このバランスのとれた学力を育成するためには，学習指導の改善を進めると同時に，学習評価においては，(　③　)ごとの評価をバランスよく実施することが必要である。
>
> さらに，学習評価の工夫改善を進めるに当たっては，学習評価をその後の学習指導の改善に生かすとともに，学校における(　④　)の改善に結び付けることが重要である。その際，学習指導の過程や学習の(　⑤　)を継続的，(　⑥　)的に把握することが必要である。
>
> 各学校では，生徒の(　⑦　)を適切に評価し，評価を指導の改善に生かすという視点を一層重視し，教師が指導の過程や評価方法を見直して，より(　⑧　)的な指導が行えるよう指導の在り方について工夫改善を図っていくことが重要である。

(☆☆☆◎◎◎)

【2】「第3期秋田県スポーツ推進計画～『スポーツ立県あきた』推進プラン　2018－2021～(平成30年3月秋田県)」に示されている内容について，次の(1)～(3)の問いに答えよ。

(1) 次の文は，「第Ⅰ章　計画策定にあたって　1　スポーツの果たす意義と役割」に示された内容である。次の①～⑥に適語を記せ。(⑤と⑥は順不同)

> スポーツは，競技としてルールに則り他者と競い合い自らの限界に挑戦するものや，体力の向上，健康維持，仲間との交流など多様な目的で行うものがあり，スポーツを「する」ことで楽しさや喜びを得られることは，スポーツの(　①　)の中核となっています。
>
> また，スポーツへの(　②　)は，スポーツを「する」ことだけではなく「みる」ことや「ささえる」ことも含まれます。スポーツを「みる」ことでアスリートの姿に感動し，(　③　)の活力となるほか，家族や友人等による応援はスポーツを「する」人の力にもなります。大会運営やボランティアなどでスポーツを「ささえる」ことで，多くの人々の交流が生まれ共感し合うことができ，(　④　)の絆が強くなっていきます。
>
> 年齢，性別，障害の有無等に関わらず，スポーツは誰もが参画できるものであり，全ての人々が関心や適性等に応じて，安全で公正な環境の下で(　⑤　)的・(　⑥　)的にスポーツに参画する機会を確保することで，スポーツを「する」「みる」「ささえる」人々みんながスポーツの(　①　)を享受できることにつながります。

(2) 上の文の下線部「体力の向上」に関しての政策目標として「子どもの体力水準が昭和60年頃の水準を上回ること」を目指しており，学校体育の充実による運動習慣の確立と体力の向上に係る具体的施策は4つ示されている。「体育・保健体育学習の充実」以外の3つを記せ。

(3)　上の文の下線部「スポーツに参画する機会」に関して「スポーツ立県あきた」推進のための取組の一つにライフステージに応じた多様なスポーツ活動の促進が掲げられているが，その政策目標を記せ。

(☆☆☆◎◎◎)

【3】「学校教育活動における運動部活動の在り方について(改訂版)～運動部活動指導の手びき～(平成25年10月秋田県教育委員会)」に示されている内容について，次の(1)と(2)の問いに答えよ。

(1)　次の文は，「第2章　これからの運動部活動の在り方　1　適切な運動部活動の経営」に示されている「外部指導者の活用と連携」に関する内容である。次の①～⑤に適語を記せ。

> 運動部活動の指導において，学校の(　①　)に応じて，専門的な指導ができる地域の外部指導者を活用することは，生徒や保護者のニーズに応えるためにも有効である。
>
> 外部指導者の活用に際しては，校長は，全教職員の共通理解を図り，その責任において(　②　)のもとに進められるよう留意する必要がある。顧問は，外部指導者との(　③　)を明確にするとともに，その活動内容等について常に把握し，外部指導者は，学校教育に対する理解と(　④　)を有していることが大切であり，十分に共通理解を図る必要がある。また，体罰やセクシャル・ハラスメント等の(　⑤　)についても，十分な説明をする必要がある。

(2)　外部指導者活用による効果については3つ示されている。「生徒の多様なニーズに合った技術指導の充実が図られること」以外の2つを記せ。

(☆☆☆◎◎◎)

【4】「中学校学習指導要領解説保健体育編(平成20年9月文部科学省)」，「学校体育実技指導資料　第9集表現運動系及びダンス指導の手引(平成25年3月文部科学省)」に示されているダンスの指導内容について，次の(1)～(4)の問いに答えよ。

(1)　次の表は，中学校第1学年及び第2学年の現代的なリズムのダンスの指導内容である。表中の①～⑤に適語を記せ。

現代的なリズムのダンスのリズムと動きの例

	中学校1・2年
リズムに乗って全身で自由に踊る	・ロックやヒップホップのリズムに乗って全身で自由に弾んで踊る ・ロックやヒップホップのリズムの（　①　）をとらえて踊る ・簡単な（　②　）のリズムで踊る
まとまりを付けて踊る	・リズムに（　③　）を付けて踊る ・（　④　）と動きを合わせたりずらしたりしてリズムに乗って踊る ・（　③　）のある動きを組み合わせて続けて踊る
発表や（　⑤　）	・動きを見せ合って（　⑤　）する

(2)　上の表の下線部「ヒップホップのリズムに乗って」とはどのような状態か記せ。

(3)　表現系ダンス【表現・創作ダンス】の「よい動き」とはどのような動きか記せ。

(4)　表現系ダンス【表現・創作ダンス】における「ひと流れの動き」と「ひとまとまりの動き」はどのように区別すればよいか説明せよ。

(☆☆☆◎◎◎)

【5】「学校体育実技指導資料　第2集柔道指導の手引(三訂版)(文部科学省)」，「柔道の授業の安全な実施に向けて(平成24年3月文部科学省スポーツ・青少年局)」に示されている内容について，次の(1)と(2)の問いに答えよ。

(1)　次の文は，技能の基本動作の指導内容に関する内容である。次の①～⑧に適語を記せ。

基本動作とは，相手の動きに応じて行う(　①　)と組み方，(　②　)，崩しと体さばき，受け身のことであり，対人的技能を成立させるための重要な技能の内容です。特に，中学校では，初めて柔道を学ぶことから基本動作の指導が重要です。

第1学年及び第2学年では，基本動作の(　③　)な学習とならないよう，二人組の対人で行うなどして対人的技能への発展をねらいながら学習させるとともに，対人的技能の学習の中でも適切に取り扱うと(　④　)を図る上で効果的です。

・　(　①　)と組み方では，相手の動きに応じやすい(　⑤　)で組むこと，(　②　)では，相手の動きに応じたすり足，歩み足，(　⑥　)で，体の移動をすること，崩しでは，相手の動きに応じて相手の体勢を(　⑦　)にし，技をかけやすい状態をつくること，があります。

・　受け身には，前回り受け身，(　⑧　)受け身，後ろ受け身があります。

指導に際しては，これらは相手の動きに応じた動作であるため，「崩し」から相手の(　⑦　)な体勢をとらえて技をかけやすい状態をつくる「体さばき」，「技のかけ」をまとまった技能としてとらえ，対人的技能と一体的に扱うようにすることが重要です。特に，「受け身」は，投げられた際に安全に身を処するために，崩し，体さばきと関連させてできるようにし，相手の投げ技と結びつけてあらゆる場面に対応して受け身がとれるようにすることが大切です。

第3学年では，相手の動きが速くなるために，その変化に対応したり，相手の投げ技に応じて受け身を取ることが必要となります。

(2) 「頭を打たない・打たせない」ための「受け身」の練習における，取に対する指導上の留意点を2つ記せ。

(☆☆☆◎◎◎)

【6】「中学校学習指導要領(平成29年告示)解説保健体育編(平成29年7月文部科学省)」における「A　体つくり運動」に示されている内容について，(1)～(3)の問いに答えよ。

(1)　体つくり運動領域の授業時数は各学年で何単位時間以上を配当することとしているか答えよ。

(2)　次の文は，第1学年及び第2学年における体ほぐしの運動に示されている＜行い方の例＞である。

①　a～fに適語を記せ。

＜行い方の例＞
- ・　のびのびとした(　a　)で用具などを用いた運動を行うことを通して，(　g　)。
- ・　リズムに乗って(　b　)が弾むような運動を行うことを通して，(　g　)。
- ・　緊張したり緊張を解いて(　c　)したりする運動を行うことを通して，(　g　)。
- ・　いろいろな(　d　)で，歩いたり走ったり跳びはねたりする運動を行うことを通して，(　g　)。
- ・　仲間と動きを合わせたり，(　e　)したりする運動を行うことを通して，(　g　)。
- ・　仲間と協力して課題を達成するなど，(　f　)で挑戦するような運動を行うことを通して，(　g　)。

②　今回の改訂により，上の文の(　g　)の部分が新たに加えられた。(　g　)に入る内容を記せ。

(3)　従前の「体力を高める運動」と示していたものを，第1学年及び第2学年で新たに「体の動きを高める運動」と示した理由を記せ。

(☆☆☆◎◎◎)

【7】次の表は，「中学校学習指導要領解説保健体育編(平成20年9月文部科学省)」における「保健分野　(4)　健康な生活と疾病の予防　オ　保健・医療機関や医薬品の有効利用」の単元計画例である。下の(1)～(3)の問いに答えよ。

時間	第1時	第2時	第3時
	保健・医療機関の有効利用		医薬品の有効利用
主な指導内容	地域には，人々の健康の（　①　）や疾病予防の役割を担っている保健所，保健センター，医療機関などがあることを理解できるようにする。	健康の（　①　）と疾病の予防には，各機関がもつ（　②　）を有効に利用する必要があることを理解できるようにする。	医薬品には，（　③　）と（　④　）があることを理解できるようにする。医薬品には，使用回数，使用時間，使用量などの使用法があり，正しく使用する必要があることについて理解できるようにする。

(1)　上の表の①～④に適語を記せ。(③と④は順不同)

(2)　第2時で，次のような3つの発問を計画した。第1時の主な指導内容を踏まえて，この発問のねらいを具体的に記せ。

> ○　発問1：次の3つの事例は，それぞれどの機関(保健所，保健センター，診療所，病院)を利用すればよいだろうか。
>
> 事例1：受験生Aさん「インフルエンザの予防接種を受けたい」
>
> 事例2：3ヶ月の赤ちゃんがいるBさん「赤ちゃんに健康診査を受けさせたい」
>
> 事例3：文化祭で食堂係のC先生「腸内細菌検査を受けたい」
>
> ○　発問2：新たに示された事例について，利用すべき機関を理由も考えながら選ぶ。
>
> ○　発問3：もしも，地域に保健・医療機関がなかったらどうなるだろう。

(3)　保健分野の授業で「健康・安全についての思考・判断」の評価を適切に行うための留意点を2つ記せ。

(☆☆☆◎◎◎)

【8】体育史について，(1)と(2)の問いに答えよ。

(1) 次は，ソフトボールの歴史に関する文である。次の①～④に適語をア～コの中から選び記号で記せ。

19世紀後半からアメリカではインドアベースボール，キイッツンボール，プレーグラウンドボールなどと呼ばれる野球に似た簡易球技があった。1926年に(①)が「ソフトボール」という名称を用い，その後ルールが制定された。

わが国には，1921年(②)によって紹介され，終戦とともに急速に普及し，発展の一途をたどっている。

オリンピックでは1996年の(③)大会から女子ソフトボールが正式競技として行われた。2008年の(④)大会では，アメリカチームを決勝で破り，念願の金メダルを獲得した。

ア 大谷武一　　イ 広田兼敏　　ウ レルヒ少佐
エ ハケルソン　　オ アテネ　　カ アトランタ
キ シドニー　　ク 北京　　ケ モントリオール
コ 桃井春蔵

(2) 次は，卓球の歴史に関する文である。次の①～④に適語をア～シの中から選び記号で記せ。

1890年代にイギリスの(①)がセルロイドのボールとラバー製ラケットを考案し，発展の足がかりをつくった。わが国へは(②)によって1902年に紹介された。

2000年にはボールの円周が2ミリ大きくなり，2001年からは(③)点制・サービス(④)交代ルール等が適用され，卓球新時代がはじまった。

ア 大森兵蔵　　イ 坪井玄道　　ウ 斎藤弥九郎
エ ブルックス　　オ ジェームス・ギブ　　カ 1
キ 2　　ク 3　　ケ 4
コ 11　　サ 15　　シ 21

(☆☆☆◎◎◎)

【9】スポーツ栄養について，次の(1)と(2)の問いに答えよ。

(1)　アスリートにとって栄養・食事が大切であることの意味を3つ記せ。

(2)　次の表は，主な栄養素とその働きを示したものである。表中の①～⑩に適語を記せ。

栄養素		主なはたらき
炭水化物		からだを動かすエネルギー源 （　①　）の唯一のエネルギー源
（　②　）		筋肉，骨，血液などの材料となる
脂質		（　③　）やホルモンの生成に必要 エネルギー源。脂溶性ビタミンの吸収を助ける
（　④　）	カルシウム	骨や歯の形成，筋肉の収縮などに必要
	鉄	（　⑤　）の成分として，酸素や栄養素の運搬にかかわる
ビタミン	ビタミンA	皮膚と粘膜を健康に保つ 明暗に順応する（　⑥　）にかかわる
	ビタミン（　⑦　）	炭水化物からのエネルギー産生に必要
	ビタミン（　⑧　）	脂質の代謝に必要
	ビタミンC	抗ストレス作用，抗酸化作用，（　⑨　）の吸収促進，（　⑩　）の生成に必要

(☆☆☆◎◎◎)

【10】次の語句について説明せよ。

(1)　有効打突(剣道)　　(2)　スポーツマンシップ

(3)　オリンピズム　　(4)　ユニバーサルデザイン

(☆☆☆◎◎◎)

【11】中学校の保健体育の教諭であるあなたは，生徒から「特に運動をしていないが，新体力テストの記録は向上している。だからそれほど運動しなくてもいいのではないか。」という質問を受けた。ライフスタイルと関連させて，身体活動の大切さを300字程度で説明せよ。

(☆☆☆◎◎◎)

【高等学校】

【1】高等学校学習指導要領解説保健体育編・体育編(平成21年12月文部科学省)に示されている，保健に関する次の各問いに答えよ。

(1) 応急手当について，実習を通して生徒に理解させる手順や原理，方法にはどのようなものがあるか，4つ答えよ。

(2) 「『保健』は，原則として入学年次及びその次の年次の2か年にわたり履修させるものとする。」と示されているのは，どのようなことに配慮しているからであるか説明せよ。

(3) 「指導計画の作成に当たって弾力的に取り扱うことが必要である」と示されているが，「弾力的に取り扱う」とはどのようなことか説明せよ。また，具体例を1つ挙げよ。

(☆☆☆◎◎◎)

【2】次の各問いに答えよ。

(1) 高等学校保健教育参考資料「生きる力」を育む高等学校保健教育の手引き(平成27年3月文部科学省)に示されている，保健教育に用いられる指導方法の例(一部抜粋)について，文中の(a)～(f)に適語を記せ。

指導方法	健康課題やその解決方法に関する具体的な活動
(a) 等の事例を用いた活動	日常生活で起こりやすい場面を設定し，そのときの心理状態や対処の仕方等を考える。
(b)	様々なアイデアや意見を出していく。
(c)	健康課題に直面する場面を設定し，当事者の心理状態や対処の仕方等を疑似体験する。
実　習	実物等を用いて体を動かす。
実　験	(d) を設定し，これを (e) したり，解決したりする。
(f)	設定された課題に対して，生徒自ら調べるなどの自主的，主体的な活動を通じて，解決方法を導き出す。

(2) 次の文は，本県において2018年に策定された県民総ぐるみで健康づくり運動を展開するための基本計画「健康秋田いきいきアクションプラン」について説明したものである。文中の(a)～(e)に適語を記せ。

◆　計画の基本目標
　10年で「(　a　)」を達成するため，当面の目標として，前半の5年で平均寿命の延びを上回る健康寿命の延伸を図りながら，2022年に男性73.71年，女性(　b　)年を目指します。

◆　計画の基本方針
・健康を総合的にとらえ，身体的，(　c　)，社会的な面から健康づくりを推進します。
・(　d　)世代を重点世代とします。
・県民運動として(　e　)で取組を推進します。

(☆☆☆◎◎◎)

【3】次の文は，高等学校学習指導要領解説保健体育編・体育編(平成21年12月文部科学省)科目「保健」3　内容「(3)　社会生活と健康」(一部抜粋)に示された内容である。あとの各問いに答えよ。

ウ　労働と健康
(ア)　労働災害と健康
　労働による障害や職業病などの労働災害は，作業形態や作業環境の変化に伴い質や量が変化してきたことを理解できるようにする。また，労働災害を防止するには，作業形態や作業環境の改善を含む健康管理と安全管理が必要であることを理解できるようにする。
(イ)　働く人の健康の保持増進
　働く人の健康の保持増進は，職場の健康管理や安全管理と共に，心身両面にわたる総合的，積極的な対策の推進が図られることで成り立つことを理解できるようにする。その際，(　a　)に対する気付きへの援助，(　b　)の指導など，(　c　)が重要視されていることにも触れるようにする。また，働く人の日常生活においては，積極的に(　d　)を活用するなどし

> て(　e　)の向上を図ることなどで健康の保持増進を図っていくことが重要であることを理解できるようにする。

(1)　文中の(　a　)~(　e　)に適語を記せ。

(2)　法律等を取り扱う際には，どのようなことを理解できるようにするか，示されている内容を説明せよ。

(☆☆☆◎◎◎)

【4】次の文は，高等学校学習指導要領解説保健体育編・体育編(平成21年12月文部科学省)に示されている保健体育科の目標である。下の各問いに答えよ。

> 心と体を一体としてとらえ，健康・安全や運動についての理解と運動の合理的，計画的な実践を通して，生涯にわたって豊かなスポーツライフを継続する資質や能力を育てるとともに健康の保持増進のための実践力の育成と体力の向上を図り，明るく豊かで活力ある生活を営む態度を育てる。

(1)　この目標を達成するためには，体育と保健を一層関連させて指導することが重要であると示されているが，それは2つの現状があるといった指摘を踏まえているからである。2つの現状を答えよ。

(2)　文中の心と体を一体としてとらえについて，次の(　a　)~(　c　)に適語を記せ。

心と体の(　a　)を踏まえて，運動による心と体への効果や健康，特に心の健康が運動と密接に関連していることなどを理解することの大切さを示したものである。そのためには「(　b　)」など具体的な活動を通して心と体が深くかかわっていることを体得するよう「(　c　)」などの内容との関連を図って指導することが必要である。

(3)　文中の運動についての理解について，運動面で理解を深めることが求められているものは何か，4つ答えよ。

(4)　文中の健康の保持増進のための実践力の育成について，次の(　a　)~(　c　)に適語を記せ。

健康・安全の課題に直面した場合に，(　a　)な思考と正しい判断に基づく意志決定や(　b　)を行い，適切に実践していくための思考力・(　c　)などの資質や能力の基礎を培い，実践力の育成を目指すことを意味している。

(☆☆☆◎◎◎)

【5】次の文は，高等学校学習指導要領解説保健体育編・体育編(平成21年12月文部科学省)科目「体育」F　武道の内容及び内容の取扱いである。あとの各問いに答えよ。

内容

1　技能

(1)　次の運動について，技を高め勝敗を競う楽しさや喜びを味わい，得意技を用いた攻防が展開できるようにする。

ア　柔道では，相手の多様な動きに応じた基本動作から，得意技や連絡技・変化技を用いて，素早く相手を崩して投げたり，抑えたり，返したりするなどの攻防を展開すること。

イ　剣道では，相手の多様な動きに応じた基本動作から，得意技を用いて，相手の構えを崩し，素早くしかけたり応じたりするなどの攻防を展開すること。

2　態度

(2)　武道に主体的に取り組むとともに，相手を尊重し，礼法などの伝統的な行動の仕方を大切にしようとすること，役割を積極的に引き受け自己の責任を果たそうとすることなどや，健康・安全を確保することができるようにする。

3　知識，思考・判断

(3)　伝統的な考え方，技の名称や見取り稽古，体力の高め方，課題解決の方法，試合の仕方などを理解し，自己や仲間の課題に応じた運動を継続するための取り組み方を工夫できるようにする。

内容の取扱い

> カ 「F 武道」の(1)の運動については，ア又はイのいずれかを選択して履修できるようにすること。なお，地域や学校の実態に応じて，(a), (b), (c)などのその他の武道についても履修させることができること。

① 文中の柔道における「変化技」について説明せよ。

② 文中の剣道における「得意技」について説明せよ。

③ 文中の相手を尊重し，礼法などの伝統的な行動の仕方を大切にしようとするについて，(ア)～(オ)に適語を記せ。

主体的学習の段階では，伝統的な行動の仕方を所作として単に守るだけではなく，武道は道の文化として，礼に始まり礼に終わるなどの伝統的な行動の仕方を自らの意志で大切にしようとすることを示している。そのため，入学年次には，相手を尊重し，勝敗にかかわらず対戦相手に(ア)を払うこと，自分で自分を律する(イ)を表すものとして礼儀を守るという考え方があることを，その次の年次以降には，対戦相手を(ウ)と考えるのではなく，同じ「(エ)」を追求する大切な仲間であるといった考え方があること，伝統的な行動の仕方を大切にすることは，武道の価値を高めるとともに，(オ)に役立つことを理解し，取り組めるようにする。

④ 文中の体力の高め方について，柔道・剣道で共通して強く影響される体力要素を2つ答えよ。

⑤ 文中の(a)～(c)に適語を記せ。

(☆☆☆◎◎◎)

【6】高等学校学習指導要領解説保健体育編・体育編(平成21年12月文部科学省)科目「体育」H 体育理論「1 スポーツの歴史，文化的特性や現代のスポーツの特徴」において，オリンピックムーブメントとドーピングについてどのようなことを理解できるようにするか，示されている内容を説明せよ。

(1)　オリンピックムーブメント
(2)　ドーピング

(☆☆☆◎◎◎)

【7】「平成30年度学校教育の指針」(秋田県教育委員会)における，「第Ⅲ章　重点施策等」心と体を鍛えます－各分野における取組と県が策定した関連計画－に記されている内容について，下の各問いに答えよ。

学校体育

1　体育学習の充実
(1)　児童生徒が(　a　)を達成した姿を適切に設定し，児童生徒の実態に応じた効果的な学習の展開
(2)　体育と保健の一層の関連を図りながら，運動の(　b　)につながる指導の充実
(3)　運動について理解し，基本的な技能を身に付けるための，(　c　)を関連付けた指導の展開

2　教科外体育の充実
(1)　学校教育活動全体として取り組む(　d　)の実施
(2)　体育科，保健体育科との学習内容と関連を図った(　e　)の工夫
(3)　児童生徒の(　f　)のとれた生活や成長に配慮した運動部活動指導の工夫

3　その他の取組
(1)　新体力テスト及びライフスタイル調査結果の分析と活用
(2)　家庭や地域社会における運動機会の確保
(3)「てくてくとくとく歩いて学校へ行こう運動」による徒歩通学の奨励

①　文中の(　a　)～(　f　)に適語を記せ。
②　文中の新体力テストについて，次の表は平成28年度高校1年生女子の秋田県平均と全国平均である。下の各問いに答えよ。

テスト項目	握力	(　a　)	(　b　)	反復横とび	(　c　)	持久走	50m走	立ち幅とび	(　d　)	体力合計点
体力評価	筋力	筋力 筋持久力	(　e　)	(　f　)	全身持久力	全身持久力	スピード	筋パワー	(　g　) 筋パワー	
秋田県	25.78kg	22.98回	46.91cm	48.28回	51.28回	321.77秒	8.92秒	171.35cm	13.96m	50.39点
全　国	26.07kg	23.35回	47.00cm	47.57回	50.80回	297.79秒	8.88秒	172.30cm	14.35m	51.33点

ア　表中の(　a　)～(　g　)に適語を記せ。
イ　「反復横とび」の中央ラインから左右のラインまでの幅を答えよ。
ウ　新体力テストにおいて，走に関する種目の数値が全国平均よりも低いことは本県の課題である。「50m走」のクラウチングスタ

ートから，力強く加速するための技術のポイントを2つ答えよ。

③　文中の家庭や地域社会における運動機会の確保に関して，毎年5月の最終水曜日に開催され，人口規模がほぼ同じ自治体間で，午前0時から午後9時までの間に，15分以上継続して運動やスポーツを行った住民の数(参加率%)を競う住民総参加型のスポーツイベントを答えよ。

④　文中の「てくてくとくとく歩いて学校へ行こう運動」は，児童生徒の体力低下の現状を打開するため，学校への自家用車送迎について自粛を呼びかけるなど，徒歩通学の奨励を推進している事業である。児童生徒の通学(登校)手段に関する調査(平成28年度)結果による県内小学校，中学校の徒歩通学の割合の組み合わせとして正しいものを記号で答えよ。

a　小学校　約70%　　中学校　約20%

b　小学校　約80%　　中学校　約30%

c　小学校　約90%　　中学校　約40%

(☆☆☆◎◎◎)

【8】「運動部活動の在り方に関する総合的なガイドライン」(平成30年3月スポーツ庁)に関する，次の各問いに答えよ。

(1)「前文」に示されている，運動部活動の教育的意義を4つ記せ。

(2)　次の文は，「2　合理的でかつ効率的・効果的な活動の推進のための取組」(1)適切な指導の実施(一部抜粋)である。文中の(　a　)～(　f　)に適語を記せ。

イ　運動部顧問は，スポーツ医・科学の見地からは，トレーニング効果を得るために(　a　)を適切に取ることが必要であること，また，(　b　)がスポーツ障害・外傷のリスクを高め，必ずしも体力・運動能力の向上につながらないこと等を正しく理解するとともに，生徒の体力の向上や，生涯を通じてスポーツに親しむ基礎を培うことができるよう，生徒と(　c　)を十分に図り，生徒が(　d　)することなく，

> 技能や記録の向上等それぞれの目標を達成できるよう，競技種目の特性等を踏まえた(　e　)の積極的な導入等により，(　a　)を適切に取りつつ，短時間で効果が得られる指導を行う。
>
> 　また，専門的知見を有する保健体育担当の教師や(　f　)等と連携・協力し，発達の個人差や女子の成長期における体と心の状態等に関する正しい知識を得た上で指導を行う。

(3)　休養及び活動時間等の設定について，地域や学校の実態を踏まえた工夫として考えられることを答えよ。

(☆☆☆◎◎◎)

【9】「第3期秋田県スポーツ推進計画　～『スポーツ立県あきた』推進プラン2018－2021～」2　子どものスポーツ機会の充実による運動習慣の確立と体力の向上に関する，次の各問いに答えよ。

(1)　幼児期からの子どもの運動習慣づくりの推進<具体的施策>(一部抜粋)について，下の各問いに答えよ。

> ○　体を動かして遊ぼうとする子どもを育成するため，就学前教育や保育施設への訪問指導を通じて，「3S運動」を推進します。
>
> ○　子どもの運動に関わるスポーツ推進委員や総合型クラブ関係者，スポーツ少年団指導者等を対象に「ACP」の研修会を実施し，発達段階に応じた子どもの運動習慣づくりを推進します。
>
> ○　県内で活躍するトップスポーツチームの選手による幼稚園や小学校等への訪問活動を支援し，スポーツを身近に感じる環境づくりを推進します。

①　文中の「3S運動」を説明せよ。

②　文中の「ACP」の正式名称とその内容について説明せよ。

③　文中の県内で活躍するトップスポーツチームのうち，県で支援しているトップスポーツチーム名を3つ答えよ。

(2)　学校体育の充実による運動習慣の確立と体力の向上＜具体的施策＞(一部抜粋)について，次の(　a　)～(　e　)に適語を記せ。

> ○　小・中学校の体育，保健体育の授業において，運動やスポーツの専門性を有する地域人材等の(　a　)を活用することで，児童生徒の実態に応じた指導や(　b　)を十分に確保した質の高い授業の展開を図ります。
>
> ○　学習指導要領に基づいた「体育・保健体育科における学習指導」及び「体育・健康に関する指導」の改善・充実に関する研修を通して，教員の(　c　)の向上と，(　d　)な児童生徒の育成を目指します。
>
> ○　中学生強化選手や高等学校(　e　)への支援を通じて，運動部活動の活性化を図ります。

(☆☆☆◎◎◎)

【10】次の各問いに答えよ。

(1)　ソフトボール競技において，一塁にダブルベースを採用している理由について説明せよ。

(2)　卓球競技において，試合時間が長引くのを防ぐための促進ルールは，どのような場合に適用されるか説明せよ。

(3)　体操競技において，平均台からの落下による演技の中断は何秒まで許されるか答えよ。また，落下時の減点は何点か答えよ。

(4)　陸上競技における，リレー競走について，次の(　a　)～(　e　)に適語を記せ。

　バトンは，(　a　)内で受け渡さなければならない。バトンのパスは，受け取る競技者にバトンが(　b　)に始まり，受け取る競技者の(　c　)に完全に渡り，唯一のバトン保持者となった瞬間に成立する。それはあくまでも(　a　)内でのバトンの位置のみが決定的なものであり，競技者の(　d　)の位置ではない。競技者がこの規則に従わなければ，そのチームは(　e　)となる。

(5)　バレーボール競技における，リベロについて，次の(　a　)～(　e　)に当てはまる語句を下記の中から1つずつ選び答えよ。

リベロは，(　a　)としてのみプレーすることができ，(コートとフリーゾーンを含む)いかなる場所からでも，ボール全体が(　b　)より高い位置にあるときは，(　c　)を完了することは許されない。

リベロは，(　d　)，(　e　)，または(　e　)の試みをしてはならない。

トラジション　　ブロック　　バックプレーヤー
レセプション　　サービス　　アタックヒット
ネット上端　　オポジット

(6)　剣道における「残心」について説明せよ。

(7)「日本体育協会」が「日本スポーツ協会」へ名称変更となった理由について説明せよ。

(8)　運動技能の上達過程にみる，3つの段階を順に記せ。

(☆☆☆◎◎◎)

解答・解説

【中学校】

【1】①　習得　　②　主体　　③　観点　　④　教育活動全体
⑤　結果　　⑥　総合　　⑦　学習状況　　⑧　効果

〈解説〉現行の学習指導要領の基本的な考え方は，生徒の「生きる力」を育むためには，まず「基礎的・基本的な知識・技能の習得」が必要不可欠であり，それを活用して思考力・判断力・表現力等の育成を図ることを重視している。そのため，教科指導においては，目標を確実に実現させるため，生徒の主体的な活動を生かしつつ，指導と評価を一体化させることが求められる。したがって，バランスのとれた学力の育成には，学習指導の改善を進め，学習評価においては観点ごとの評価をバランスよく実施することが必要となる。また，学習評価の工夫改善は，その後の学習指導の改善につながり，ひいては教育活動全体の改善にもつながる。

【2】(1) ① 価値　② 関わり方　③ 人生　④ 社会　⑤ 日常　⑥ 自発　(2) ・運動部活動の活性化　・教科外体育の充実　・「全国体力・運動能力，運動習慣等調査」結果の活用　(3) (解答例) 県民の多様なスポーツ活動を促進し，成人のスポーツ実施率を週1回以上が65％程度，週3回以上が30％程度となることを目指す。

〈解説〉(1) 2011年に制定されたスポーツ基本法では，「スポーツを通じて幸福で豊な生活を営むことは，すべての人々の権利である」とされている。また，2017年には，「第2期スポーツ基本計画」が策定され，2020年には東京オリンピック・パラリンピックが開催される。こうしたスポーツを取り巻く環境の変化等に対応し，秋田県では2030年の「スポーツ立県あきた」の目指す姿を，「スポーツを通じてすべての県民が幸福で豊かな生活を営む元気な秋田」とした。　(2) 体力の向上に係る具体的施策としては，①体育・保健学習の充実，②中・高等学校の運動部活動の活性化，③望ましい運動習慣の確立に向けて教科外体育の充実(体育的学校行事・ウィンタースポーツ等)，④「全国体力・運動能力，運動習慣調査」結果の活用が挙げられている。なかでも運動部活動は，子どもの体力向上に有効である。これに加え，子どもの自主性や協調性，克己心，フェアプレーの精神を育むなど，教育的効果も大きい。そのため，より多くの児童生徒が，意欲的に興味・関心のあるスポーツに取り組めるよう，充実を図る必要がある。
(3) 公式解答の評価基準には，「成人，スポーツ実施率等のキーワードを主な観点として，相対的に評価する」とある。「スポーツ立県あきた」では，県民が生涯にわたり心身ともに健康で文化的な生活を営む基盤となるよう，スポーツ参画人口の拡大を図るとともに「健康寿命日本一」を目指すとしている。なお，秋田県の場合，成人のスポーツ実施率の現状は，週1回以上が約47%，週3回以上が約22%となっている。

【3】(1)　①　実態　②　教育的配慮　③　役割分担　④　見識　⑤　不祥事防止　(2)　(解答例)　①　顧問が外部指導員に技術的指導面を支えてもらうことができ，顧問自らも指導力を向上させることができる。　②　生徒が教職員以外の人と触れ合い，指導を受けることで，生徒の成長にもプラスとなる。

〈解説〉(1)　運動部活動は，生徒の自主的・自発的な参加により，学校教育の一環として行われる教育活動であり，自己の適性等に応じてスポーツ技能等の向上，生きる力の育成，豊かな学校生活の実現などの役割を果たしている。部活動の外部指導員については，2017年4月に「学校教育法施行規則の一部を改正する省令」が施行され，学校における部活動指導体制の充実を図るため，スポーツ，文化，科学等の技術的な指導を行う部活動指導員の配置が可能となった。なお，部活動指導員に係る規則等の整備は，学校の設置者が行うことになっている。(2)　①　公式解答の評価基準には，「顧問，技術指導面，指導力向上等のキーワードを主な観点として，相対的に評価する」とある。外部指導者(地域人材)を活用することは，地域の教育力を生かすということであり，それは地域と連動した学校づくりにつながる。　②　公式解答の評価基準には，「生徒，教職員以外の人，成長等のキーワードを主な観点として，相対的に評価する」とある。生徒は，教職員以外の人と触れ合い，指導を受けることで刺激を受ける。これは，生徒の成長にとっても大きな意義があるといえる。

【4】(1)　①　特徴　②　繰り返し　③　変化　④　仲間　⑤　交流　(2)　(解答例)　強いビートを捉え，アクセントを付けて，体幹部を中心に全身で踊ったり，体全体を上下に動かしてリズムをと

る縦ノリのリズムで踊ること。 (3) (解答例) イメージにふさわしい動きに感じを込め，全身を使って表現している状態を指す。

(4) (解答例) 「ひと流れの動き」とは，題材やテーマから思いつくままに捉えたイメージを即興的に踊ること。「ひとまとまりの動き」とは，「ひと流れの動き」を膨らませ，変化のある動きを組み合わせて，表したいイメージを強調するように「はじめ－なか－おわり」の構成を工夫した動きで踊ること。

〈解説〉(1) 現代的なリズムのダンスは，ロックやヒップホップなどの現代的なリズムの曲で踊るダンスを示しており，リズムの特徴をとらえ，変化のある動きを組み合わせて，リズムに乗って体幹部(重心部)を中心に全身で自由に弾んで踊ることをねらいとしている。 (2) 公式解答の評価基準には，「体幹部，縦ノリ等のキーワードを主な観点として相対的に評価する」とある。「リズムに乗って」全身で踊るとは，ロックの弾みやヒップホップの縦ノリの動き(体全体を上下に動かしてリズムをとる動き)の特徴をとらえ，体の各部位でリズムをとったり，体幹部を中心にリズムに乗ったりして全身で自由に弾みながら踊ることをいう。 (3) 公式解答の評価基準には，「イメージ，感じを込めて等のキーワードを主な観点として相対的に評価する」とある。「よい動き」とは，イメージにふさわしい動きを感じを込め全身を使って表現している状態を指す。 (4) 公式解答の評価基準には，「即興的，まとまり感，組み合わせ，『はじめ－なか－おわり』等のキーワードを主な観点として相対的に評価する」とある。「ひと流れの動き」と「ひとまとまりの動き」の違いをよく理解しておくこと。

【5】(1) ① 姿勢 ② 進退動作 ③ 形式的 ④ 習熟 ⑤ 自然体 ⑥ 継ぎ足 ⑦ 不安定 ⑧ 横

(2) (解答例) ① 「取」には，しっかりと立ち，引き手(受けの袖)を引いて相手に受け身を取らせるようにする。 ② 「取」には，低い姿勢や前のめりで技は掛けないようにする。

〈解説〉(1) 柔道の基本動作とは，相手の動きに応じて行う姿勢と組み方，進退動作，崩しと体さばき，受身のことを指す。柔道は多くの生徒にとって，中学校で初めて経験する運動種目である。したがって，安全に配慮しながら受け身を重点的に練習することが必要となる。受け身については，形式的な学習とならないように，相手の投げ技と結びつけて，あらゆる場面に対応して受け身を取れるようにすること。また，技をかける「取」は，相手の「受」に，しっかり受け身を取らせるという気持ちを持つことも大切となる。　(2)　①　公式解答の評価基準には，「しっかりと立ち，引き手等のキーワードを主な観点として，相対的に評価する」とある。「取」はしっかりと立ち，引き手(受けの袖)を引いて，相手に受け身を取らせるようにすること。

②　公式解答の評価基準には，「低い姿勢，前のめり等のキーワードを主な観点として，相対的に評価する」とある。「取」は，低い姿勢や前のめりのまま，技を掛けないように注意する。

【6】(1)　7単位時間　(2)　①　a　動作　b　心　c　脱力　d　条件　e　対応　f　集団　②　気付いたり関わり合ったりすること　(3)　(解答例)　体力の向上に特化した反復トレーニングとなりがちな傾向が見られたことによる。新学習指導要領では，新体力テストの結果等に見られる回数や記録ではなく，体の基本的な動きを高めることをねらいとしている。

〈解説〉(1)　体つくり運動は，各学年において，すべての生徒に履修させることとし，授業時数は各学年とも，7単位時間配当される。

(2)　体ほぐしの運動は，運動を行うことだけではなく，運動を行うことを通して，心と体の関係や心身の状態に気付いたり，仲間と積極的に関わり合うことが重要であると示された。〈行い方の例〉として，第1学年・第2学年では6項目，第3学年では5項目が示されている。それぞれのねらいの違いを理解しておきたい。　(3)　公式解答の評価基準には，「体力の向上，回数・記録，体の基本的な動き等のキーワードを主な観点として相対的に評価する」とある。体の動きを高める運動は，体の柔らかさ，巧みな動き，力強い動き，動きを持続する能力を高めることがねらいとされている。それぞれの動きを高めるための運動を行い，調和のとれた体力を高めることが大切となる。なお，新学習指導要領で「体の動きを高める運動」と示されたのは，運動の回数や記録にこだわるのではなく，体の基本的な動きを高めることを目指すためである。なお，体の動きを高める方法では，ねらいや体力の程度に応じて，適切な強度，時間，回数，頻度などを考慮した運動の組合せが大切となる。

【7】(1) ① 保持増進 ② 機能 ③ 主作用 ④ 副作用
(2) (解答例) 保健・医療機関について，第1時に学習したことを自分たちの生活や事例などと比較したり，それぞれの関係を理解することをグループで話し合わせ，筋道を立ててそれらを説明できるようにするためである。 (3) (解答例) ① 単元や学習活動に即した評価規準の作成。 ② 知識を活用する学習活動の工夫(ブレインストーミングの実施)，思考を促す発問の工夫や学習カード(ワークシート)の活用。

〈解説〉(1) 地域には，人々の健康の保持増進や疾病予防の役割を担う機関があることを理解する(第1時)。健康の保持増進と疾病の予防には，各機関が持つ機能を有効に利用する必要があることを理解する(第2時)。医薬品には，主作用と副作用があり，正しく使用する必要があることを理解する(第3時)。 (2) 公式解答の評価基準には，「生活にあてはめる，事例に応用，筋道立てて説明等のキーワードを主な観点として相対的に評価する」とある。保健・医療機関について，第1時に学習したことを自分たちの生活や事例にあてはめ，それを応用し，筋道を立てて説明できるようにすることをねらいとしている。
(3) ① 公式解答の評価基準には，「評価規準，観察の視点等のキーワードを主な観点として，相対的に評価する」とある。健康に関する指導については，生徒が身近な生活における健康に関する知識を身に付けること，活動を通じて，自主的に健康な生活を実践することのできる資質，能力を育成することが大切である。 ② 公式解答の評価基準には，「生徒の状況，思考の過程，工夫したワークシート等のキーワードを主な観点として，相対的に評価する」とある。安全に関する指導においては，身の回りの生活の安全，交通安全，防災に関する指導を重視し，安全に関する情報を正しく判断し，安全のための行動に結びつけるようにすることが重要となる。また，「健康・安全についての思考・判断」の評価を適切に行うためには，生徒の状況や思考の過程に留意し，思考を促すためワークシート等を工夫することが求められる。

【8】(1)　①　エ　②　ア　③　カ　④　ク　(2)　①　オ　②　イ　③　コ　④　キ

〈解説〉(1)　ソフトボールは，1933年にアマチュア・ソフトボール協会が設立され，標準ルールが制定されてアメリカ全土に普及した。大谷武一は，当時，東京高等師範学校の教授で，留学先(シカゴ大学)でソフトボールに出会ったとされる。なお，ソフトボールの日本代表チームは，2008年の北京大会で念願の金メダルを獲得している。2012年のロンドン大会から正式種目ではなくなったが，2020年の東京大会では復活し，日本チームの活躍が期待されている。　(2)　近代卓球は，1898年頃にイギリスのジェームス・ギブがセルロイドのボールなどを考案したのが始まりといわれている。日本に卓球を紹介した坪井玄道は，高等師範の教授として1934年からヨーロッパに留学し，帰国後，体操を普及させたことでも知られる。なお，卓球は2001年から11点制・サービス2交代ルール等が適用されている。また，現在では，競技時間をスピードアップさせるために「促進ルール」が適用されている。

【9】(1)　(解答例)　①　トレーニングや競技に適した身体づくり　②　競技で能力を発揮するための状況づくり　③　スポーツに伴いやすい種々の障害の予防および改善　(2)　①　脳　②　たんぱく質　③　細胞膜　④　ミネラル　⑤　赤血球　⑥　視力

⑦ B_1　⑧ B_2　⑨ 鉄　⑩ コラーゲン

〈解説〉(1) ① 公式解答の評価基準には，「トレーニング，身体づくり等のキーワードを主な観点として，相対的に評価する」とある。アスリートが競技で成功するためには，トレーニングによる技術と体力づくりの両方を向上させる必要がある。トレーニングや競技に適した身体づくりには，栄養・食事の役割が不可欠である。 ② 公式解答の評価基準には，「能力を発揮，状況づくり等のキーワードを主な観点として，相対的に評価する」とある。試合前，試合中，試合後の栄養・食事によって，競技で能力を発揮するための状況づくりが可能となる。 ③ 公式解答の評価基準には，「障害の予防，改善等のキーワードを主な観点として，相対的に評価する」とある。アスリートの栄養・食事は，脱水症状や貧血，疲労骨折などの予防，改善などにもつながる大切なものといえる。 (2) アスリートが理想的な栄養・食事を摂るためには，「栄養素の主なはたらき」と「食品に含まれている栄養素」の知識を身に付けることも重要となる。その上で，炭水化物・たんぱく質・脂質・ミネラル・ビタミンをバランスよく摂取する。なお，⑦のビタミンB_1は，豚肉・うなぎ・玄米等に多く含まれており，ビタミンB_2は，レバー・納豆・卵等に多く含まれている。

【10】(1) (解答例) 剣道の一本となる条件を指す。充実した気勢，適正な姿勢をもって，竹刀の打突部で打突部位を刃筋正しく打突し，残心のあるもの。 (2) (解答例) 仲間を信頼し，戦う相手を尊重する。審判を尊重し，ルールを尊重してプレーをするなど，スポーツをする人のあるべき心。 (3) (解答例) スポーツを通じてフェアプレーの精神を学び，体と心を鍛え，国や文化の違いに関係なくお互いに理解し合い，友好を深めて，世界の平和につなげていこうとする考え方。 (4) (解答例) 障害の有無や年齢・性別・国籍にかかわらず，誰もが安全で使いやすいように，施設や製品，環境などをデザインするという考え方。

〈解説〉(1) 公式解答の評価基準には，「充実した気勢，適正な姿勢，刃筋等のキーワードを主な観点として，相対的に評価する」とある。有効打突については，剣道の審判規定第12条に規定されているが，「気剣体の一致」が一つでも欠けると，有効打突にはならない。なお，気剣体の一致の「気」とは，打突の意志とそれを表現する気合のこと。「剣」とは，刃筋の通った正しい竹刀操作のこと。「体」とは，正しい体さばき，姿勢のことで，正しく踏み込んで打つことを指す。
(2)　公式解答の評価基準には，「ルールを守る，他人を尊重する等のキーワードを主な観点として，相対的に評価する」とある。スポーツマンシップは，フェアプレー精神と同義で，「公明正大に，全力を尽くす」ことでもある。スポーツ競技においては「勝つ」ことが重要視されるが，競技する相手や審判，競技規則への敬意と尊敬の念こそ，スポーツをする者にとって最も大切なスピリットといえる。　(3)　公式解答の評価基準には，「心と体をきたえ，世界中の人と交流等のキーワードを主な観点として，相対的に評価する」とある。オリンピズムは，オリンピックの根本的な考え方であり，オリンピック憲章では，「オリンピズムは生き方の哲学であり，スポーツを文化，教育と融合させ，生き方の創造を探究するものである」としている。なお，近代オリンピックは，クーベルタンの提唱によって始められ，人間の尊厳の保持に重きを置く平和な社会の構築と，人類の発展に寄与することを目標としている。　(4)　公式解答の評価基準には，「障害の有無，気持ちよく使える等のキーワードを主な観点として，相対的に評価する」とある。ユニバーサルデザインは，1980年代に，アメリカの建築家で教育者でもあるロナルド・メイスが提唱した考え方である。バリアフリーが，障害者や高齢者などのために，生活に障害となる物理的な障壁を取り除くという考え方であるのに対し，ユニバーサルデザインは，障害の有無や年齢・性別・国籍にかかわらず，すべての人が使いやすいような施設や製品などにするという考え方である。このユニバーサルデザインの製品には，自動ドアやセンサー式の水道蛇口，音響信号機なども含まれる。

【11】(解答例)　中学生の時期は，身長や体重などが急速に発育する時期であり，この時期に運動やスポーツに親しむことによって，脳や神経，筋肉や呼吸循環器系の機能を適切に発達させることができる。また，日常生活にスポーツ取り入れることによって，ストレスを解消したり，リラックスしたりできるなど，精神面の健康にも効果がある。さらに，現在は，運動不足による生活習慣病等が問題となっている。したがって，自己の適性等に応じ，中学生の時期から運動やスポーツに積極的に親しむ習慣を身に付けることにより，健康の保持増進や体力の向上を図ることができる。それはすなわち，将来の人生を健康で活力に満ちた，明るく豊かなものにすることにつながる。(298字)

〈解説〉公式解答の評価基準には，「成長期，至適な年齢，運動刺激，生活習慣病，大人，健康問題等のキーワードを主な観点として，相対的に評価する」とある。体力は，あらゆる活動の源であり，健康の維持に加え，意欲や気力などの充実にも大きく関わる。また，より豊かで充実したライフスタイルを実現させるためにも，身体活動は非常に大切な要素となる。

【高等学校】

【1】(1)　体位の確保，止血，固定，AED(自動体外式除細動器)の使用，気道確保，人工呼吸，胸骨圧迫　から4つ　(2)　(解答例)　高等学校においてもできるだけ長い期間継続して学習し，健康や安全についての興味・関心や意欲を持続させ，生涯にわたって健康で安全な生活を送るための基礎となるよう配慮されている。　(3)　(解答例)　説明…「保健」は，原則として，入学年次及びその次の年次の2か年にわたり履修させることになっているが，指導すべき内容については，学年ごとには定めていない。したがって，学校や生徒の実態に応じて，「学校における体育・健康に関する指導」の趣旨を生かし，保健体育の目標との関連を踏まえて学校の全体計画を作成し，計画的，継続的に指導を進めていくことが大切になる。　具体例…本校は，通学に自転車を利用する生徒が多い。このため，入学年次の4月には，まず「交

通安全」の授業を取り上げる。

〈解説〉(1)　応急手当は，傷病者に対して「人命救助」「傷病の悪化防止・苦痛の軽減」「救急隊員や医師による処置や治療の効果の向上」を目的として行う。応急手当の手順は，以下の通り。①周囲の状況の確認→②必要があれば移動→③傷病者の全身の確認→④救援の依頼(119番通報，AEDの手配)→⑤必要な手当ての実施(心肺蘇生など)。(2)　公式解答の評価基準には，「学習の効果を上げる，長い期間継続等のキーワードを主な観点として相対的に評価する」とある。「保健」については，小学校第3学年から中学校第3学年まで，7年間続けて学習している。高等学校でも，引き続き継続して学習することにより，学習効果を上げることをねらいとしている。また，「入学年次及びその次の年次の2か年にわたり履修させるものとする。」と示されているのは，個人生活や社会生活における健康課題に気付き，健康な家庭や社会づくりに貢献するための資質や能力を育成することを目指している。　(3)　公式解答の評価基準には，説明が「実態に即して，順序や内容の区分等のキーワードを主な観点として相対的に評価する」，具体例が「入学年次の4月，交通安全の指導等のキーワードを主な観点として相対的に評価する」とある。「保健」の指導内容は，学習指導要領において，「現代社会と健康」，「生涯を通じる健康」，「社会生活と健康」の3 項目で構成されており，それぞれ学校や生徒の実態に即して，弾力的に取り扱うことが求められている。

【2】(1)　a　ディスカッション　　b　ブレインストーミング　　c　ロールプレイング　　d　仮説　　e　検証　　f　課題学習
(2)　a　健康寿命日本一　　b　76.77　　c　精神的　　d　働き盛り　　e　オール秋田

〈解説〉(1)　保健教育における指導方法の工夫としては，ディスカッション(議論)，ブレインストーミング(集団発想法)，ロールプレイング(役割演技法)，心肺蘇生法などの実習や実験，課題学習等がある。指導方法を選ぶ際は，該当する指導内容を理解するために最も効果的であるかどうか，また，選んだ指導方法の効果について，それを発揮させるために必要となる時間配分が可能かどうか，などを吟味する必要がある。 (2) 秋田県でも，高齢化や人口減少が進行しており，生活習慣病による死亡率が高い。このため，秋田県では，「健康長寿日本一」の達成を目指し，「健康秋田いきいきアクションプラン」を策定した。計画の基本方針は，①健康を総合的に捉え，身体的，精神的，社会的な面から健康づくりを推進すること，②働き盛り世代を重点世代とすること，③県民運動としてオール秋田で取組を推進すること，としている。

【3】(1) a ストレス b リラクセ(ゼ)ーション c メンタルヘルスケア d 余暇 e 生活の質 (2) (解答例) 法律等を取り扱う際には，個々の法律名よりも，こうした法律等が制定された背景や趣旨を中心に理解できるようにする。

〈解説〉(1) 心身ともに健康な状態で働くためには，職業病や労働災害を防ぐ対策が必要となる。それとともに，心と体の健康づくり(トータルヘルスプロモーション・プラン)に取り組むことも求められている。具体的には，メンタルヘルスケアが，心の健康問題の取り組みとして重視されている。また，働く人の日常生活においては，余暇を積極的に活用することにより，生活の質の向上を図ることも重要となる。 (2) 公式解答の評価規準には，「背景，趣旨等のキーワードを主な観点として相対的に評価する」とある。社会生活と健康のためには，該当する法律が定められた背景，趣旨や目的，その内容を理解することが大切となる。例としては，労働安全衛生法がある。この法律は，職場における労働者の安全と健康を確保するためのもので，定期的な各種健康診断の実施などを定めている。このほか重要な法律としては，労働条件の最低基準を決めた労働基準法などもあり，このような法律が施行された背景や目的について，理解を深めることが大切である。

【4】(1)　(解答例)　・運動に興味をもち活発に運動する者と，そうでない者の二極化傾向が見られること。　・生活習慣の乱れやストレス，不安感が高まっている現状がある。　(2)　a　発達の状態　b　体ほぐしの運動　c　精神の健康　(3)　・各運動の技術の名称やその行い方　・主体的な学習を行う上での課題解決の方法　・スポーツの歴史や文化的特性　・豊かなスポーツライフの設計の仕方　(4)　a　科学的　b　行動選択　c　判断力

〈解説〉(1)　公式解答の評価基準には，「運動する者とそうでない者，分散傾向等のキーワードを主な観点として相対的に評価する」。「生活習慣の乱れ，ストレス及び不安感等のキーワードを主な観点として総合的に評価する」とある。保健体育科の目標を達成するためには，運動に興味をもち活発に運動する者と，そうでない者とに分散傾向が見られる。また，生活習慣の乱れやストレス，不安感が高まったりしている現状があるといった指摘を踏まえ，引き続き心と体をより一体としてとらえ，体育と保健を一層関連させて指導することが重要である。　(2)　「心と体を一体としてとらえ」とは，生徒の心身の健全な発達を促がすためには，心と体をより一体として捉える指導が重要であることから，引き続き強調したものである。そのため，現行学習指導要領の「体つくり運動」については，取り上げる授業時数が示された。　(3)　運動面については，解答例で示された4つの項目についての理解を深め，理論と実践を一体化させることにより，実生活に生かすことを目指している。　(4)　「健康の保持増進のための実践力の育成」とは，健康・安全について総合的に理解することを通して，生徒が現在及び将来の生活において，適切に実践していくための資質や能力の基礎を培い，実践力の育成を目指すことを意味している。

【5】①　(解答例)　柔道における変化技とは，相手がかけてきた技に対し，そのまま切り返して投げたり，その技の力を利用して効率よく投げたりするためにかける技のことをいう。　②　(解答例)　剣道における得意技とは，自己の技能・体力の程度に応じて最も打突しやすく，

相手から効率的に有効打突を取ることができる技のことをいう。
③ ア 敬意 イ 克己の心 ウ 敵 エ 道 オ 自己形成 ④ 瞬発力，巧緻(ち)性 ⑤ a 相撲 b なぎなた c 弓道

〈解説〉① 公式解答の評価基準には，「切り返して投げたり，効率よく投げたり等のキーワードを主な観点として相対的に評価する」とある。柔道の投げ技の指導に際しては，二人一組の対人となり，崩し・体さばき・受け身を用いて，投げ技の基本となる技や発展技を扱うようにする。また，2つの技を同じ方向にかける技の連絡，2つの技を違う方向にかける技の連絡など，系統別にまとめて扱うようにする。
② 公式解答の評価基準には，「自己の技能・体力の程度，効率的に有効打突を取る等のキーワードを主な観点として相対的に評価する」とある。剣道の得意技の指導に際しては，二人一組の対人となり，体さばきを用いてしかけ技の基本となる技や応じ技の基本となる技を高める。さらに，自己の技能・体力の程度に応じた得意技を身に付けることができるよう，工夫を行うことが大切である。 ③ 武道は，日本固有の文化であることから，武道の伝統的な考え方とその行動の仕方を大切にすることが，人間形成につながる。加えて，武道は相手と直接的に攻防し，互いに高め合う特徴があるため，安全面に十分配慮することが重要となる。そして，勝敗にかかわらず相手に敬意を払い，尊重することができるよう指導することが大切である。 ④ 武道は，対人的な動きを中心とした全身運動であり，体力要素として，柔道では主として瞬発力，筋持久力，巧緻性に強く影響される。また，剣道では，主として瞬発力，敏捷性，巧緻性などに強く影響される。そのため，「体力の高め方」では，それぞれの種目に必要な体力を技能に関連させながら高めることが重要となる。 ⑤ 地域や学校の実態に応じて，相撲，なぎなた，弓道などのその他の武道についても履修させることができるとしている。ただし，原則として，その他の武道は，柔道又は剣道に加えて履修させることとし，地域や学校の特別な事情がある場合には，これらに替えて履修させることもできるとされている。

【６】(1)　(解答例)　現代のスポーツは，国際親善や世界平和に大きな役割を果たしており，その代表的なものにオリンピックムーブメントがある。　(2)　(解答例)　ドーピングは，フェアプレイの精神に反し，能力の限界に挑戦するスポーツの文化的価値を失わせる。

〈解説〉(1)　公式解答の評価基準には，「オリンピック競技会，世界の平和等のキーワードを主な観点として相対的に評価する」とある。オリンピックムーブメントとは，オリンピック競技会を通して，その精神を推し進める運動のこと。具体的には，世界平和につながるオリンピックのあるべき姿(オリンピズム)を世界中の人々に認識してもらい，その考え方を広げていく活動のことをいう。　(2)　公式解答の評価基準には，「フェアプレイの精神，不正な行為等のキーワードを主な観点として相対的に評価する」とある。ドーピングは，スポーツ選手が運動能力を高めるために薬物を使用し，記録や成績の向上を目指す行為のこと。フェアプレイ精神に反する不正な行為として，全世界，スポーツ界全体で禁止されている。しかし，2016年に世界アンチ・ドーピング機関(WADA) がロシアの組織的ドーピングを認定した。この結果，リオデジャネイロ・オリンピックでは，ロシア選手の 100人以上が出場禁止となり，パラリンピックでは，ロシア選手団が全面的に参加停止になる事態となった。

【７】①　a　ねらい　b　習慣化　c　知識と技能　d　業前・業間運動　e　体育的行事　f　バランス　②　ア　a　上体起こし　b　長座体前屈　c　20mシャトルラン　d　ハンドボール投げ　e　柔軟性　f　敏しょう性　g　巧ち(緻)性　イ　100cm(1m)　ウ　(解答例)　・「On your marks」の姿勢では，両足はスターティングブロックにしっかりとつけ，頭は背中と同じ高さにして，視線はまっすぐ下を見る。　・「Set」 の姿勢では，前脚の膝が伸びきらないよう90度にし，後脚の膝は120 ～140度にする。　③　チャレンジデー　④　b

〈解説〉①　秋田県の「平成30年度学校教育の指針」は，中学校・高等学校の新学習指導要領の趣旨を踏まえ，すべての教育活動を通して取り組む最重点の教育課題として，「地域に根ざしたキャリア教育の充実」と「“『問い』を発する子ども”の育成」の2つが位置付けられている。また，各教科等のページには，主体的・対話的で深い学びの視点から授業改善を推進できるよう，指導上の留意事項が示されている。秋田県を受験するにあたっては，新学習指導要領だけでなく，本県の「学校教育の指針」にもよく目を通して理解を深めておく必要がある。
② ア 平成28年度高校1年生女子の新体力テストでは，9項目中2項目(反復横とび・20mシャトルラン)のみ，秋田県の平均が全国平均を上回っている。 イ 反復横とびは，センターラインから左右にそれぞれ100cm(1m)幅のラインを引き，この3本のラインを20秒間でまたぐ回数を数える。 ウ 公式解答の評価基準には，「スタートラインから1.5足長＋1足長，膝が伸びきらない，目線を低く等のキーワードを主な観点として相対的に評価する」とある。50m走の場合，スタート直後はできるだけ目線を低くし，前傾姿勢を保ちながら地面をしっかりキックする。また，肘を90度に曲げ，腕を大きく速く振るようにする。このほか，50m走などの短距離走では，前傾姿勢を保つため，できるだけかかとを地面につけないよう意識したい。かかとをつけると，重心が後ろへ下がるため，スピードが落ちる。 ③ チャレンジデーは，日本最大規模の住民総参加型のスポーツイベントで，「スポーツ・フォー・エブリワン」を推進する笹川スポーツ財団が主催している。このイベントは，日常的なスポーツの習慣化や住民の健康増進，地域の活性化に向けたきっかけづくりを目的としている。2018年度は，全国121の自治体が参加したが，秋田県からは，25の自治体がエントリーした。 ④ この運動は，2001年度から実施されている。目的としては，当時，歯止めのかからなかった児童生徒の体力低下の現状を打開するため，学校への自家用車送迎に自粛を呼びかけ，徒歩通学を奨励した。体力の向上と健康の増進を目的とするこの運動は，現在も県内全小・中学校の児童生徒を対象に実施されている。なお，調査結果について，徒歩通学者は，小・中学校ともに2006年度以降は，横

ばい状況となっている。この原因としては，統廃合等の理由から，スクールバス通学の割合が小・中学校ともに増加していることが考えられる。

【8】(1)　・体力や技能の向上　・生徒同士や生徒と教師等との好ましい人間関係の構築　・学習意欲の向上　・自己肯定感，責任感，連帯感の涵養　(2)　a　休養　b　過度の練習　c　コミュニケーション　d　バーンアウト　e　科学的トレーニング　f　養護教諭　(3)　(解答例)　・定期試験前の一定期間の活動中止(学習に専念させる)。　・運動部共通の休養日，市区町村共通の部活動休養日を設ける。　・活動頻度や活動時間の目安を設ける。

〈解説〉(1)　「運動部活動の在り方に関する総合的なガイドライン」は，運動部活動が地域，学校，競技種目等に応じて，多様な形で最適に実施されることを目指している。そして，前文において，「学校の運動部活動は，体力や技能の向上を図る目的以外にも，生徒の多様な学びの場として，教育的意義が大きい」と述べている。　(2)　指導者(教師，部活動指導員，外部指導者)は，休養日の設定や活動時間等に関する基準を正しく理解する必要がある。その上で，生徒とのコミュニケーションを十分に取り，技能や記録の向上や生徒の目標達成に向けて，効果的な活動を行うことが求められている。　(3)　公式解答の評価基準には，「市区町村共通の部活動休養日，活動頻度・時間の目安等のキーワードを主な観点として相対的に評価する」とある。本ガイドラインでは，「学期中は，週当たり2日以上の休養日を設ける」「土曜日及び日曜日は，少なくとも1日以上を休養日とする」など適切な休養日等の設定を行っている。なお，本ガイドラインは，義務教育段階の運動部活動を対象にしている。したがって，高等学校においては，このガイドラインを踏まえながら，高校生にふさわしい休養日，活動頻度・時間の目安等を作成することが望まれる。

【9】(1) ① 外遊び，三度の食事，正しい生活習慣 ② 正式名称…アクティブ・チャイルド・プログラム 内容…(解答例) 子どもが発達段階に応じて，身に付けておくことが望ましい動きや身体を操作する能力を獲得し，高めるための運動プログラムのこと。 ③ 秋田ノーザンハピネッツ，秋田ノーザンブレッツ，ブラウブリッツ秋田，北都銀行バドミントン部，JR東日本秋田男子バスケットボール部，秋田銀行女子バスケットボール部 から3つ (2) a 外部指導者 b 安全性 c 指導力 d 運動が好き e 強化拠点校

〈解説〉(1) ① 秋田県では2011年度から「3S運動を推奨しており，ほとんどの幼稚園，保育所等が継続した取組を進めている。 ② 公式解答の評価基準には，「発達段階に応じて，望ましい動き等のキーワードを主な観点として相対的に評価する」とある。ACPの特徴は，運動遊びと伝承遊びを中心に展開している点にあり，運動が得意な子もそうでない子も，みんなで楽しむことができる。 (2) 学校体育の充実による運動習慣の確立と体力の向上については，「教員の指導力の向上，地域人材の活用による体育・保健学習の充実や運動部活動の活性化を図るなど，運動好きな児童生徒を育てるとともに，学校教育活動全体を通じて運動習慣の確立と体力の向上を目指す」としている。

【10】(1) (解答例) ダブルベースは，打者走者と一塁ベースに入る守備者との接触危険を避けるために用いる。 (2) (解答例) 促進ルールは，ゲーム開始後，10分経過してもそのゲームが終了しなかった場合に適用される。ただし，両者のスコアの合計が18以上のときは，適用されない。 (3) 中断…10秒 減点…1点 (4) a テイク・オーバー・ゾーン b 触れた時点 c 手の中 d 身体 e 失格 (5) a バックプレーヤー b ネット上端 c アタックヒット d サービス e ブロック (6) (解答例) 有効打突の条件の一つであり，打突後の油断のない身構えと心構えをいう。 (7) (解答例) 近年，スポーツは広く社会に浸透し，競技スポーツだけでなく，人々の健康維持の側面としても重要性を増している。また，

スポーツの社会的な価値はグローバル化しており，体育の概念を含む広義のスポーツという言葉に改称することが時代にふさわしいと判断された。　(8)　試行錯誤の段階，意図的な調整の段階，自動化の段階

〈解説〉(1)　公式解答の評価基準には，「危険を防止等のキーワードを主な観点として相対的に評価する」とある。ソフトボール競技は塁間が短いため，一塁でのクロスプレーが多く，守備者と打者走者の接触が起こりやすい。接触プレーによる事故防止を目的として，1994年の第8回世界女子ソフトボール選手権大会から，ダブルベースが使用されている。ダブルベースは，白色ベースをフェア地域に，オレンジベースをファウル地域に固定する。　(2)　公式解答の評価基準には，「18点，10分経過等のキーワードを主な観点として相対的に評価する」とある。卓球競技の促進ルールは，1ゲームが10分経過しても終わらない場合に適用される。促進ルールが適用された場合，13回のリターンに成功すればレシーバー側の得点となるため，サーバー側はより積極的に攻撃しなければならない。よって，サーバー側が守備型選手であっても，攻撃で得点しなければならず，時間短縮につながる。

(3)　体操競技において，平均台からの落下による演技の中断は，10秒まで許される。なお，落下した場合は，1.00の減点となる。　(4)　陸上競技のリレー競走においては，ルールの変更点や明確化された部分を理解しておきたい。2018年度の日本陸上競技連盟競技規則では，バトンパスができるテイク・オーバー・ゾーンの距離が20mから30mに変更され，ゾーンの入り口から20mの地点が基準線となった。なお，テイク・オーバー・ゾーン内では，走者の身体の位置ではなく，バトンの位置が絶対的な判断基準となる。　(5)　リベロが交代できるのは後衛(バックプレーヤー)の選手のみであり，基本的に攻撃的なプレーは禁止されている。また，ユニフォームの色も他のプレーヤーとは異なる。　(6)　公式解答の評価基準には，「気構え，身構え等」のキーワードを主な観点として相対的に評価する」とある。剣道における「残心」とは，打ち込んだあとも油断することなく，相手の反撃に備えて即座に身構え，心を残すことをいう。なお，残心には「心が途切

れない」という意味がある。 (7) 公式解答の評価基準には，「人々や社会に浸透，体育や身体活動の概念を含む等のキーワードを主な観点として相対的に評価する」とある。日本体育協会は，2018年4月より日本スポーツ協会へ名称変更した。これは，スポーツが学校体育の枠を超えて広がっている実態に合わせた変更で，協会側では，「スポーツという文化を後世に継承していく使命を果たすため」と説明している。なお，この考え方に即し，国民体育大会(国体)についても「国民スポーツ大会」へ名称変更される予定となっている。 (8) スポーツなどの運動は，練習を積み重ねることにより上達する。その上達過程は，以下の3段階に分けられる。①試行錯誤の段階(できたり，できなかったりしながら上達していく段階)→②意図的な調節の段階(ある程度できるようになった運動技能を，意識的にコントロールして行えるようにする段階)→③自動化の段階(特別な意識をしなくても瞬時に判断でき，自然に運動ができるようになる段階)。なお，運動技能を上達させるために練習をしても，その過程で壁にぶつかることがある。この状態を「プラトー」という。

2018年度　実施問題

【中学校】

【1】次の文は，「中学校学習指導要領(平成20年3月告示)」に示されている「保健体育」の「目標」に関する内容である。下の(1)～(3)の問いに答えよ。

> 心と体を一体としてとらえ，運動や健康・安全についての理解と運動の合理的な実践を通して，生涯にわたって運動に親しむ資質や能力を育てるとともに健康の保持増進のための実践力の育成と体力の向上を図り，明るく豊かな生活を営む態度を育てる。

(1) 次の文は，下線部「生涯にわたって運動に親しむ資質や能力を育てる」ために重要であると「中学校学習指導要領解説保健体育編(平成20年9月文部科学省)」に示されている内容である。次の①～⑥に適語を記せ。

> 体を動かすことが，(　①　)や知的な発達を促し，集団的活動や身体表現などを通じて(　②　)を育成することや，(　③　)を立てて練習や作戦を考え，改善の方法などを互いに話し合う活動などを通じて(　④　)をはぐくむことにも資することを踏まえ，運動の楽しさや喜びを味わえるよう(　⑤　)な運動の技能や知識を確実に身に付けるとともに，それらを活用して，自らの運動の課題を解決するなどの学習を(　⑥　)よく行うことが重要である。

(2) 下線部「体力の向上」について，「子どもの体力向上のための取組ハンドブック(平成24年3月文部科学省)」には，体育・保健体育での望ましい指導の在り方として4つ示されている。その内容を答えよ。

(3)　下線部「体力の向上」について，「秋田県の学校体育・健康教育資料集第59号(平成29年3月秋田県教育委員会)」には，「体力合計点が高い学校での取組」が5つ示されている。「調査結果を踏まえた授業等の工夫・改善」の他に示されている内容を4つ記せ。

(☆☆☆◎◎◎)

【2】次の文は，「第2期スポーツ基本計画(平成29年3月24日文部科学省)」の「第2期スポーツ基本計画の概要」に示されている内容である。次のa～fに適語を記せ。

第2期計画では，多面にわたるスポーツの価値を高め，広く国民に伝えていくため，計画が目指す(　a　)をわかりやすく簡潔に示すよう，第2章において，「スポーツの価値」に関し，①スポーツで「(　b　)」が変わる，②スポーツで「社会」を変える，③スポーツで「(　c　)」とつながる，④スポーツで「(　d　)」を創るという4つの観点から，全ての国民に向けてわかりやすく説明を行った上で，「スポーツ(　e　)人口」を拡大し，他分野との連携・協力により「(　f　)スポーツ社会」の実現に取り組むことを，第2期計画の基本方針として提示した。

(☆☆☆◎◎◎)

【3】「幼稚園，小学校，中学校，高等学校及び特別支援学校の学習指導要領等の改善及び必要な方策等について(答申)(平成28年12月21日中央教育審議会)」体育，保健体育に示されている内容について，次の(1)，(2)の問いに答えよ。

(1)　次の文は，具体的な改善事項における教育内容の改善・充実【中学校　保健体育】に関する記述である。次の①，②に適語を記せ。

スポーツの意義や価値等の(　①　)につながるよう，内容等について改善を図る。特に，東京オリンピック・パラリンピック競技大会がもたらす成果を(　②　)に引き継いでいく観点から，知識に関する領域において，オリンピック・パラリンピックの意義や価値等の内容等について改善を図る。

(2)　下線部「オリンピック・パラリンピックの意義や価値」について，国際オリンピック委員会ではオリンピックの価値を3つのキーワードで表現し，国際パラリンピック委員会ではパラリンピックの4つの価値を重視している。それぞれの内容を記せ。

(☆☆☆◎◎◎)

【4】器械運動の指導について，次の(1)，(2)の問いに答えよ。

(1)　次の図は，跳び箱運動で屈身跳びの踏み切りから着地までを示したものである。次の②～③の局面の動き方のポイントを3つ答えよ。

出典：文部科学省　学校体育実技指導資料第10集器械運動指導の手引

(2)　次の表は，跳び箱運動で安全に指導するため，それぞれの視点から配慮すべき点を具体的に示したものである。次の①～③に当てはまる内容を記せ。

視　点	配慮すべき点（具体）
動きや感覚を高める	①
安全な場づくり	②
無理をさせない	技能にあった高さを選び，余裕と雄大さを感じさせる技の実施を目指すように指導する。
授業で取り上げる技の順番	③

(☆☆☆◎◎◎)

【5】球技(ゴール型)の指導について，次の(1)，(2)の問いに答えよ。

(1) 「中学校学習指導要領解説保健体育編(平成20年9月文部科学省)」第1学年及び第2学年における球技(ゴール型)に示されている技能の「ボール操作」の例示を4つ記せ。

(2) 次の図は，第1学年及び第2学年のサッカーの学習において，「ボールとゴールが同時に見える場所から動いて，パスを受けることができる。」ことをねらいとし，練習している場面である。

Aの生徒がボールを持っているとき，Bの生徒がどのような動きをした場合に，「おおむね満足できる」状況と判断できるのかを答えよ。

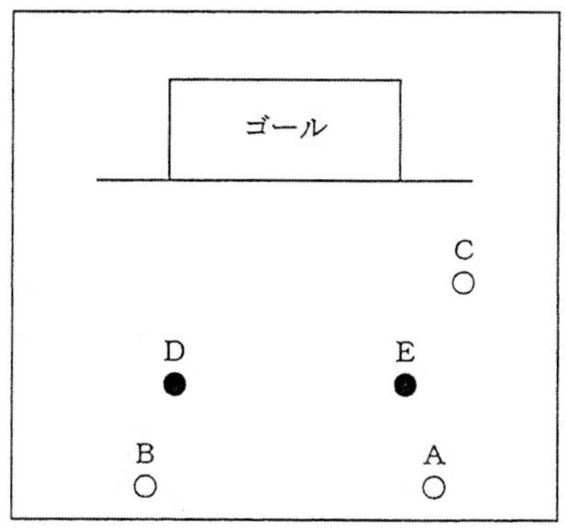

(☆☆☆◎◎◎)

【6】次の語句について説明せよ。

(1) コンビネーション(水泳)

(2)　バックアタック(バレーボール)

(3)　スクリーン(バスケットボール)

(☆☆☆◎◎◎)

【7】「中学校学習指導要領解説保健体育編(平成20年9月文部科学省)」における「欲求やストレスへの対処と心の健康」に示されている内容について，次の(1)，(2)の問いに答えよ。

(1)　「心と体のかかわり」に示されている指導内容を2つ記せ。

(2)　次の①～⑧に適語を記せ。(①と②は順不同)

> 心の健康を保つには，欲求やストレスに適切に対処することが必要であることを理解できるようにする。
>
> 欲求には，(　①　)な欲求と心理的，(　②　)な欲求があること，また，精神的な安定を図るには，欲求の実現に向けて取り組んだり，自分や周囲の(　③　)からよりよい方法を見付けたりすることなどがあることを理解できるようにする。
>
> また，ここでいうストレスとは，(　④　)からの様々な刺激により心身に(　⑤　)がかかった状態であることを意味し，ストレスを感じることは，自然なことであること，個人にとって適度なストレスは，(　⑥　)必要なものであることを理解できるようにする。
>
> ストレスへの適切な対処には，コミュニケーションの方法を身に付けること，体ほぐしの運動等で(　⑦　)の方法を身に付けること，(　⑧　)をもつことなど自分自身でできることがあること，また，友達や周囲の大人などに話したり，相談したりするなどいろいろな方法があり，自分に合った対処法を身に付けることが大切であることを理解できるようにする。

(☆☆☆◎◎◎)

【8】スポーツ外傷・障害について，次の(1)～(4)の問いに答えよ。

(1) スポーツに関係して起こる運動器のトラブルは外傷と障害に分類される。トラブルがどのように起きたかという観点から，外傷と障害の違いを説明せよ。

(2) スポーツ外傷や障害を予防するためには，成長期にある生徒の運動器の特徴を理解する必要がある。成長期の運動器の特徴を4つ答えよ。

(3) 次の文は，スポーツ外傷や障害の予防となるウォーミングアップとクーリングダウンの効果について，述べたものである。次の①～⑤に適語を記せ。

○ ウォーミングアップの効果

- 運動の準備，外傷・障害の予防となります。
- (①)を上げます[(②)機能，筋機能を目覚めさせます。]
- 筋肉をほぐし，関節の(③)を広げ筋肉と神経の(④)を上げます。
- その日の調子が判断できます。

○ クーリングダウンの効果

- 外傷・障害予防，(⑤)回復につながります。
- 心拍数を整えます。
- (⑤)物質を除去します。
- 興奮したこころを落ち着けます。
- 運動後の身体の調子の判断ができます。

(4) ストレッチの方法の1つに「スタティックストレッチ」がある。このストレッチの実施のポイントを示した次の文の①～⑤に適語をあとの語群から選んで答えよ。なお，語群の語はそれぞれ1回だけ使うものとする。

- (①)は止めない。
- 伸ばしている部位が伸びていることを感じる。
- (②)をつけたり，痛くなるまで伸ばさないようにする。

・　左右があるものは，左右で(　③　)の違いなどを感じる。
・　各部位(　④　)秒程度,(　⑤　)伸ばす。

語群
すばやく　　柔軟性　　反動　　20～30　　巧緻性　　長さ
ゆっくり　　10～15　　呼吸

(☆☆☆◎◎◎)

【9】体育史について，次の(1)，(2)の問いに答えよ。

(1)　次は，器械運動の歴史に関する文である。次の①～⑤に適語をア～コの中から選び記号で記せ。

今日，学校体育で行う器械運動は，体力づくりや姿勢訓練のための運動ではなく，(　①　)の提唱した(　②　)に源流を持ち，マット・鉄棒・平均台・跳び箱などの器械を使って，いろいろな(　③　)的運動(技)ができるようにしたり，(　④　)や雄大さを目指して，それを発表したりするところに楽しさや喜びを見つけ出す，スポーツとしての器械運動である。日本選手がオリンピックに初めて参加したのは，第10回(　⑤　)大会(1932年)からである。男子は，第17回ローマ大会以降の5大会で団体総合金メダルを獲得した。

ア　柔軟　　　　　イ　徒手　　　　　ウ　ロサンゼルス
エ　トゥルネン　　オ　クーベルタン　カ　巧技
キ　ヤーン　　　　ク　表現　　　　　ケ　美しさ
コ　アテネ

(2)　次は，バレーボールの歴史に関する文である。次の①～⑤に適語をア～コの中から選び記号で記せ。

1895年に，アメリカのYMCA体育指導者の(　①　)が，(　②　)にヒントを得て，レクリエーションとして考案した。

我が国へは，1908年にアメリカから帰国した(　③　)が紹介し，1913年東京YMCAのF.Hブラウンが16人制を指導したのが始まりであるといわれる。その後，12人制を経て(　④　)人制が採用され，1951年に国際バレーボール連盟(IVBF)に加盟するとともに(　⑤　)

人制が主流となった。

1964年のオリンピック東京大会後，学校体育でも(　⑤　)人制が中心に行われるようになった。一方(　④　)人制は，競技としてもレクリエーションとしても根強い支持を受け，幅広く親しまれている。

ア　石川源三郎　　イ　大谷武一
ウ　サッカー　　エ　ウィリアム・G・モーガン
オ　9　　カ　6
キ　J.ネイスミス　　ク　テニス
ケ　7　　コ　大森兵蔵

(☆☆☆◎◎◎)

【10】次の表は，体育理論における中学校第2学年「運動やスポーツが心身の発達に与える効果と安全」の単元計画例である。次の(1)～(3)の問いに答えよ。

(1)　次の①～⑫に適語を記せ。

単元 「運動やスポーツが心身の発達に与える効果と安全」	時数	主な指導内容
ア　運動やスポーツが心身に及ぼす効果	1	運動やスポーツは，心身両面への効果が期待できることを理解できるようにする。 体との関連では，発達の段階を踏まえて，適切に運動やスポーツを行うことは，<u>身体の発達</u>やその機能，体力や運動の技能を維持，向上させるという効果があることや（　①　）の改善と関連させることで肥満予防の効果が期待できることなどを理解できるようにする。 心との関連では，発達の段階を踏まえて，適切に運動やスポーツを行うことで（　②　）感を得たり，自己の能力に対する（　③　）をもったりすることができること，物事に積極的に取り組む意欲の向上が期待できること，ストレスを解消したりリラックスしたりすることができること，自分の（　④　）のコントロールができるようになることなどの効果が期待できることを理解できるようにする。
イ　運動やスポーツが社会性の発達に及ぼす効果	1	運動やスポーツを行う際に求められる社会性は，ルールや<u>マナー</u>に関する合意を形成することや適切な人間関係を築くことであるととらえ，運動やスポーツを行うことを通してそれらの社会性が発達していく効果が期待されることを理解できるようにする。 その際，ルールやマナーに関して合意形成をするためには，仲間の技能・体力の程度，施設等の状況に応じて正規のルールを（　⑤　）したり，プレイの際の配慮について互いの（　⑥　）の違いを調整したりすることが必要になること，適切な人間関係を築くためには，仲間と教え合ったり，相手のよいプレイに（　⑦　）を送ったりすることが期待できる人間関係づくりが必要になることを理解できるようにする。また，運動やスポーツを行う過程で形成された社会性が，（　⑧　）の場でも発揮されることが期待できることを理解できるようにする。
ウ　安全な運動やスポーツの行い方	1	安全に運動やスポーツを行うためには，特性や（　⑨　）に適した運動やスポーツを選択し，発達の段階に応じた強度，（　⑩　），頻度に配慮した計画を立案すること，体調，施設や（　⑪　）の安全を事前に確認すること，準備運動や整理運動を適切に実施すること，運動やスポーツの実施中や実施後には，適切な休憩や（　⑫　）補給を行うこと，共に活動する仲間の安全にも配慮することなどが重要であることを理解できるようにする。

(2)　下線部「<u>身体の発達</u>」において，スキャモンは体組織の成長のパターンの特徴から，4つの型に分類している。その4つの型を記せ。

(3)　下線部「<u>マナー</u>」とは，どのような所作をさしているのかを説明せよ。

(☆☆☆◎◎◎)

【高等学校】

【1】次の文は，高等学校学習指導要領解説保健体育・体育編(平成21年12月文部科学省)科目「体育」H体育理論(一部抜粋)に示されている内容である。あとの各問いに答えよ。

2　運動やスポーツの効果的な学習の仕方

(2)　運動やスポーツの効果的な学習の仕方について理解できるようにする。

ア　運動やスポーツの技術は，学習を通して技能として発揮されるようになること。また(　a　)に応じた学習の仕方があること。

イ　運動やスポーツの技能の上達過程にはいくつかの段階があり，その学習の段階に応じた練習方法や(　b　)の方法，(　c　)方法などがあること。

ウ　運動やスポーツの技能と体力は，(　d　)に関連していること。また，期待する成果に応じた技能や体力の高め方があること。

ここでは，その学習を踏まえ，生涯にわたって運動やスポーツを継続するためには，技術の特徴に応じた学習の仕方があることや技能を高めるために，何をどのように取り組めばよいのか，健康・安全をどのように確保するのかなどの運動やスポーツの効果的な学習の仕方について理解できるようにする必要がある。

3　豊かなスポーツライフの設計の仕方

(3)　豊かなスポーツライフの設計の仕方について理解できるようにする。

ア　スポーツは，各ライフステージにおける(　e　)，(　f　)，(　g　)特徴に応じた楽しみ方があること。また，その楽しみ方は，個人の(　h　)に対する欲求などによっても変化すること。

ウ　スポーツの振興は，様々な施策や(　i　)，人々の(　j　)や参画によって支えられていること。

エ　スポーツを行う際は，スポーツが環境にもたらす影響を考慮し，(　k　)な社会の実現に寄与する責任ある行動が求められること。

ここでは，その学習を踏まえ，卒業後においても自分に適した生涯にわたる豊かなスポーツライフを設計していくためには，各ライフステージ(生涯の各段階)やライフスタイル(生き方や暮らし方)に応じたスポーツへのかかわり方の特徴や条件があることや，それらの特徴や条件に応じて無理なくスポーツを継続するための計画を立てること，生涯スポーツの実践を支える環境を確保するためのスポーツ振興に向けた施策や条件，スポーツが及ぼす環境への影響に配慮することなどがあることについて理解できるようにする必要がある。

①　(　a　)～(　k　)に入る適語を下記の語群より選び答えよ。

【語群】

スポーツ	運動観察	日常的	課題の設定
身体的	相互	能力	技術の種類
持続可能	人間観察	社会的	支援
心理的	組織		

②　文中の健康・安全をどのように確保するのかに関して，運動やスポーツを行う際に，活動に伴う危険性を理解し，健康や安全に配慮した実施が必要になることの他に指導する内容を3つ答えよ。

③　文中のライフスタイル(生き方や暮らし方)に応じたスポーツへのかかわり方に関して，生涯にわたって豊かで充実したスポーツライフを実現していくためには，どのような諸条件を整えることが大切

であるか答えよ。

(☆☆☆◎◎◎)

【2】次の文は，高等学校学習指導要領解説保健体育・体育編(平成21年12月文部科学省)科目「体育」E球技「1技能」(一部抜粋)に示されている内容である。下の各問いに答えよ。

> (1)　次の運動について，勝敗を競う楽しさや喜びを味わい，作戦や状況に応じた(　a　)や仲間と連携した動きを高めてゲームが展開できるようにする。
> ア　ゴール型では，状況に応じた(　b　)と空間を埋めるなどの連携した動きによって<u>空間への侵入などから攻防を展開する</u>こと。
> イ　ネット型では，状況に応じた(　b　)や安定した(　c　)の操作と連携した動きによって空間を作りだすなどの攻防を展開すること。
> ウ　ベースボール型では，状況に応じた(　d　)と(　e　)での攻撃，安定した(　b　)と状況に応じた(　f　)などによって攻防を展開すること。

①　(　a　)～(　f　)に適語を記せ。

②　ゴール型，ネット型，ベースボール型それぞれで適宜取り上げることとして示されている運動種目を全て答えよ。

③　文中の<u>空間への侵入などから攻防を展開する</u>に関して，高等学校入学年次の次の年次以降のゴール型の指導に関して，中心に上げる内容を答えよ。

(☆☆☆◎◎◎)

【3】次の文は，高等学校学習指導要領解説保健体育・体育編(平成21年12月文部科学省)科目「体育」B器械運動「1技能」(一部抜粋)に示されている内容である。あとの各問いに答えよ。

(1) 次の運動について，技がよりよくできる楽しさや喜びを味わい，自己に適した技を高めて，演技することができるようにする。 ア　マット運動では，回転系や巧技系の基本的な技を滑らかに安定して行うこと，条件を変えた技，発展技を滑らかに行うこと，それらを構成し演技すること。

① 文中の回転系に関して，側方倒立回転について，滑らかに行う際の踏み出し足から着地までの手足がマットに着く順番をa～dの中から正しいものを全て記号で答えよ。

a　右足→右手→左手→左足→右足

b　左足→左手→右手→右足→左足

c　右足→左手→右手→右足→左足

d　左足→右手→左手→左足→右足

② 文中の巧技系に関して，補助倒立の一つの方法として，腕立て正面支持臥から補助者が脚を持って倒立をさせるという方法がある。この方法を行う際に，倒立する生徒に意識させることは何か答えよ。

③ 文中の発展技に関して，マット運動の主な技の例示について，高等学校入学年次の次の年次以降に示されている発展技を1つ答えよ。

④ 発展的な指導を行う際に，危険防止の立場から，考慮することや，配慮することを2つ答えよ。

(☆☆☆◎◎◎)

【4】幼稚園，小学校，中学校，高等学校及び特別支援学校の学習指導要領等の改善及び必要な方策等について(答申)(平成28年12月21日中央教育審議会)第2部各学校段階，各教科等における改訂の具体的な方向性「第2章各教科・科目等の内容の見直し」11．体育，保健体育に示されている現行の学習指導要領の成果と課題について，次の各問いに答えよ。

(1) 現行の学習指導要領の成果として示されている内容を4つ答えよ。

(2)　現行の学習指導要領の課題として示されている内容を3つ答えよ。

(☆☆☆◎◎◎)

【5】スポーツ基本計画(平成29年3月24日文部科学省)に示されている内容について，次の各問いに答えよ。

(1)　第1章第2期スポーツ基本計画の策定に当たって「2第2期スポーツ基本計画の概要」において「スポーツの価値」に関し，示されている4つの観点を答えよ。

(2)　次の文は，第3章今後5年間に総合的かつ計画的に取り組む施策「スポーツ参画人口の拡大」②学校体育をはじめ子供のスポーツ機会の充実による運動習慣の確立と体力の向上に示されている施策目標である。正しい語句の組合せを下記ア～カより選び答えよ。

[施策目標]

学校における体育活動を通じ，生涯にわたって豊かなスポーツライフを実現する資質・能力を育てるとともに，(a)や(b)における子供のスポーツの機会を充実する。

その結果として，自主的にスポーツをする時間を持ちたいと思う中学生を(c)にすること，スポーツが「嫌い」・「やや嫌い」である中学生を半減すること，子供の体力水準を(d)の水準まで引き上げることを目指す。

ア　a　家庭　b　地域　c　70%
　　d　昭和40年頃

イ　a　家庭　b　社会　c　70%
　　d　昭和40年頃

ウ　a　部活動　b　放課後　c　70%
　　d　昭和50年頃

エ　a　部活動　b　スポーツクラブ　c　80%
　　d　昭和50年頃

オ　a　放課後　b　地域　c　80%

d　昭和60年頃

カ　a　放課後　　b　家庭　　　　　　　c　80%

d　昭和60年頃

(☆☆☆◎◎◎)

【6】次の文は，学校体育実技指導資料第7集体つくり運動－授業の考え方と進め方－(改訂版)(平成24年7月文部科学省)第1章理論編『第2節「体つくり運動」の具体的な指導内容』4「体力を高める運動」について「(4)　高等学校入学年次の次の年次以降」(一部抜粋)に示されている指導のポイントである。あとの各問いに答えよ。

【指導のポイント】

○継続的な運動の計画の立て方，見直し方の手順を取り上げる。

運動の計画の手順は，1)(　a　)に適した目標の設定，2)運動の組み立て，3)計画の(　b　)，4)実践とその内容の(　c　)，5)(　d　)，(　e　)による新たな目標の設定といった計画と実践の過程を取り上げることで，個人個人が継続的に運動の計画に取り組めるように配慮します。

○知識の指導内容を確認するとともに，関連して取り上げる。

高校入学年次までの指導内容を確認するとともに，高等学校入学年次の次の年次以降の(3)知識には，以下の具体的な指導事項が示されていますので，運動の計画を立てる際に必ず学習するようにします。

・「(　f　)運動の行い方」では，各運動を組み立てる際には，オーバーロード(過負荷)の原則，運動の種類，強度，量(時間，回数，距離など)，頻度(1週間の実施回数)などの原則があること

・「(　g　)への取り入れ方」では，学校(体育の授業，休憩時間，運動部活動)や登校時・下校時，家庭などでの行動を考慮した　1日・1回の運動の計画，行う運動の頻度や平日と週末を考慮した1週間の運動の計画，(　h　)及び授業期間や長期休

業期間を考慮した1年間・数か月の運動の計画，(i)から(j)までの運動の計画，(k)や(l)の運動の計画などの自己と違う体力の状況や加齢期における運動の計画などがあること
○楽しく意欲を持って，自己のねらいに応じた実践に結びつける。

(1) (a)～(l)に適語を記せ。
(2) 文中の楽しく意欲を持って，自己のねらいに応じた実践に結びつける。について，そのために配慮することや，留意することを2つ答えよ。

(☆☆☆◎◎◎)

【7】次の文は，高等学校学習指導要領解説保健体育・体育編(平成21年12月文部科学省)科目「保健」(1)現代社会と健康「ウ　精神の健康」(一部抜粋)に示された内容である。あとの各問いに答えよ。

ウ　精神の健康
(ア) 欲求と適応機制
精神機能は，主として(a)によって統一的・調和的に営まれることを理解できるようにする。また，人間には様々な欲求があり，欲求が満たされない時には，不安，緊張，悩みなどの精神の変化が現れるとともに，様々な適応機制が働き，精神の安定を図ろうとすることを理解できるようにする。
なお，(a)の機能，(b)及び(c)の機能については，必要に応じて扱う程度とする。
(イ) 心身の相関
人間の精神と身体は密接な関連をもっていることを，身体的変化が精神に及ぼす影響と精神的変化が身体に及ぼす影響との両面から理解できるようにする。また，この心身

の相関には，主として(　d　)及び(　c　)の多くの器官が関わっていることを理解できるようにする。

(エ)　自己実現

人間の欲求の高次なものの一つとして，自分自身を高め，もてる力を最大限に発揮したいという自己実現の欲求があり，また，その充足が精神の健康と深くかかわっていることを理解できるようにする。

その際，自己実現は，自己の欲求や(　e　)に基づき具体的に目標を掲げ，他者の(　e　)も尊重しつつ現実を踏まえながら行動し，その結果を(　f　)する過程を繰り返すことにより成り立つこと，また，このことにより達成感や(　g　)が生まれ，自分らしさの形成や(　h　)が培われて精神の健康が増進されることについて触れるようにする。

① (　a　)～(　h　)に適語を記せ。

② 文中の様々な適応機制が働き，精神の安定を図ろうとするに関して，合理化，昇華について，それぞれ説明せよ。

③ (ア)　欲求と適応機制に関して，葛藤の4種類を答えよ。

④ (エ)　自己実現に関して，自我同一性の確立，ピーターパンシンドロームについて，それぞ説明せよ。

(☆☆☆◎◎◎)

【8】次の文は，高等学校学習指導要領解説保健体育・体育編(平成21年12月文部科学省)科目「保健」(2)生涯を通じる健康「イ　保健・医療制度及び地域の保健・医療機関」(一部抜粋)に示された内容である。あとの各問いに答えよ。

イ　保健・医療制度及び地域の保健・医療機関

(ア)　我が国の保健・医療制度

我が国には，人々の健康を守るための保健・医療制度が存在し，(　a　)及びその他の機関などから保健に関する情報，(b)，医療費の保障も含めた保健・医療サービスなどが提供されていることを理解できるようにする。

(イ) 地域の保健・医療機関の活用

生涯を通じて健康を保持増進するには，(c)などを通して自己の健康上の課題を的確に把握し，地域の(d)，保健センター，病院や診療所などの医療機関及び保健・医療サービスなどを適切に活用していくことなどが必要であることを理解できるようにする。

また，医薬品には，医療用医薬品と(e)があること，承認制度により(f)や安全性が審査されていること，及び販売に規制があることを理解できるようにする。疾病からの回復や悪化の防止には，個々の医薬品の特性を理解した上で使用法に関する注意を守り，正しく使うことが必要であることを理解できるようにする。その際，副作用については，予期できるものと，予期することが困難なものがあることにも触れるようにする。

① (a)～(f)に適語を記せ。

② 文中の保健・医療制度に関して，介護保険制度を説明せよ。

③ 文中の医療費の保障に関して，一般的に外来診療の場合，医療機関で患者本人の負担割合は何割か答えよ。また，3歳未満，70歳以上(一定所得者以外)の負担割合を答えよ。

④ 文中の医療機関及び保健・医療サービスなどを適切に活用していくことに関して，インフォームド・コンセント，セカンド・オピニオンについて，それぞれ説明せよ。

⑤ 文中の販売に規制があるに関して，医療用医薬品を購入する際に必要な，医師や歯科医師が作成するものを答えよ。

⑥ 文中の予期することが困難なものに関して，医薬品の使用により生じた事象のうち社会問題となったものに薬害があるが，薬害エイズの発生原因について説明せよ。

(☆☆☆◎◎◎)

【9】オリピックに関連した，次の各問いに答えよ。

(1) 東京2020オリンピック競技会で追加競技として採用された競技を全て答えよ。

(2) 近代五種で行われる競技は，コンバインドの他は何か全て答えよ。

(3) 前回東京で開催された，第18回オリンピック夏季大会の開催年を西暦で答えよ。

(☆☆☆◎◎◎)

【10】次の各問いに答えよ。

(1) アイソメトリックトレーニングとは，どのようなトレーニング法か説明せよ。

(2) スポーツ庁の「競技力強化のための今後の支援方針(通称：鈴木プラン)」の目的は何か説明せよ。

(3) ジャパン・ライジング・スター・プロジェクトとは，どのようなプロジェクトか説明せよ。

(4) 競泳の背泳ぎにおける，あおむけの姿勢とは，頭部を除き，肩の回転角度が水面に対し何度未満であることをいうのか答えよ。

(5) サッカーのフィールドで，ペナルティーマークは両ゴールポストの中央から何mの位置に描くか答えよ。

(6) ソフトボールでは，スターティングプレーヤーがいったん試合から退いても，いつでも一度に限り「再出場」できる。このルールを何というか答えよ。

(7) プールの使用期間前後の点検で使用する，点検チェックシートは何年以上保管することが必要か答えよ。

(8) スキー・クロスカントリー競技における，クラシカル走法とはどのような走法か答えよ。

(☆☆☆◎◎◎)

【11】バドミントンに関する次の各問いに答えよ。

(1) コート面からのネットの高さは，ダブルスのサイドライン上で何

mか答えよ。

(2) AB(CD)ラインの名称を答えよ。

(3) EF(GH)ラインの名称を答えよ。

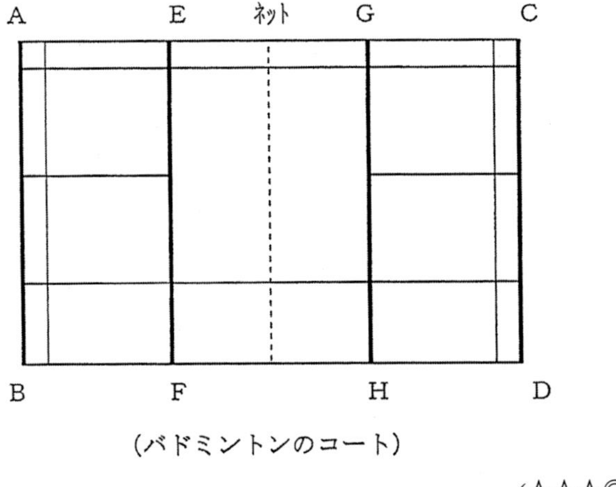

(バドミントンのコート)

(☆☆☆◎◎◎)

【12】国際柔道連盟試合審判規定に関する次の文の(1)～(8)に適語を記せ。

主審は施された技が次の基準に相当すると判断したときは，「一本」とする。

試合者の一方が，相手を制しながら，大きな(　1　)を伴って(　2　)が畳につくように，相当な強さと(　3　)をもって投げたとき。

試合者の一方が，相手を抑え込み，「抑え込み」の(　4　)の後，(　5　)秒間逃げることができなかったとき。

抑込技，絞技，(　6　)の結果として，試合者が手又は足で2度以上叩くか，又は(　7　)と言ったとき。

試合者の一方が，絞技あるいは(　6　)によって，(　8　)を喪失したとき。

(☆☆☆◎◎◎)

解答・解説

【中学校】

【1】(1) ① 情緒面　② コミュニケーション能力　③ 筋道　④ 論理的思考力　⑤ 基礎的　⑥ バランス　(2) ・体の動かし方や運動の仕方を理解させながら，運動ができるようになる指導。　・児童生徒の適切な運動量が確保できる指導。　・発達の段階や個人差を踏まえた指導。　・運動をしない児童生徒に運動を習慣化させる取組や指導。　(3) ・授業の冒頭で目標を示す活動　・授業での助け合い，役割を果たす活動　・授業中のICTの活用　・友達同士で教え合いを促している

〈解説〉保健体育の目標は「生涯にわたって運動に親しむ資質や能力の育成」，「健康の保持増進のための実践力の育成」，「体力の向上」の3要素が互いに関連し合って構成されているものである。したがって，「生涯にわたって…」は特に重要な文言であることをおさえておきたい。　(1) 本資料では「生涯にわたって…」の具体的意味について，「それぞれの運動が有する特性や魅力に応じて，その楽しさや喜びを味わおうとするとともに，公正に取り組む，互いに協力する，自己の責任を果たす，参画するなどの意欲や健康・安全への態度，運動を合理的に実践するための運動の技能や知識，それらを運動実践に活用するなどの思考力，判断力など」としている。　(2) 本資料によると，解答にあるような指導の工夫・配慮をしている(ややしている)学校の体力合計点は，していない(あまりしていない)学校に比べ，男女とも高い傾向にあるとしている。　(3) 特に中学校では，ICTの活用や友達同士での教え合いによる取組は顕著な効果を生むといわれている。

【2】a 方向性　b 人生　c 世界　d 未来　e 参画　f 一億総

〈解説〉問題の①～④は中長期的なスポーツ施策の基本方針として示され

ているものである。なお，今後5年間の政策目標として「ライフステージに応じたスポーツ活動の推進とその環境整備を行う。その結果として，成人のスポーツ実施率を週1回以上が 65％程度(障害者は40％程度)，週3回以上が30％程度(障害者は20％程度)となることを目指す」としており，現状(2015～16年)と比較して各項目約10～20％の増加を目指している。

【3】(1)　①　理解　　②　次世代　　(2)　オリンピックの価値…卓越(性)，友愛(友情)，尊重(敬意)　　パラリンピックの価値…勇気，強い意志，インスピレーション，公平

〈解説〉一方，オリンピックの教育的価値としては努力から得られる喜び，フェアプレー，他者への敬意，向上心の4つがあげられる。なお，パラリンピックの価値の「公平」について，英語表記では「Equality(平等)」となっているが，日本パラリンピック委員会によると，平等な状況を生むには，多様な価値感や個性に即した「公平」な機会の担保が不可欠であり，それを気づかせてくれるのがパラリンピックやパラアスリートの力である，という点を強調するため「公平」にしたと説明している。

【4】(1)　・膝を伸ばしたままで着手する。　　・手の突き放しと足のすばやい引き寄せで屈身姿勢をとる。　　・前のめりにならないよう，突き放す際に切り返す。　　(2)　①　マット運動で回転感覚を高めておくことが必要であり，馬跳びやウサギ跳び等の切り返し系の技に類似した運動を十分に指導しておく。　②　落下の心配がある台上前転等の指導では，跳び箱の両側にマットを敷いたり，補助の仲間を配置したりすることが必要である。着地に柔らかいマットを準備しておくことも，生徒が安心して取り組むことに役立つ。　③　同じ授業内で回転系と切り返し系の両方を指導する場合，回転系を先に取り上げると，切り返し系の学習の際に回転感覚が残っていて事故につながることがあるので，切り返し系を先に取り上げるようにする。

〈解説〉(1)　「学校体育実技指導資料第10集 器械運動指導の手引」(以下，本資料)によると，練習方法として，まず，助走から両足踏み切り，着手を行い，手で突き放して膝を伸ばした屈身姿勢で跳び箱上に足で乗る。この時に，前のめりにならないよう，上体を起こして乗れるようにする。この動き方が安定してできるようになったら，かかえ込み跳びと同じ順序で練習する。特に，前のめり姿勢で着地するような場面での安全確保に注意が必要，としている。　(2)　本資料によると，保健体育における安全管理について生徒の体調についても言及している。教員は生徒とは保健体育の授業でのみかかわる場合も想定されるので，学級担任や養護教諭から健康に関する情報を得ておくこと，生徒から健康状態を申告させること，授業当日の自身の目視によって生徒の健康状態を確認する等をあげている。

【5】(1)　・ゴール方向に守備者がいない位置でシュートをすること。・マークされていない味方にパスを出すこと。　・得点しやすい空間にいる味方にパスを出すこと。　・パスやドリブルなどでボールをキープすること。　(2)　BがゴールIに向かってDの左側を抜いてゴール前に走り込みパスをAからもらう動き。

〈解説〉ゴール型競技では得点しやすい状況を作り出すことが重要であり，ボールを操作する生徒は見方の位置，相手側の位置を確認し，より得点しやすい状況を作るのか，シュートするのか等を判断しなければならない。(2)の場合，「動いて，パスを受けることができる」ねらいから，Dの後ろをつく動きが求められる。

【6】(1)　手の動き，足の動き，呼吸などの各動作を組み合わせて泳ぐこと。　(2)　後ろの選手がアタックラインの後方からジャンプして相手コートにボールを打ち込むこと。　(3)　オフェンス側の選手が，自分の体を壁にしてディフェンスの選手の進路をブロックすること。

〈解説〉(1)　泳法の練習は，まず手や足の動きなどを単体で学習してから，コンビネーションの練習を行うことが多い。各単体が上手くいってもコンビネーションが上手くいかないとスピードが出ないことに注意が必要である。 (2)　アタックライン上やその前方から踏み切ると，反則となる。スパイクのスイングは腕をしっかり伸ばして，その勢いでジャンプする。バックアタックはコート後方から走り込んで打つので，歩幅は広めに，走り幅跳びのイメージでジャンプするとよい。(3)　スクリーンを使ってブロックする選手は，胸や股のあたりで腕を組む。これはファウルの防止であり，相手の当たりから身を守るクッションでもある。動いて相手を押さえ込むことはファウルになるので，スクリーンで壁になったら，動くのをぴったりと止める。

【7】(1)　・精神と身体には，密接な関係があり，互いに様々な影響を与え合っていること。　・心の状態が体にあらわれたり，体の状態が心にあらわれたりするのは，神経などの働きによること。
(2)　①　生理的　②　社会的　③　状況　④　外界　⑤　負担　⑥　精神発達上　⑦　リラクセーション(リラクゼーション)　⑧　趣味(①，②は順不同)
〈解説〉(2)　(イ)の「欲求やストレスへの対処と心の健康」からの出題である。欲求についてはマズローの欲求5段階説を学習するとよい。また，ストレス(欲求不満)の対処法として適応機制がある。名称と具体的内容が問われることがよくあるので，教科書などで学習するとよい。

【8】(1)「外傷」は1回の瞬間的な外力が加わって受傷するものであり，「障害」は一定の動作を繰り返すことで慢性的に起こるものである。
(2)　骨が柔らかい(弱い)，自然治癒力が高い，骨端線(成長線)が存在する，柔軟性が低下する　(3)　①　体温　②　心肺　③　可動域　④　コーディネーション(連動性)　⑤　疲労　(4)　①　呼吸　②　反動　③　柔軟性　④　20～30　⑤　ゆっくり
〈解説〉(1)　外傷は突発性・偶然性を伴うものであり，不注意などから起こることが多い。具体例として捻挫，骨折，打撲，創傷，脱臼などがあげられる。一方，障害は，overuse syndrome(使いすぎ症候群)とも

言われる。過度な練習だけでなく，技術の未熟さや筋力，体力不足，柔軟性の低下などが原因であることも多い。具体例として腸脛靭帯炎，テニス肘などがあげられる。　(2)　成長期に種目特有の練習が増えると，肩やひじ，ひざなどにある成長軟骨に負担がかかりすぎ，成長が妨げられることがある。成長期は，この成長軟骨が増殖して骨に置き換わることで骨が伸びるが，故障すると骨の成長が妨げられる。骨や関節が変形するほどのけがで，スポーツが続けられなくなることもあるので注意が必要である。　(3)　十分に関節回りや筋肉を温めておくと，運動による体への衝撃を受け止める用意ができ，怪我や故障の予防につながる。これがウオーミングアップの効果といえる。一方，クーリングダウンの効果について，運動強度が高ければ高いほど，筋肉と心臓は連動して血液を体内に循環させているので，急に運動を中止すると筋肉中にある血液は内臓へと戻りづらくなり，めまいや体調不良につながる恐れがある。徐々に強度を落とすことで，無理なく全身への血流回復を促し，体への負担を軽減することができる。　(4)　スタティックストレッチは，いわゆる「痛くて気持ちいい」ところまで伸ばし，20～30秒間静止するのが基本である。

【9】(1)　①　キ　②　エ　③　カ　④　ケ　⑤　ウ
(2)　①　エ　②　ク　③　コ　④　オ　⑤　カ

〈解説〉(1)　日本で器械体操が競技として初めて組織的に行われたのは明治末期で，慶応義塾，麻布中学校，青山師範学校の間で争われた対抗競技の記録がある。1926(大正15)年に公布された体操要目により，懸垂，跳躍，倒立，転回などの運動が，学校体育の主要教材として全国的に実施された。　(2)　なお，東京オリンピックでは，女子全日本チームが「回転レシーブ」などの技で金メダルを獲得，世界中から「東洋の魔女」と賞賛された。また，1972年のミュンヘンオリンピックでは，男子チームが「時間差攻撃」などで金メダルを獲得した。

【10】(1) ①　食生活　②　達成　③　自信　④　感情　⑤　緩和　⑥　意見　⑦　賞賛　⑧　日常生活　⑨　目的　⑩　時間　⑪　用具　⑫　水分　(2)　一般型，神経系型，生殖器型，リンパ系型　(3)　マナーとは，選手同士がお互いに気持ちよくプレイするために相手を気遣う行為である。

〈解説〉(2)　スキャモンの発育曲線では，20歳時点での発育を100(%)としたときの成長パターンを4つに分類して表現している。一般型は身長や体重，筋肉，骨格など，神経型は脳や脊髄，視覚器などの神経系や感覚器系なお，生殖型は生殖器，乳房，咽頭など，リンパ型は胸腺などのリンパ組織の成長を示したものである。　(3)　マナーは，あくまでも個人が自発的に守るものであり，違反してもペナルティはないが，相手を気遣うマナーがフェアプレーをはぐくむことにつながる。

【高等学校】

【1】①　a　技術の種類　b　運動観察　c　課題の設定　d　相互　e　身体的　f　心理的　g　社会的　h　スポーツ　i　組織　j　支援　k　持続可能(e，f，gは順不同)　②　・身体やその一部の過度な使用によってスポーツにかかわる障害が生じる場合があること。　・気象条件や自然環境の変化など様々な危険を予見し回避することが求められること。　・けが防止のための対策，発生時の処置，回復期の対処などの各場面での適切な対応方法があること。
③　・自ら積極的，継続的にスポーツに取り組もうとすること。
・身近なスポーツ施設や無理なく行える自由時間。　・一緒にスポーツを行う仲間。等

〈解説〉②　健康・安全の確保について，本資料では『中学校の「安全な運動やスポーツの行い方」の学習を踏まえる』としている。そして当該箇所について，中学校学習指導要領解説では『中学校の「特性や目的に適した運動やスポーツを選択し，発達の段階に応じた強度，時間，頻度に配慮した計画を立案すること，体調，施設や用具の安全を事前に確認すること，準備運動や整理運動を適切に実施すること，運動や

スポーツの実施中や実施後には，適切な休憩や水分補給を行うこと，共に活動する仲間の安全にも配慮することなどが重要であること」を学習するとしている。 ③ 学習指導要領では小学校から高等学校までの12年間を3つの時期に分けており，高等学校は「卒業後に少なくとも一つの運動やスポーツを継続することができるようにする時期」に該当することから，ライフスタイル，つまり生涯スポーツを意識した内容になっていることを踏まえて学習するとよい。

【2】① a 技能 b ボール操作 c 用具 d バット操作 e 走塁 f 守備(d，eは順不同) ② ゴール型…バスケットボール，ハンドボール，サッカー，ラグビー ネット型…バレーボール，卓球，テニス，バドミントン ベースボール型…ソフトボール ③ ・自陣から相手陣地の侵入しやすい場所に移動すること。 ・シュートやトライをしたり，パスを受けたりするために味方が作りだした空間に移動すること。 ・ボール保持者がプレイしやすい空間を作りだすために，必要な場所に留まったり，移動したりすること。 ・スクリーンプレイやポストプレイなどの味方が侵入する空間を作りだす動きをすること。 ・味方が抜かれた際に，攻撃者を止めるためのカバーの動きをすること。 ・一定のエリアからシュートを打ちにくい空間に相手や相手のボールを追い出す守備の動きをすること。等

〈解説〉③ 下線部の具体例について本資料では「防御の状況に応じたパスやドリブル，ボールを保持したランニングなどのボール操作と仲間と連携して自陣から相手ゴール前へ侵入するなどの攻撃や，その動きに対応して空間を埋めるなどの防御の動きで攻防を展開する」と示されている。

【3】① a，b ② 倒立する生徒は，体に力を入れて，補助者の力に合わせて真っ直ぐ脚を上げるようにする。目線は，手と手の間を見るようにする。 ③ 伸膝前転，倒立伸膝前転，後転倒立，前方倒立回

転跳び，片足側面水平立ち，倒立ひねり　④　・マット運動のほん転技群の技の段階的練習や技の終末局面において，その勢いや着地の衝撃を和らげるために，セーフティマットやスポンジマットを使用するなど，設備・用具に配慮する。　・急に技の完成形を求めるのではなく，段階的な指導を行う。

〈解説〉①　側方倒立回転は，回転系・ほん転技群・倒立回転グループの技である。ポイントは最初に片足を前にあげ，勢いよく踏む。その反動で後ろ足を大きく振り上げることがあげられる。利き足，利き腕の関係から解答は2つが考えられることもおさえておこう。　②，③　マット運動の技は，大きく回転系と巧技系に分けられ，回転系はさらに接転技群とほん転技群に分かれるが，巧技系では平均立ち技群1つのみである。接転技は「背中をマットに接して回転する」技で，回転方向によって分けられる。ほん転技は手や足の支えで回転する技で，接転技と同じように回転方向によって分けられる。平均立ち技はバランスをとりながら静止する技で，片足で立つ技と逆位になってバランスをとる倒立のグループに分けられる。

【4】(1)　・運動やスポーツが好きな児童生徒の割合が高まった。　・体力の低下傾向に歯止めが掛かった。　・「する，みる，支える」のスポーツとの多様な関わりの必要性や公正，責任，健康・安全等，態度の内容が身に付いている。　・子供たちの健康の大切さへの認識や健康・安全に関する基礎的な内容が身に付いている。　(2)　・習得した知識や技能を活用して課題解決することや，学習したことを相手に分かりやすく伝えること等に課題がある。　・運動する子供とそうでない子供の二極化傾向が見られる。　・子供の体力について，低下傾向には歯止めが掛かっているものの，体力水準が高かった昭和60年ごろと比較すると，依然として低い状況が見られる。

〈解説〉なお，秋田県の体力テスト結果(2018年)を見ると，全体的に全国平均を上回っているが，中学校第2学年について，男子では体力合計点が対前年比で減少，女子は体力合計点の伸びが全国平均を下回るといった課題もみられる。また，近年では運動する・しないの二極化が生じていること，冬季は屋外での運動を控える傾向が見られることが指摘されている。健康に関する課題については全国的な傾向，および県に関する傾向を整理するとともに，その対策についても考えるとよい。

【5】(1)　スポーツで「人生」が変わる，スポーツで「社会」を変える，スポーツで「世界」とつながる，スポーツで「未来」を創る

(2)　オ

〈解説〉(1)　本資料では4つの観点について，全ての国民に向けてわかりやすく説明を行うことで，「スポーツ参画人口」を拡大し，他分野との連携・協力して「一億総スポーツ社会」の実現に取り組む，といったねらいを示している。　(2)　本資料については学習指導要領でも高等学校は「卒業後に少なくとも一つの運動やスポーツを継続することができるようにする時期」として，生涯スポーツを念頭に置いた学習をしていることを踏まえて学習するとよいだろう。また，空欄dの「昭和60年頃」とは体力テストにおける全国平均のピーク時であり，それ以降減少傾向が見られた。現在は緩やかに回復しているといわれているが，それでも「昭和60年頃」の域には達していないので，その域に達することを1つの目安にしていると思われる。

【6】(1)　a　自己　b　作成　c　記録　d　測定　e　評価　f　体つくり　g　実生活　h　四季　i　入学　j　卒業　k　仲間　l　家族(dとe，kとlはともに順不同)　(2)　・指導の成果を求めすぎたり強制的な取組になったりすることのないよう，自らの体力や生活の状況に応じて，楽しく意欲をもって継続的に取り組むことができるよう配慮することが大切である。　・新体力テスト等の測定結果を活用し学習の成果を実感させるなどの工夫が求められるが，成長の段階によって発達に差があることなどを踏まえて，測定値の向上のために測定項目の運動のみを行ったり，過度な競争をあおっ

たりすることのないよう留意することが大切である。

〈解説〉高等学校では生涯スポーツを念頭に置いた学習を行う一方，生活習慣に課題が見られる生徒，運動習慣が日常化していない生徒など，生徒の運動経験・能力・興味・関心等が多様化しているといわれる。そこで本資料では「日常的に運動に取り組んでいない生徒には，日々の生活習慣の見直しや改善も含めて，自己の体力や生活に応じて，生活の中に運動を取り入れることをねらいとして，日常的に運動に取り組んでいる生徒には，けがの予防を図ったり，部活動の引退後にも運動を継続したりすることをねらいとして，生徒の実態に応じた課題に取り組ませる」としている。

【7】① a　大脳　b　神経系　c　内分泌系　d　自律神経系　e　価値観　f　自己評価　g　生きがい　h　個性　② 合理化…もっともらしい理由をつけて自分を正当化する。　昇華…おさえられた性的欲求などを学問・スポーツ・芸術などに向ける。

③ 接近－接近(＋・＋)型，回避－回避(－・－)型，接近－回避(＋・－)型，二重接近－回避(＋－・＋－)型　④ ・自我同一性の確立…自我同一性とは，心理社会的発達によって青年期に獲得されるもので，アイデンティティともいう。人間は，母親，父親，兄弟，友人，教師などとの対人関係のなかで社会化されながら自我を発達させていく。自分にとって意味のある重要な他者との関係で「息子としての自分」「男性としての自分」「学生としての自分」などさまざまな社会的自己・役割を形成していく。こうした，社会的自己・役割を見直し，取捨選択して統合した人格的同一性を形成することをいう。

・ピーターパンシンドローム…大人になることを拒み，現実から逃避する傾向のある現代男性の症候群。

〈解説〉② 適応機制とは，欲求不満や葛藤の状態をやわらげ，無意識のうちに心の安定を保とうとする働きである。他の適応機制として，退行(耐えがたい事態に直面したとき，子どものようにふるまって自分を守ろうとする)，同一化(自分にない名声や権威に自分を近づけることによって，自分を高めようとする)，逃避(苦しくつらい現実から一時的に逃れる)などがある。　③　それぞれの例として，接近－接近型「ケーキもプリンも食べたい」，回避－回避型「勉強したくないが，試験に不合格にもなりたくない」，接近－回避型「ケーキは食べたいが，太りたくない」，二重接近－回避型「Aは環境はよいが交通の便が悪い，Bは騒音がうるさいが，駅から近い」が考えられる。　④　ピーターパンシンドロームは，米国の心理学者ダン＝カイリーが1983年刊の同名著書で定義した。いつまでも大人社会に適応できない男性の心的病理現象のことで，ピーターパン症候群ともいう。

【8】①　a　行政　　b　医療の供給　　c　検診　　d　保健所　　e　一般用医薬品　　f　有効性　　②　医療以外で介護を必要とする人が適切なサービスを受けられるように，社会全体で支え合うことを目的とした制度で，40～64歳が保険料を負担する。　③　基本的負担割合…3割　　3歳未満負担割合…2割　　70歳以上負担割合…1割

④　インフォームド・コンセント…医師は患者にわかりやすく選択肢をあげて説明し，患者が自主的に判断して受けたいと思う治療を安心して受けられるようにするべきであるという考え方。　セカンド・オピニオン…医療機関で医師の治療を受けているなかで，主治医などの診断，治療法の選択などに納得できない場合や確かめたい場合などに，別の医療機関や医師などに意見を求めること。　⑤　処方箋

⑥　非加熱製剤の危険性を知りながらHIV感染の事実を隠したり，加熱製剤への転換を故意に遅らせたりしたことにより，HIVに汚染された非加熱血液製剤が投与され，特に血友病患者にエイズ感染が広がった。

〈解説〉②　少子高齢化に伴い，介護を必要とする高齢者の増加や核家族化の進行，介護による離職が社会問題となったため，家族の負担を軽減し，介護を社会全体で支えることを目的として，2000年に介護保険制度が創設された。　③　注意したいのは，3歳未満の負担割合であろう。多くの地方自治体では子どもの医療費補助制度を設けており，

医療証を病医院に提示することで自己負担額が軽減される措置をとっている。　④　どちらも医師中心の医療から，患者のQOLを重視した医療への転換を示している。なお，セカンド・オピニオンは主に手術など重大な医療行為や，生命に関わる疾患の治療方針などで使われることが多い。　⑥　特に血友病患者にエイズ感染が広がったが，これはおもに1982年から86年にかけて輸入した非加熱血液製剤を治療薬として用いたことによる。そのため2000人近くがエイズに感染したと推定され，エイズに感染した血友病患者らは1989年，国と製薬会社5社を相手どって損害賠償訴訟を起した。

【9】(1)　野球・ソフトボール，空手，スケートボード，スポーツクライミング，サーフィン　(2)　馬術・フェンシング・水泳
(3)　1964年

〈解説〉(1)　2016年8月にリオデジャネイロで開催された国際オリンピック委員会(IOC)総会において，公益財団法人東京オリンピック・パラリンピック競技大会組織委員会が提案していた追加種目(5競技18種目)の採択が正式に決定した。　(2)　問題にあるコンバインドとは射的とランニングを交互に行う競技である。かつては別々に行われていたが，2009年より変更された。そのため，行われる競技は4種だが，種目は5種目であることに注意したい。　(3)　東京は，かつて第12回大会の開催地として決定していたが，盧溝橋事件などを理由に返上し，第18回オリンピック競技大会が初の開催となった。

【10】(1)　筋肉の長さを変えずに力を発揮するトレーニングのこと。
(2)　東京オリンピックで，日本が優れた成績を収めるよう支援するだけでなく，その取り組みを強力で持続可能な支援体制として構築・継承すること。　(3)　将来性の豊かな地域のスポーツタレント又はアスリートから，メダル獲得の潜在能力を有するメダルポテンシャルアスリートとなり得る人材を発掘するプログラムのこと。　(4)　90度
(5)　11m　(6)　リエントリー　(7)　3年　(8)　ダイアゴナル(交

互滑走)，ダブル・ポール，グラインド(滑走)を伴わない開脚登行，滑走，ターン技術のこと。

〈解説〉(1)　例えば重い荷物を両手で抱えたり重たい壁を押したりなど，力は入れているが，腕立て伏せやスクワットとは違い動かない「静的」なトレーニングである。アイソメトリックは「等尺性収縮」のことをいう。　(2)　具体的内容としては，中長期の強化戦略プランの実効化を支援するシステムの確立，ハイパフォーマンスセンターの機能強化，アスリート発掘への支援強化，女性トップアスリートへの支援強化，ハイパフォーマンス統括人材育成への支援強化，東京大会に向けた戦略的支援の6つで構成されている。　(3)　第2期スポーツ基本計画，および「競技力強化のための今後の支援方針」でアスリートの発掘が重要な課題として位置付けられたことから，公益財団法人日本体育協会が「競技力向上事業」の一環として，全国の将来性豊かなアスリートを発掘するための「ジャパン・ライジング・スター・プロジェクト(J-STAR PROJECT)」を実施している。　(4)　背泳ぎは，折返し動作中を除き，常にあおむけの姿勢で泳がなければならない。　(5)　なお，ペナルティキックの時には，キッカーとゴールキーパー以外のプレーヤーは，ボールが蹴られるまでペナルティエリアに入れない。

(6)　この場合，どの守備位置についてもよいが，自分のもとの打順を受け継いだ選手との交代を条件とする。　(8)　クラシカル走法はコース全般につけられた2本の溝の中を滑る走法である。スキー・クロスカントリーには，クラシカル走法のほかにスケーティング走法がある。

【11】(1)　1.550m　(2)　バックバウンダリーライン(シングルスロングサービスライン)　(3)　ショートサービスライン

〈解説〉学習指導要領にある競技については，ルールだけでなく，ラインの名称や長さなども頻出なので憶えておくこと。なお，天井の高さは12m以上，各コートの周囲は2.0m以上の余地が必要であり，各ラインの幅は4cmとなっている。

【12】(1)　インパクト　(2)　背　(3)　速さ　(4)　宣告　(5)　20　(6)　関節技　(7)　参った　(8)　戦意

〈解説〉なお，投げられた試合者が，故意に「ブリッジ(頭と片足もしくは両足が畳についている状態)」をしようとした場合，全て「一本」となる。これは，試合者の安全を考慮したもので，これにより試合者は相手の技から頸椎を危険にさらすような逃げ方をしなくなる。また，「ブリッジ」を試みた状態(体がアーチ状になる)も，「ブリッジ」とみなされる。

2017年度　実施問題

【中学校】

【1】「中学校学習指導要領(平成20年3月告示)」及び「中学校学習指導要領解説保健体育編(平成20年9月文部科学省)」に示されている内容について，(1)～(3)の問いに答えよ。

(1) 指導内容の体系化については，小学校から高等学校までの12年間を見通し，発達の段階のまとまりを踏まえ「3つの時期」に分けて示している。その3つの時期を答えよ。

(2) 次の文は，各分野に当てる授業時数に関する記述である。下線部「程度」と示されている理由を答えよ。

> 中学校3学年間で各分野に当てる授業時数は，体育分野267単位時間程度，保健分野48単位時間程度を配当することとしている。

(3) 次の文は，体育分野の各領域別授業時数に関する記述である。次の①～④に適語を記せ。

> 体育分野の各領域への授業時数の配当については，「A体つくり運動」と「H体育理論」については，指導内容のより一層の(　①　)を図るため，新たに授業時数として，「A体つくり運動」については，各学年で(　②　)単位時間以上を，「H体育理論」については，各学年で(　③　)単位時間以上を配当することとした。
>
> また，「B器械運動」から「Gダンス」までの領域の授業時数は，その内容の(　④　)を図ることができるよう考慮して配当することとした。

(☆☆☆☆◎◎◎◎)

【2】保健分野について，(1)，(2)の問いに答えよ。

(1) 「中学校学習指導要領解説保健体育編(平成20年9月文部科学省)」に示されている「傷害の防止」の内容について，次の①～③の問いに答えよ。

① 「自然災害による傷害の防止」には，自然災害による傷害が災害発生時だけでなく，二次災害によっても生じることから，その防止のために「理解できるようにする」こととして3つの内容を示している。その内容を3つ記せ。

② 次の文は，「応急手当」の内容の一部である。a～fに適語を記せ。

> 応急手当は，患部の(　a　)や固定，止血を適切に行うことによって傷害の(　b　)を防止できることを理解できるようにする。ここでは，包帯法，止血法としての(　c　)法などを取り上げ，(　d　)を通して理解できるようにする。また，心肺停止に陥った人に遭遇したときの応急手当としては，(　e　)，(　f　)，胸骨圧迫などの心肺蘇生法を取り上げ，(　d　)を通して理解できるようにする。なお，必要に応じてAED(自動体外式除細動器)にも触れるようにする。

③ 下線部「AED(自動体外式除細動器)」は，どのような目的で使用する医療機器であるか説明せよ。

(2) 次の表は，「『生きる力』を育む中学校保健教育の手引き(平成26年3月文部科学省)」に示されている「保健教育で用いられる指導方法の例」より抜粋したものである。あとの①，②の問いに答えよ。

指導方法	健康課題やその解決方法に関する具体的な活動	期待される資質や能力等の育成	活用例
ブレインストーミング	様々なアイデアや意見を出していく	・思考力や判断力等の育成 ・(　d　)の習得	・ストレスへの対処方法 ・運動の効果
実　験	(　a　)を設定し，これを検証したり，解決したりする	・思考力や判断力等の育成 ・課題解決的な態度の育成	・気体検知管による(　e　)濃度の測定 ・(　f　)による教室内の明るさの測定
ロールプレイング	健康課題に直面する場面を設定し，当事者の心理状態や対処の仕方等を(　b　)する	・思考力や判断力等の育成	・喫煙などを助長する断りにくい心理の存在 ・心肺停止に陥ったと思われる人への対処

フィールドワーク	実情を見に行ったり，課題解決に必要な（　c　）に詳しい人に質問したりする	・思考力や判断力等の育成 ・課題解決的な態度の育成	・交通事故や自然災害の原因調べ ・保健機関の役割

① a～fに適語を記せ。

② 上記の表の下線部「指導方法」を選ぶ際に考慮すべき内容を答えよ。

(☆☆☆☆☆◎◎◎◎)

【3】陸上競技について，次の(1)，(2)の問いに答えよ。

(1) 「中学校学習指導要領(平成20年3月告示)」及び「中学校学習指導要領解説保健体育編(平成20年9月文部科学省)」に示されている陸上競技における指導内容について，①～⑤の問いに答えよ。

① 「第1学年及び第2学年」の「走り幅跳び」の技能に示されている「スピードに乗った助走」における内容を記せ。

② 「第1学年及び第2学年」の態度の指導内容における「勝敗などを認め」に示されている内容を記せ。

③ 「第1学年及び第2学年」の「走り幅跳び」の指導に際して，大切であると示されている内容について，「学習の始めの段階」及び「技能が高まってきた段階」に分けて記せ。

④ 「第3学年」の「長距離走」の技能に示されている「自己に適したペースを維持して走る」における内容を記せ。

⑤ 次の表は，「陸上運動・陸上競技の動きの例」より抜粋したものである。次のa～gに適語を記せ。

	小学校５・６年	中学校１・２年	中学校３年
短距離走・リレー	○上体をリラックスさせ全力で走る ○減速の少ないバトンパスができるリレー	○リズミカルな全身の動きで最大スピードを高めた疾走 ・徐々に上体を起こして加速するクラウチングスタート ・自己に合った（　a　）とストライド ○渡す（　b　）と，スタートのタイミングを合わせたバトンパスができるリレー	○スタートから中間疾走へのつなぎを滑らかにした疾走 ・力強くキックして加速するクラウチングスタート ・（　c　）のないリズミカルな走り ○スピードが十分高まったところでバトンパスができるリレー
ハードル走	○リズミカルに走り越えていくハードル走 ・決めた足で踏み切る ・ハードル上で上体を前傾	○勢いよく走り越えていくハードル走 ・（　d　）からの踏み切り ・抜き脚の膝の折りたたみ ・インターバルの一定のリズム	○最後までリズムを維持して走り越えていくハードル走 ・（　e　）台目を勢いよく ・振り上げ脚をまっすぐ ・インターバルのリズムを維持

走り高跳び	○リズミカルな助走から上体を起こして踏み切る走り高跳び	○力強い踏み切りと大きな動作の走り高跳び ・リズミカルな助走 ・助走スピードを落とさない踏み切り ・脚と（　f　）のタイミングを合わせた踏み切り ・大きなはさみ動作	○伸び上がるような踏み切りと流れのよい空間動作の走り高跳び ・はさみ跳びや（　g　）跳びなどの空間動作

(2)　「ハードル走」における技能習得の学習場面について，次の表の①～③に当てはまる「つまずいている様子に対応する具体的な指導の手立て」を記せ。

つまずいている様子	具体的な指導の手立て
踏み切りがハードルから近い	①
振り上げ脚がまっすぐに上がらない	②
ハードルを低く走り越すことができない	③

(☆☆☆☆☆◎◎◎◎)

【４】水泳について，(1)，(2)の問いに答えよ。

(1)　次の文は，「学校体育実技指導資料第4集水泳指導の手引(三訂版)(平成26年3月文部科学省)」に示されている水泳の特性について述べたものである。①～⑥に適語を記せ。

> 水泳系は(　①　)で運動を行うため，水の(　②　)的特性【浮力，水圧，抗力・揚力，高比熱・高熱伝導率】の影響を強く受けます。さらに，水泳系は(　③　)の他の運動と比較し，固定した(　④　)点が無い，自重を支える必要がない，主に(　⑤　)で運動する，自分の動作が見えにくい，泳ぎのリズムに(　⑥　)が制限されるなどの運動特性を持ちます。これらの特性を十分に理解して指導にあたる必要があります。

(2)　水泳の学習は，気候条件に影響を受けやすいため，指導計画を工夫することが大切である。どのような工夫が挙げられるか，具体例を記せ。

(☆☆☆☆☆◎◎◎)

【5】ダンスについて，(1)，(2)の問いに答えよ。

(1) 「中学校学習指導要領(平成20年3月告示)」及び「中学校学習指導要領解説保健体育編(平成20年9月文部科学省)」に示されているダンスにおける指導内容について，①，②の問いに答えよ。

① 「第1学年及び第2学年」の知識に示されている「ダンスの特性」における内容を3つ記せ。

② 「第3学年」の知識に示されている「踊りの特徴と表現の仕方」における内容をそれぞれの種目で答えよ。

(2) 「学校体育実技指導資料第9集表現運動系及びダンス指導の手引(平成25年3月文部科学省)」に示されている内容について，①，②の問いに答えよ。

① 次の表は，「リズムの特徴と乗り方(動き)の工夫のポイント」より抜粋したものである。a～fに適語を記せ。

※BPMとは1分間のビート(拍)の数を示し，曲の速さ(テンポ)の目安となる。

リズム	リズムの小分類とその特徴	リズムの乗り方や動きの工夫のポイント
ロック（ポップス）	アップテンポ（BPM140 ～ 150） ・（　b　）踊れるテンポで初心者にも踊りやすくどんな動きでも対応できる。 ややゆっくり（BPM120 ～ 130） ・歩くテンポ，強いビートに乗せたステップ系の動きが中心となる。 かなり速いテンポ（BPM150以上） ・（　d　）のテンポ ・ユーロビートの曲を含む	○リズムに（　a　）して全身で（体幹部で）リズムをとらえてその場で（　b　）踊ったり，スキップしたりして移動を加えて踊る。手をつないで回ったりハイタッチしたりして掛け合って踊る。 ○（　c　）のリズムでアクセントを付けて踊る。回る，跳ぶ等の動きで変化を付けて相手と対応して踊る。アップテンポの曲より体幹部でリズムに乗るのは難しい。 ○リズムに合わせて（　e　）な動きを繰り返して踊るにはよい。体幹部でリズムに乗ったり，いろいろな動きで変化を付けたりするにはテンポが速すぎて適さない。
サンバ（ラテン系）	ややゆっくり（BPM120 ～ 130）から アップテンポ（BPM140 ～ 150）まで ・「ウン・タッタ」の2拍の中にリズムの変化（シンコペーション）があり，打楽器の（　f　）なラテンのリズムと陽気な感じが特徴。　＊・がアクセント	○打楽器の（　f　）なリズムを体の各部位で取って踊る。 ○腰（おへそ）の前後揺れとシンコペーションの特徴をつかんで踊る。 ○ロックと同様に動きに変化やアクセントを付けたり，相手との対応の仕方を工夫したりしていろいろな動きで踊る。

② 中学校におけるフォークダンスの技能のポイントを3つ記せ。

(☆☆☆☆☆◎◎◎◎)

【6】「学校安全参考資料『生きる力』をはぐくむ学校での安全教育(平成22年3月文部科学省)」に示されている学校における安全管理について，(1)～(4)の問いに答えよ。

(1) 運動場・園庭等の点検を実施する際の観点を記せ。

(2)　遊具，鉄棒，野球場等のバックネットなどの固定施設の点検を実施する際の視点を記せ。

(3)　サッカー，ハンドボールのゴールポストなどの移動施設の点検を実施する際の観点を記せ。

(4)　次の文は，運動用具等の倉庫及びプールの安全管理について述べたものである。①～⑧に適語を記せ。

> 児童生徒等の(　①　)の中で，運動や勤労生産的活動のための用具の撤去や(　②　)の際に起こるものも決して少なくない。したがって，それらの倉庫や用具室の(　③　)に努めるとともに，常に施錠ができる状態になっているかの確認が必要である。また，石灰による(　④　)損傷などの報告もあることから，用器具等の(　⑤　)状態や取扱い，児童生徒等の出入状況などについても十分に配慮する。
>
> プールについては，浄化・消毒装置や(　⑥　)，洗眼器などの設備が設置目的に合った機能を果たしているか，それが安全に(　⑦　)されているか，また，プールの中に(　⑧　)物や異物などが混入していないか，プールの排水溝，プールサイドやプールの周囲が安全な状態に保たれているかなどについて，常に確認しておくよう配慮する。

(☆☆☆☆☆◎◎)

【7】次の語句について説明せよ。

(1)　セルフメディケーション

(2)　クーリングダウン

(3)　凍傷

(☆☆☆☆◎◎◎◎)

【8】新体力テスト実施について，次の(1)，(2)の問いに答えよ。

(1)　「子どもの体力向上のための取組ハンドブック(平成24年3月文部

科学省)」に示されている内容について，次の①，②の問いに答えよ。

① 次は，新体力テスト項目と運動特性の関連について述べたものである。a～cに適語を記せ。

> 運動特性ごとに見てみると，
> ・「すばやさ」は反復横とびと(　a　)の2項目の測定値から評価できる。
> ・「タイミングの良さ」は，反復横とび，立ち幅とび，(　b　)の3項目から評価できる。
> ・「力強さ」は，(　c　)，上体起こし，(　b　)，(　a　)，立ち幅とびの5項目から評価できる。

② 次は，新体力テストにおける「項目別得点表」の役割について述べたものである。a，bに当てはまる内容を記せ。

> 第1の役割は，8項目の実技テストの体力・運動能力を相対的に示すことである。
> 第2の役割は，[　　　　a　　　　]。
> 第3の役割は，[　　　　b　　　　]。

(2) 中学生年代における運動習慣と生活習慣の改善を通した体力・運動能力向上のための取組は，生徒にとってどのような役割を果たしているか述べよ。

(☆☆☆☆☆◎◎◎◎)

【9】次の文は，近代オリンピックについて述べたものである。あとの問いに答えよ。

・古代ギリシアのオリンピアで，紀元前776年からおよそ1200年の長きにわたり開催されてきた競技会は，393年にその幕を閉じた。近代オリンピック大会の創始者である(　①　)がオリンピックの復興計画を思いついたのは，1888年から1892年の間といわれている。

・1894年，(　①　)はパリ大学ソルボンヌの大講堂で，スポーツに関する国際会議(パリ・アスレチック会議)を開催した。会議は，当時スポーツ界の話題となっていた(　②　)とプロの問題を討議する名目で招集された。

・この会議の最終日，(　①　)はオリンピックの復興の計画を集まった人々に発表し賛同を求めた。結果は満場一致でこの計画を進めることが可決された。そして，この大会を主催する組織として，(　③　)が設立された。

・第1回大会はギリシアの(　④　)で開催された。競技は(　⑤　)，水泳，体操，重量挙げ，(　⑥　)，フェンシング，射撃，自転車，テニスの9競技，42種目が行われた。この大会では(　⑦　)の種目はなかった。(　⑦　)の参加は第2回大会からであり，第18回大会においても全体の13%にすぎなかった。

・初期のオリンピック大会は，大会の形式もまだ未整備で，多くの課題を残した。第4回のロンドン大会では，参加者数が2000人を超え，大会は成功を収めた。一方この頃からナショナリズムが台頭しはじめ，オリンピックは新たな局面を迎えることになる。日本の初参加は，1912年第5回(　⑧　)大会であった。

・第1回大会が開催されて以降，(　③　)は戦争や民族・人権問題などの国際政治，(　②　)とプロ，(　⑨　)主義，ドーピングなど様々な問題に直面しながら，オリンピック・ムーブメントの維持・発展のために解決の道を模索してきたといえる。

(1)　①～⑨に適語を記せ。

(2)　下線部「ドーピング」について，スポーツ基本法(平成23年8月文部科学省)第29条には「ドーピング防止活動の推進」が示されている。国が講ずるべき施策を記せ。

(☆☆☆☆☆◎◎◎◎)

【高等学校】

【1】次の文は，高等学校学習指導要領解説保健体育編・体育編(平成21年12月文部科学省)「第1章総説」第1節改訂の趣旨「2　保健体育科改訂の趣旨」に示された，平成20年1月の中央教育審議会答申で指摘された，体育，保健の課題である。下の各問いに答えよ。

> 【体育】
> ①　運動する子どもとそうでない子どもの(　a　)
> ②　子どもの体力の(　b　)が依然深刻
> ③　運動への関心や自ら運動する意欲，各種の運動の楽しさや喜び，その基礎となる運動の技能や知識など，(　c　)運動に親しむ資質や能力が十分に図られていない例も見られること
> ④　(　d　)のないまま領域を選択しているのではないか
> 【保健】
> ①　今後，自らの健康管理に必要な(　e　)して判断し，行動を選択していくことが一層求められること
> ②　生活習慣の乱れが(　f　)にも見られるとの指摘があること

(1)　文中の(　a　)～(　f　)に適語を記せ。

(2)　文中の体力の向上については，「体つくり運動」の学習を通して，どのようなことを味わわせ，認識させるよう示しているかそれぞれ答えよ。

(☆☆☆☆◎◎◎◎)

【2】高等学校学習指導要領解説保健体育編・体育編(平成21年12月文部科学省)「第2章各科目」第1節体育「3　内容」(2)態度に示されている内容について，次の各問いに答えよ。

(1)「ア　共通事項」に示されている中学校第3学年及び高等学校入学年次，高等学校その次の年次以降の情意面の目標を答えよ。

(2)「イ　公正や協力に関する事項」で中学校第3学年から高等学校卒業時までに継続して，各領域に応じて示されている内容を3つ答え

よ。

(3)　次の文は，「エ　健康・安全に関する事項」(一部抜粋)に示された内容である。文中の(　a　)～(　c　)に適語を記せ。

> 高等学校入学年次以降においては，これらに加えて，(　a　)や気温の変化などを予見して危険を回避し，けがや疾病を未然に防ぐことを示したものであるが，健康・安全に関する事項については，(　b　)をもつことにとどまらず，(　c　)することが求められていることを強調したものである。

(☆☆☆☆☆◎◎◎◎)

【3】次の表は，高等学校学習指導要領解説保健体育編・体育編(平成21年12月文部科学省)「第2章各科目」第1節体育「3内容」Gダンス「表現・創作ダンスの題材・テーマと動きの例」に示されている内容である。下の各問いに答えよ。

	中学校3年・高校入学年次	高校その次の年次以降
題材・テーマ	・身近な生活や日常動作 ・(　a　)の動きの連続 ・多様な感じ ・群の動き ・ものを使う ・はこびとストーリー	・身近な生活や日常動作 ・(　a　)の動きの連続 ・(　b　)な感じ ・群（集団）の動き ・もの（小道具）を使った動き ・はこびとストーリー
即興的な表現（ひと流れの動きで表現）	・<u>表したいテーマにふさわしいイメージをとらえる</u> ・変化を付けたひと流れの動きで即興的に表現する ・(　c　)を中心に表現する ・個や群で，(　d　)のある動きや空間の使い方で変化を付けて表現する	・多様なテーマの中から表したいテーマを選び，中心となるイメージをとらえる ・中心となるイメージを即興的に表現する ・個や群で，イメージを強調する(　d　)を最大限に強調した(　a　)の動きと空間の使い方で変化を付けて即興的に表現する
簡単な作品創作（ひとまとまりの表現）	・表したいイメージを一層深めて表現する ・変化と起伏のある「はじめ－なか－おわり」の簡単な構成の作品に表現して踊る	・表したいテーマにふさわしいイメージを深め，中心となるイメージを強調した「はじめ－なか－おわり」の構成で表現する ・特徴的な動きや構成を強調した盛り上がりのある起伏を付けて，個性を生かした作品にして踊る
発表の様子	・(　e　)仕上げて発表する	・衣装や(　f　)を演出して発表する

(1)　表中の(　a　)～(　f　)に適語を記せ。

(2)　表中の<u>表したいテーマにふさわしいイメージをとらえ</u>とはどういうことか，高校入学年次について説明せよ。

(☆☆☆☆☆◎◎◎◎)

【4】次の文は，高等学校学習指導要領解説保健体育編・体育編(平成21年12月文部科学省)「第2章各科目」第1章体育「3内容」H体育理論「内容の取扱い」(一部抜粋)に示されている内容である。下の各問いに答えよ。

> ク 「H体育理論」については，(1)は入学年次，(2)はその次の年次，(3)はそれ以降の年次で取り上げること。
>
> 1 「H体育理論」は，各年次において，すべての生徒に履修させるとともに，「各科目にわたる指導計画の作成と内容の取扱い」に授業時数を<u>各年次で6単位時間以上</u>を配当することとしている。
>
> このことは，基礎的な知識は，意欲，思考力，運動の技能などの源となるものであり，確実な定着を図ることが重要であることから，各領域に共通する内容や，まとまりで学習することが(a)に精選するとともに，(b)を考慮して単元を構成し，(c)が図られるよう配慮したものである。

① 文中の(a)～(c)に適語を記せ。

② 文中の<u>各年次で6単位時間以上</u>としたのは，どのようなことに配慮したからであるか答えよ。

③ 文中の(1)，(2)，(3)に当てはまる領域の内容を答えよ。

(☆☆☆☆☆◎◎◎◎)

【5】次の表は，高等学校学習指導要領解説保健体育編・体育編(平成21年12月文部科学省)「第2章各科目」第1節体育「3内容」D水泳の「各泳法の動きの例」に示されている内容である。あとの各問いに答えよ。

	高校その次の年次以降	目安の距離
クロール	・(a)をつかむようなプル ・かき始めからかきおわりにかけての加速 ・流線型の姿勢を維持したキック ・最小限の(b)の呼吸動作	ア 程度
平泳ぎ	・加速させながらのプルと素早く手を前に戻すリカバリー ・抵抗の少ないひきつけからの素早いキック動作 ・流線型の姿勢を維持した(c)の姿勢	
背泳ぎ	・腕をリズムよく運ぶリカバリー ・手のひらを外側からやや下側に向けて水をつかみ肘を曲げたプル ・流線型の姿勢を維持しながらの(d) ・ストロークに合わせたリズムよく行う呼吸動作	イ 程度
バタフライ	・空中で力を抜いて腕を前方に運ぶリカバリー ・腰の上下動を使ったしなやかな(e) ・体の(f)に合わせた低い位置での呼吸動作	

	高校その次の年次以降
スタート	・合図で，両足同時に力強く蹴りだすこと ・流線型の姿勢から，(g)の力強いキック ・<u>各局面</u>を一連の動きで行うこと
ターン	・減速しないで壁にタッチ ・回転し，方向を変換すること ・壁を蹴りながら水中で体をねじり(h)にすること ・各局面を一連の動きで行うこと

(1)　表中の(a)～(h)に適語を記せ。

(2)　表中の［ ア ］及び［ イ ］に適する距離を記せ。

(3)　表中のスタートの下線部各局面を3つ答えよ。

(4)　高等学校の段階的な指導による「スタート」について，示されている内容を答えよ。

(☆☆☆☆☆◎◎◎◎)

【6】次の指導の手引に関する各問いに答えよ。

(1)　学校体育実技指導資料第2集柔道指導の手引(三訂版)(平成25年3月文部科学省)に示されている内容について，次の各問いに答えよ。

①　礼法の考え方に示されている，技能指導においても重視する態度の内容を3つ答えよ。

②　抑え込みの3つの条件を答えよ。

③　受け身の3要素を答えよ。

④　生徒の多様な体力や運動経験等の実態に対応して，安全で効果的な学習指導を行うために重要なことを答えよ。

(2)　学校体育実技指導資料第10集器械運動指導の手引(平成27年3月文部科学省)に示されている，台上前転のつまづきへの対応や安全確保について，踏み切りや腰の引き上げが不十分な場合の対応を答えよ。

(3) 学校体育実技指導資料第4集水泳指導の手引(三訂版)(平成26年3月文部科学省)に示されている，準備運動の実施上の留意事項を説明せよ。

(☆☆☆☆☆◎◎◎◎)

【7】「生きる力」を育む高等学校保健教育の手引き(平成27年3月文部科学省)「第3章　保健教育を効果的に進めるために」第1節　指導計画の立案を通じた教職員の共通理解に示されている具体的な取組について，次の各問に答えよ。

(1) 「1.　年間指導計画の立案」において

① 年間指導計画の作成に当たっては，多くの教職員がかかわるとともに，一人一人の参画意識を高める工夫が必要である。そのために取り入れていくよう例示されている内容を2つ答えよ。

② 年間指導計画を次年度に活用できるようにするため，設けるものと書き込む内容として，例示されていることを答えよ。

③ 年間指導計画の評価を含めた計画の見直しを行う際は，年度始めや年度末に時間が取りにくいこともあるため，夏季休業から次年度の夏季休業までの1年間をサイクルとする方法も例示されている。このように，学年をまたぐことによって得られる効果について示されている内容を答えよ。

(2) 「2.　単元計画の立案」において

① 単元計画を作成するときは，単元全体の構造について理解を深めることが大切である。そのために明らかにすべきものとして，示されている内容を答えよ。

② 指導内容を効果的に身に付けるために，明確にすべきと示されている内容を答えよ。

(☆☆☆☆☆◎◎)

【８】次の文は，高等学校学習指導要領解説保健体育編・体育編(平成21年12月文部科学省)「第2章各科目」第2節保健「3内容」(1)現代社会と健康「イ　健康の保持増進と疾病の予防」(イ)喫煙，飲酒と健康に示されている内容である。下の各問いに答えよ。

> (イ)　喫煙，飲酒と健康
>
> 　喫煙，飲酒は，生活習慣病の要因となり健康に影響があることを理解できるようにする。その際，周囲の人々や胎児への影響などにも触れるようにする。また，喫煙や飲酒による健康課題を防止するには，正しい知識の普及，健全な価値観の育成などの個人への働きかけ，及び法的な整備も含めた社会環境への適切な対策が必要であることを理解できるようにする。その際，(　a　)，(　b　)気持ちの低下，(　c　)の行動，(　d　)の影響，(　e　)や(　f　)の薬理作用などが，喫煙や飲酒に関する開始や継続の要因となることにも適宜触れるようにする。

(1)　文中の(　a　)～(　f　)に適語を記せ。

(2)　文中の法的な整備について，公共の場での禁煙や分煙が義務づけられるようになった法律名を答えよ。

(☆☆☆☆◎◎◎◎)

【９】応急手当について，次の各問いに答えよ。

(1)　次の文は，高等学校学習指導要領解説保健体育編・体育編(平成21年12月文部科学省)「第2章各科目」第2節保健「4内容の取扱い」(一部抜粋)に示されている内容である。下の各問いに答えよ。

> (5)　内容の(1)のオについては，(　a　)を行うものとし，(　b　)系及び(　c　)系の機能については，必要に応じ関連付けて扱う程度とする。

①　文中の(　a　)～(　c　)に適語を記せ。

②　上記において効果的な指導を行うため，配慮するものとすると

示されている内容を答えよ。

(2) JRC蘇生ガイドライン2015において，心肺蘇生法の胸骨圧迫に追記された変更点を2つ答えよ。

(☆☆☆☆◎◎◎◎)

【10】次の文は，高等学校学習指導要領解説保健体育編・体育編(平成21年12月文部科学省)「第2章各科目」第2節保健「3内容」(1)現代社会と健康「ウ　精神の健康」(ウ)　ストレスへの対処に示されている内容である。下の各問いに答えよ。

> (ウ)　ストレスへの対処
>
> 人間が生きていく上で，ストレスを感じること自体は自然なことであり，また，適度なストレスは精神発達上必要なものであるが，過度のストレスは心身に好ましくない影響をもたらすことがあることを理解できるようにする。また，ストレスの大きさとそれを受け止める人の精神や身体の状態によって異なることから，自分なりのストレス対処法を身に付けることが精神の健康のために重要であることを理解できるようにする。
>
> その際，ストレスの原因となっている事柄に対処すること，ストレスの原因についての自分自身の受け止め方を見直すこと，心身に起こった反応については(　d　)の運動等のリラクセーションの方法で緩和することに触れるようにする。また，それらについては，周りから支援を受けることや(　e　)の方法を身に付けることが有効な場合があることに触れるようにする。
>
> なお，<u>事故災害後には，ストレスにより障害が発生することもある</u>ことにも触れるようにする。

(1) 文中の(　a　)～(　e　)に適語を記せ。

(2) 文中の<u>事故災害時には，ストレスにより障害が発生することもある</u>について，生死にかかわるような実際の危険にあったり，死傷の現場を目撃したりするなどの体験によって強い恐怖を感じ，それが記憶に残ってこころの傷(トラウマ)となり，何度も思い出されて当時と同じような恐怖を感じ続ける病気を答えよ。

(☆☆☆☆◎◎◎◎)

【11】次の文は，「平成28年度　学校教育の指針」(秋田県教育委員会)第Ⅱ章　学校教育指導の重点「保健体育高等学校」(一部抜粋)に示されている内容である。文中の(　a　)～(　i　)に適語を記せ。

1　基礎的・基本的な知識・技能の習得と活用
・学習指導要領に示された内容に基づく授業づくり及び(　a　)
・(　b　)や学校の実態，中学校との関連，(　c　)等を十分に考慮し，卒業までを見通した年間指導計画の作成
・生徒の学習状況を的確に評価できる(　d　)の設定と(　e　)・方法の工夫

2　「体つくり運動」の充実
・自己のねらいに応じて，継続的な(　f　)を立て実践できるようにする(　g　)の工夫

3　ヘルスプロモーションの考え方につながる保健学習の充実
・個人及び社会生活における(　h　)に関する内容について，より(　i　)を図る保健学習の展開

(☆☆☆☆☆◎◎◎)

【12】次の文は，「運動部活動での指導のガイドライン」(平成25年5月文部科学省)　3.　運動部活動の学校教育における位置付け，意義，役割等について(一部抜粋)に示されている内容である。あとの各問いに答えよ。

3. 運動部活動の学校教育における位置付け，意義，役割等について
① 運動部活動は(　a　)の一環として行われるものです
② 運動部活動は，スポーツの技能の向上のみならず，生徒の生きる力の育成，豊かな学校生活の実現に意義を有するものとなることが望まれます
③ 生徒の(　b　)，(　c　)な活動の場の充実に向けて，運動部活動，(　d　)等が地域の特色を生かして取り組むこと，また，必要に応じて(　e　)することが望まれます

(1) 文中の(　a　)～(　e　)に適語を記せ。
(2) 次の文は，文中の下線部について，ガイドラインの中で示されている内容である。(　f　)～(　n　)に適語を記せ。
・スポーツの(　f　)を味わい，生涯にわたって(　g　)を継続する資質や能力を育てる。
・体力の向上や(　h　)につながる。
・保健体育科等の教育課程内の指導で身に付けたものを発展，充実させたり，活用させたりするとともに，運動部活動の成果を学校の(　i　)全体で生かす機会となる。
・自主性，(　j　)，責任感，連帯感などを育成する。
・自己の力の確認，努力による(　k　)，充実感をもたらす。
・互いに競い，励まし，(　l　)する中で友情を深めるとともに，学級や学年を離れて仲間や指導者と(　m　)に触れ合うことにより学級内とは異なる(　n　)につながる。

(☆☆☆☆☆◎◎◎◎◎)

【13】ハンドボール競技について，次の各問いに答えよ。
(1) ハンドボール競技規則2015年版(公益財団法人日本ハンドボール協会)に示されている，スローインを行うプレーヤーの正しい立ち位置について答えよ。また，その際に相手プレーヤーがスローを行

うプレーヤーから離れていなければならない距離は何m以上か答えよ。

(2)　次の図はゴールの左側面図である。得点にならないのは，A～Cのどれかすべて答えよ。

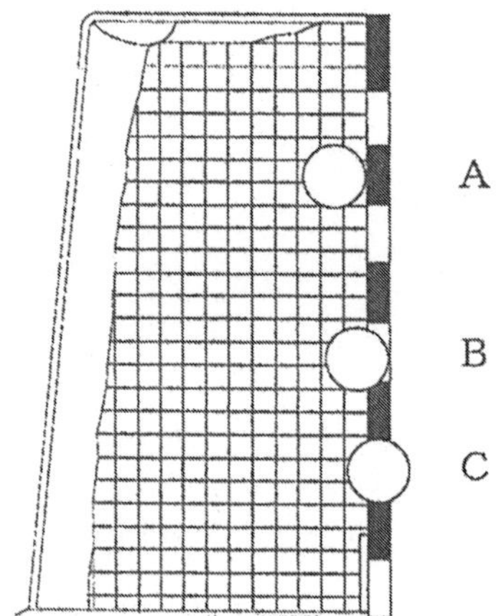

(☆☆☆◎◎◎)

【14】陸上競技の走り幅跳びについて，次の各問いに答えよ。

(1)　次の記録表について，①～⑤の問いに選手名A～Hで答えよ。

①　3回目の試技を終えて，記録が2番目に良い選手は誰か答えよ。

②　4回目の試技順が2番目の選手は誰か答えよ。

③　1位の選手は誰か答えよ。

④　3位の選手は誰か答えよ。

⑤　4位の選手は誰か答えよ。

試技順	選手名	1	2	3	4	5	6
1	A	6m00	5m90	×	6m20	6m50	×
2	B	×	×	×	6m00	×	×
3	C	5m80	×	5m60	6m10	5m90	6m10
4	D	5m30	5m40	5m35	5m90	5m70	×
5	E	×	×	×	6m40	6m30	6m50
6	F	6m50	×	―	×	6m70	6m00
7	G	5m75	5m80	5m40	6m20	6m40	6m30
8	H	6m05	6m80	6m40	×	6m20	6m50

(2)　図Aではどこからどこまでを計測するか，図中に｜(たて線)及び⟷(矢印)を使い記せ。

(3)　図Bは無効試技になる。その理由を答えよ。

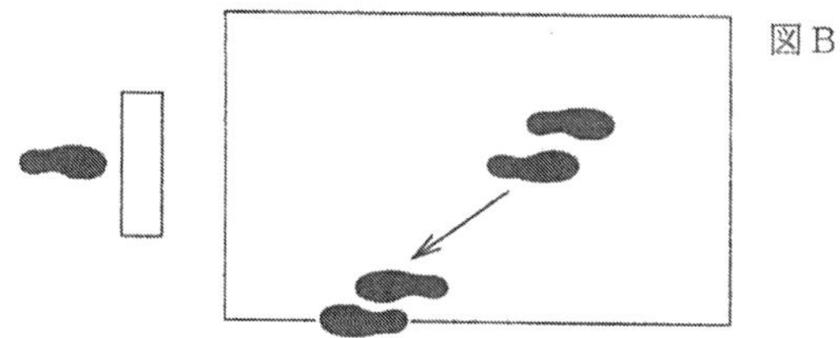

(☆☆☆◎◎◎◎)

【15】次の各問いに答えよ。

(1)　秋田県スポーツ推進計画「スポーツ立県あきた」推進プラン2014－2017(秋田県)第Ⅱ章「スポーツ立県あきた」推進のための取組「2　学校と地域における子どものスポーツ機会の充実」(2)学校の体育等に関する活動の充実「⑤中・高等学校運動部活動活性化のための取組の推進」の中で示されている内容を2つ答えよ。

(2)　ラグビーワールドカップの次回の開催年と開催国を答えよ。

(3)　サッカー競技において，試合中，競技者のファウルや不正行為によって相手チームに直接フリーキックが与えられる反則名を3つ答えよ。

(4)　秋田県出身のオリンピック金メダリストをフルネームで2人答えよ。

(5)　次の語句について説明せよ。

①　バディシステム(水泳)

② ノーマライゼーション

(☆☆☆☆☆◎◎◎◎)

解答・解説

【中学校】

【1】(1)　・各種の運動の基礎を培う時期　・多くの領域の学習を経験する時期　・卒業後に少なくとも一つの運動やスポーツを継続することができるようにする時期　(2)　体ほぐしの運動と心の健康，水泳と応急手当などの指導に当たっては，体育分野と保健分野との密接な関連をもたせて指導するように配慮する必要があるため，若干の幅をもたせたから。　(3)　①　定着　②　7　③　3　④　習熟

〈解説〉(1)　公式解答の評価基準では，「運動，基礎等」，「領域，経験等」「一つの運動やスポーツ，継続等」という3群のキーワードを主な観点として示し，「相対的に評価する」としている。　(2)　公式解答の評価基準では，「関連，指導等のキーワードを主な観点として，相対的に評価する」としている。　(3)　「中学校学習指導要領解説保健体育編(平成20年9月文部科学省)」では，「各領域に対する授業時数の配当をどのようにするかは，それぞれの領域について，どの程度習熟を図るかが重要な目安となる」として，内容の習熟を重視している。

【2】(1)　①　・日頃から災害時の安全の確保に備えておくこと。
・地震などが発生した時や発生した後，周囲の状況を的確に判断し，冷静・迅速・安全に行動すること。　・事前の情報やテレビ，ラジオ等による災害情報を把握する必要があること。　②　a　保護　b　悪化　c　直接圧迫　d　実習　e　気道確保　f　人工呼吸　③　AEDは，正常に動いていない心臓に電気ショックを与え，心臓の

働きを正常に戻すための医療機器である。　(2)　①　a　仮説　b　擬似体験　c　情報　d　知識　e　二酸化炭素　f　照度計　②　その時間の目標を達成するために最も効果的であるかを吟味するとともに，選んだ指導方法の効果を発揮させるために必要な時間配分が可能かを考慮すべきである。

〈解説〉(1)　①　公式解答の評価基準では，「安全，確保等」，「状況，判断等」，「情報，把握等」という3群のキーワードを主な観点として示し，「相対的に評価する」としている。　②　小学校第5学年及び第6学年の体育において，けがの起こり方とその防止，けがの簡単な手当について理解するための学習をしている。中学校保健体育保健分野は小学校までの理解度を踏まえながら，周囲の人と協力しながら適切な手当ができるようにすることが求められる。　③　心室細動を起こした心臓に，電気ショックを与える(除細動をおこなう)ことで，心臓の拍動を正常に戻す機器をAED(自動体外式除細動器)という。なお，公式解答の評価基準では，「心臓のはたらき，正常に戻す等のキーワードを主な観点として，相対的に評価する」としている。　(2)　①　出題の手引では，本問の表に示したもの以外の保健教育で用いられる指導方法の例として，事例などを用いた活動，実習，インターネット，図書，視聴覚教材の活用，課題学習についても取り上げている。それぞれの指導の特徴や活用例をおさえておきたい。　②　公式解答の評価基準では，「目標を達成，効果的等のキーワードを主な観点として，相対的に評価する」としている。

【3】(1)　①　最大スピードでの助走ではなく，踏み切りに移りやすい範囲でスピードを落とさないように走ること。　②　勝敗や個人の記録などの良し悪しにかかわらず全力を尽くした結果を受け入れ，相手の健闘を認めようとすること。　③　学習の始めの段階…踏切線に足を合わせることを強調せずに行うようにする。　技能が高まってきた段階…助走マークを用いて踏切線に足を合わせるようにする。　④　目標タイムを達成するペース配分を自己の技能・体力の程度に合

わせて設定し，そのペースに応じたスピードを維持して走ること。
⑤　a　ピッチ　b　合図　c　力み　d　遠く　e　1　f　腕　g　背面　(2)　①　ハードルから遠い地点で踏み切り，ハードルの近くに着地できるように，踏み切り点のめやすライン(目印)と，着地点のめやすライン(目印)を引いておくようにする。　②　振り上げる脚の伸ばしと素早く下ろすことを助言し，反復練習させる。
③　ハードルを高く飛び越してしまわないように，踏み切り位置を遠くすることと上体を前傾することを助言して練習させる。

〈解説〉(1)　①　公式解答の評価基準では，「踏み切りに移りやすい，スピードを落とさない等のキーワードを主な観点として，相対的に評価する」としている。　②　公式解答の評価基準では，「結果を受け入れ，相手の健闘を認めようとする等のキーワードを主な観点として，相対的に評価する」としている。　③　公式解答の評価基準では，学習の初めの段階について「踏切線等」，技能が高まってきた段階について「助走マーク等」のキーワードを主な観点として示し，「相対的に評価する」としている。　④　公式解答の評価基準では，「ペース配分，スピードを維持等のキーワードを主な観点として，相対的に評価する」としている。　⑤　現行の学習指導要領では，小学校，中学校，高等学校の指導の一貫性や接続を重視している。中学校1・2年は小学校5・6年と，中学校3年は高等学校入学年次との接続に配慮しながら授業計画を作成したり，指導を行ったりする必要がある。
(2)　技能習得の学習場面で，つまずきのみられる生徒への具体的な指導の手立てを問われるので，各種目について技術指導の段階とポイント，指導の工夫を答えることができるように学習しておきたい。なお，公式解答の評価基準では，①について「踏み切り点，着地点等」，②について「脚の伸ばし，素早く下ろす等」，③について「踏み切り位置，前傾する等」のキーワードを主な観点として示し，「相対的に評価する」としている。

【4】(1) ① 水中 ② 物理 ③ 陸上 ④ 支持 ⑤ 水平位 ⑥ 呼吸 (2) 教室での学習として視聴覚教材で泳法を確かめたり，課題を検討したりする学習や，保健分野の応急手当と関連させた学習などを取り入れる。

〈解説〉(1) 出題の手引では，水の物理的作用に続けて生理的作用や心理的作用についても解説している。水泳指導の参考となるこれらの水に関する知識を把握しておくことが望ましい。 (2) 公式解答の評価基準では，「教室，視聴覚教材等のキーワードを主な観点として，相対的に評価する」としている。「中学校学習指導要領解説保健体育編(平成20年9月文部科学省)」の内容に準じた記述であればよい。

【5】(1) ① ・仲間とともに感じを込めて踊ったり，イメージをとらえて自己を表現することに楽しさや喜びを味わうことのできる運動であること。 ・他者とのコミュニケーションを豊かにすることを重視する身体表現であること。 ・現在では，様々なダンスが世代を超えて世界の人々に親しまれていること。 ② ・創作ダンスでは，テーマや題材からイメージを自由にとらえて仲間とともに表現し合って踊ること。 ・フォークダンスでは，伝承された踊りを仲間とともに動きを合わせて踊ること。 ・現代的なリズムのダンスでは，現代的なリズムに乗って自由に仲間とともにかかわり合って踊ること。 (2) ① a 同調 b 弾んで c アフタービート(後打ち) d 駆け足 e 単純 f 小刻み ② ・踊りの特徴を捉え，ステップや動き，組み方を身に付けて，正確に，大きく踊ることができる。 ・唄や音楽に合わせて，1曲通して踊ることができる。 ・踊りが生まれた地域や風土の背景や情景を思い浮かべ，踊りに込められた感情を表現して踊ることができる。

〈解説〉(1) ① 公式解答の評価基準では，「感じを込めて，自己を表現する等」，「他者，コミュニケーション等」，「世代，世界の人々等」という3群のキーワードを主な観点として示し，「相対的に評価する」としている。 ② 公式解答の評価基準では，「イメージ，とらえて等」，

「伝承された踊り，動きを合わせて等」，「自由に，かかわり合って等」という3群のキーワードを主な観点として示し，「相対的に評価する」としているが，それらキーワードが順に，創作ダンス，フォークダンス，現代的なリズムのダンスの「踊りの特徴と表現の仕方」として的確に反映されている必要がある。また，「第1学年及び第2学年」の各ダンスの技能の記述と区別しておくこと。　(2)　①　本問の表では省略されている「ヒップホップ(R&Bを含む)」も含め，これらのリズム系ダンスは現代的なリズムのダンスで取り上げることが想定されている主要なダンスである。特徴を的確につかんでおきたい。　②　公式解答の評価基準では，「ステップ，動き等」，「唄，音楽に合わせて等」，「背景，踊りに込められた感情等」という3群のキーワードを主な観点として示し，「相対的に評価する」としている。

【6】(1)　地面の勾配，凹凸の状態，排水の状態などについて点検し危険物(ガラス，石，くぎ等)の除去を行い，常に安全な状態に整備しておくように配慮する。　(2)　破損の有無や周囲の状態，設置状態，砂場，掲揚塔などの塔の状態について常に安全を確かめ，けがが起こらないようにしておかなければならない。　(3)　特に固定の状態，破損の有無を確かめるとともに，移動した場合，固定状況の点検を実施する。　(4)　①　けが　②　収納　③　整理・整とん　④　角膜　⑤　保管　⑥　シャワー　⑦　使用　⑧　危険

〈解説〉本問では，学校における安全管理のうち，校舎(園舎)外等の安全管理について問われている。運動場・園庭等，体育施設，運動用具等の倉庫，プール，足洗い場等が想定される。　(1)　公式解答の評価基準では，「地面，排水等のキーワードを主な観点として，相対的に評価する」としている。　(2)　公式解答の評価基準では，「周囲の状態，設置状態等のキーワードを主な観点として，相対的に評価する」としている。　(3)　公式解答の評価基準では，「固定の状態，破損の有無等のキーワードを主な観点として，相対的に評価する。」としている。　(4)　学校内外の環境の安全管理については，「学校環境衛生基準(平成

21年文部科学省告示第60号)」とも関連する。学校環境の安全を確保するため，適切な時期，適切な方法で検査を行うことが求められる。これらの点検は教職員が行うこととなる。

【7】(1) 自分自身の健康に責任を持ち，軽度な身体の不調は自分で手当てすること。 (2) 激しい運動の後に，心臓循環器系や筋肉の興奮をしずめ，心身を安静状態に戻すために行う軽い運動のこと。
(3) 極端に寒いところで顔や手足などの皮膚に起る変化で，寒さで血液の流れが悪くなり，細胞が破壊される症状のこと。

〈解説〉(1) 公式解答の評価基準では，「自分，手当て等のキーワードを主な観点として，相対的に評価する」としている。なお，解答例は世界保健機関(WHO)によるセルフメディケーションの定義である。
(2) クーリングダウン(クールダウン)として具体的にはストレッチングやジョギングを行う。筋肉中の乳酸の除去を早めたり，疲労を回復したりするのに有効とされる。ウォーミングアップが筋肉内の血流の促進や，筋や腱の柔軟性を高めるのに対し，クーリングダウンは運動直後の筋肉にとどまる血液を心臓に戻し一過性の貧血状態を予防し，運動中に生じた疲労物質を筋肉から除去する役割がある。なお，公式解答の評価基準では，「安静状態，軽い運動等のキーワードを主な観点として，相対的に評価する」としている。 (3) 気温が非常に低い高地や冬の海で遭難すると凍傷になったり，低体温症になって最悪の場合には凍死したりすることがある。なお，公式解答の評価基準では，「細胞，破壊等のキーワードを主な観点として，相対的に評価する」としている。

【8】(1) ① a 50m走 b ボール投げ c 握力 ② a 体力・運動能力のバランスを評価することである。 b 体力・運動能力の向上のための目標をわかりやすく示すことである。 (2) 生涯における体力・運動能力の維持増進や，自立した活動的な生活を可能にすることとなる。

〈解説〉(1)　①　出題の資料によると，新体力テスト8項目の運動特性(動きの特性)は，出題の3つに「動きを持続する能力(ねばり強さ)」,「体の柔らかさ」を合わせた5つに整理することができる。「動きを持続する能力(ねばり強さ)」は上体起こし，20mシャトルラン，持久走の3項目,「体の柔らかさ」は長座体前屈の測定値から評価できるとしている。　②「項目別得点表」を活用することにより,「体力・運動能力のバランスの評価」や「項目別得点による測定値の目標の設定」ができ，生徒自身が主体的に体力・運動能力の向上を目指し，PDCAサイクルを実践することができる。なお，公式解答の評価基準では，aについて「バランス，評価等」，bについて「目標，示す等」のキーワードを主な観点として示し,「相対的に評価する」としている。

(2)　公式解答の評価基準では,「生涯，維持増進等のキーワードを主な観点として，相対的に評価する」としている。中学生の年代における運動習慣と生活習慣の改善を通した体力・運動能力向上ための取組は，極めて重要な役割を果たすと言える。

【9】(1)　①　クーベルタン　②　アマチュア　③　IOC(国際オリンピック委員会)　④　アテネ　⑤　陸上競技　⑥　レスリング　⑦　女子　⑧　ストックホルム　⑨　商業　(2)　ドーピングの検査，ドーピングの防止に関する教育及び啓発その他のドーピングの防止活動の実施に係る体制の整備，国際的なドーピングの防止に関する機関等への支援その他の必要な施策。

〈解説〉(1)　クーベルタンが掲げた，スポーツによる青少年の健全育成と世界平和の実現という理念をオリンピズムと呼ぶ。そして，オリンピズムを実現するためにIOCが中心となって行う活動がオリンピック・ムーブメントである。2020年の東京オリンピック開催決定を受けて，教員採用試験においてもオリンピックに関する出題が今後も増す傾向が予想されるので，近代オリンピックの歴史を学習しておきたい。また，オリンピック憲章についても学習しておくようにする。

(2)　スポーツ基本法第29条は「国は，スポーツにおけるドーピングの防止に関する国際規約に従ってドーピングの防止活動を実施するため，公共財団法人日本アンチ・ドーピング機構(平成13年9月16日に財団法人日本アンチ・ドーピング機構という名称で設立された法人をいう。)と連携を図りつつ，ドーピングの検査，ドーピングの防止に関する教育及び啓発その他のドーピングの防止活動の実施に係る体制の整備，国際的なドーピングの防止に関する機関等への支援その他の必要な施策を講ずるものとする」という条文である。なお，公式解答の評価基準では，「ドーピングの検査，ドーピングの防止に関する教育及び啓発等のキーワードを主な観点として，相対的に評価する」としている。また，文部科学省では，スポーツ基本法の規定に基づき，2012年に「スポーツ基本計画」を策定している。その内容についての出題頻度も高いので，学習しておくとよい。

【高等学校】

【1】(1)　a　二極化　　b　低下傾向　　c　生涯にわたって　　d　学習体験　　e　情報を収集　　f　小学校低学年　　(2)　味わわせること…体を動かす楽しさや心地よさ　　認識させること…健康や体力の状況に応じて体力を高める必要性

〈解説〉(1)　平成20年1月の中央教育審議会答申においては，学習指導要領改訂の基本的な考え方とともに，各教科等の改善の基本方針や主な改善事項が示されている。受験校種を問わず比較的出題頻度が高い部分なので，必ず確認しておくこと。　(2)　公式解答の評価基準では，「味わわせること」について「体を動かす楽しさ，心地よさ等」，「認識させること」について「健康や体力の状況に応じて，体力を高める必要性等」というキーワードを主な観点として示し，「相対的に評価する」としている。

【2】(1)　中学校第3学年及び高等学校入学年次…自主的に取り組む　高等学校その次の年次以降…主体的に取り組む　　(2)　・よい演技を讃えようとする。　　・勝敗などを冷静に受け止め，ルールやマナー

を大切にしようとする。　・フェアなプレイを大切にしようとする。・相手を尊重し，伝統的な行動の仕方を大切にしようとする。 から3つ　(3)　a　天候　b　意欲　c　実践

〈解説〉出題の「(2)態度」は，科目「体育」の目標で示された「公正，協力，責任，参画などに対する意欲を高め，健康・安全を確保」することを，体育学習にかかわる態度の指導内容として具体化したものである。　(1)　中学校第1学年及び第2学年において示した「積極的に取り組む」こと，第3学年において示した「自主的に取り組む」ことを踏まえ，高等学校での情意面の目標として，入学年次は，引き続き「自主的に取り組む」こと，その次の年次以降においては，「主体的に取り組む」ことが示されている。　(2)「公正や協力に関する事項」のうち，中学校第1学年及び第2学年で示されている「よさを認め合おうとする」は「互いの違いやよさを認め合おうとする」(中学校第3学年及び高等学校入学年次)および「互いに共感し高め合おうとする」(高等学校その次の年次以降)となる。また，「など(仲間の学習を援助しようとする)」は「など(互いに助け合い教え合おうとする」(中学校第3学年及び高等学校入学年次)および「など(互いに助け合い高め合おうとする)」(高等学校その次の年次以降)となる。　(3)「エ　健康・安全に関する事項」においては，中学校第1学年及び第2学年は「健康・安全に気を配る」ことを，中学校第3学年及び高等学校入学年次以降においては，「健康・安全を確保する」ことを示している。それらを踏まえて，高等学校入学年次以降はけがや疾病の予防策を実施することに重点が置かれる。

【3】(1)　a　対極　b　対照的　c　主要場面　d　緩急強弱　e　踊り込んで　f　発表空間　(2)　多様なテーマから，表現にふさわしいテーマを選んで，見る人に伝わりやすいように，イメージを端的にとらえること。

〈解説〉(1)　出題の解説では，高等学校入学年次は「表したいテーマにふさわしいイメージをとらえ，個や群で，緩急強弱のある動きや空間

の使い方で変化を付けて即興的に表現したり，簡単な作品にまとめたりして踊ること」を，高等学校その次の年次以降は「表したいテーマにふさわしいイメージをとらえ，個や群で，対極の動きや空間の使い方で変化を付けて即興的に表現したり，イメージを強調した作品にまとめたりして踊ること」を学習のねらいとしている。これを踏まえて解答したい。 (2) 公式解答の評価基準では，「表現にふさわしいテーマ，見る人に伝わりやすいように等のキーワードを主な観点として，相対的に評価する」としている。

【4】① a 効果的な内容 b 中学校との接続 c 十分な定着
② 事例などを用いたディスカッションや課題学習などを各学校の実態に応じて取り入れることができるように配慮したためである。
③ (1) スポーツの歴史，文化的特性や現代のスポーツの特徴
(2) 運動やスポーツの効果的な学習の仕方 (3) 豊かなスポーツライフの設計の仕方

〈解説〉① 「A体つくり運動」と「H体育理論」は各年次においてすべての生徒が履修するため，出題頻度が非常に高い。空欄補充はどの部分が問われても対応できるよう，重点的に学習しておくこと。
② 公式解答の評価基準では，「ディスカッション，課題学習等のキーワードを主な観点として，相対的に評価する」としている。
③ 出題の解説によると，体育理論の内容は「高等学校期における運動やスポーツの合理的，計画的な実践や生涯にわたる豊かなスポーツライフを送る上で必要となるスポーツに関する科学的知識等」を中心に内容が構成されている。この考え方を踏まえて各領域名を把握しておく。

【5】(1) a 遠くの水 b 頭の動き c 大きな伸び d 蹴り上げ e ドルフィンキック f うねり動作 g 失速する直前 h 水平 (2) ア 50〜200m イ 50〜100m (3) スタートの準備姿勢，力強く蹴りだす，泳ぎ始める (4) プールサイド等から

段階的に指導し，生徒の技能の程度に応じて次第に高い位置からのスタートへ発展させるなどの配慮を行うスタートのこと。

〈解説〉(1)　「学校体育実技指導資料第4集「水泳指導の手引(三訂版)」(平成26年3月文部科学省)」なども参照して水泳の各泳法の動きを理解し，的確に説明できるようにしておくとよい。　(2)　クロールと平泳ぎの距離は50～200m程度，背泳ぎとバタフライの距離は50～100m程度を目安とするが，いずれも「指導のねらい，生徒の技能・体力の程度などに応じて弾力的に扱うようにする」こと。　(3)　出題の解説では，スタートの各局面において「各種の泳法に適した手と足の動きで素早く行い，これらの局面を一連の動きでできるようにすることが大切である」としている。　(4)　現行の学習指導要領において，中学校までは事故防止の観点から，スタートは「水中からのスタート」のみを示しており，飛び込みによるスタートは高等学校において初めて可能となる。そのため，「段階的な指導を行うとともに安全を十分に確保すること」を示している。なお，公式解答の評価基準では，「プールサイド等から段階的に指導，次第に高い位置からのスタートへ等のキーワードを主な観点として，相対的に評価する」としている。

【6】(1)　①　・相手を尊重する態度　・公正な態度　・健康・安全に留意する態度　②　・受が仰向けの姿勢である。　・取と受とが，ほぼ向き合っている。　・取が脚をからまれるなど受から拘束を受けていない。　③　・しっかり畳をたたく　・ゆっくり回転する　・瞬間的に筋肉を緊張させる　④　各学習段階の指導をスモールステップで展開することが重要である。　(2)　跳び箱を少し低くして，踏み切り後にしっかりと腰を引き上げてスムースに前転できるようにする(補助者を付けてもよい)。　(3)　心臓に遠い部分の運動から始めたり，簡単なものから複雑なものへ，最後は心肺に刺激を与える運動で終えたりという手順で行う。また，動作がリズミカルになるように，動きに緊張，弛緩，速さなどの変化をつけたり，笛や号令に強弱をつけて行う。

〈解説〉(1) ① 出題の手引では,「柔道の技能の向上には相手を尊重し敬意を表すことともに,自ら謙虚で冷静な心が求められる」として,正しい所作とともに解答例にあげたような態度に関する指導を重視している。 ② 抑え込みの3つの条件を正しく理解しておく。 ③ 受け身の3要素を正しく理解しておく。 ④ 公式解答の評価基準では,「スモールステップで展開等のキーワードを主な観点として,相対的に評価する」としている。 (2) 公式解答の評価基準では,「跳び箱を少し低くして,踏み切り後にしっかりと腰を引き上げて等のキーワードを主な観点として,相対的に評価する」としている。出題の手引では踏み切りや腰の引き上げが不十分な場合以外に,初期の段階や,生徒が恐怖心や痛さを訴える場合の配慮事項についても示されているので,確認しておくとよい。 (3) 公式解答の評価基準では,「簡単なものから複雑なものへ,動作がリズミカルになるように等のキーワードを主な観点として,相対的に評価する」としている。

【7】(1) ① ・各教科,学年,分掌等の校内組織を活用すること。・ワークショップ型の校内研修を取り入れていくこと。 ② 設けるもの…評価欄 書き込む内容…実践の気付きや課題 ③ 各教科の内容の系統性や関連性が明確に意識され,教職員間の情報共有も一層図られる。 (2) ① 学習指導要領の内容とその系統性,各教科等の関連や評価方法等を明らかにする。 ② 発問や声かけ等といった指導のポイントやその評価方法を明確にする。

〈解説〉出題の手引きでは,学校における保健教育においては「各種の指導計画の立案を通じて,高等学校3学年間を見通した上で学校の保健教育の基本方針をはじめ,各教科等の内容とその関連,指導方法等について,すべての教職員の共通理解を図ることが重要である」としている。 (1) ① 公式解答の評価基準では,「校内組織を活用等」,「ワークショップ型の校内研修等」という2群のキーワードを主な観点として示し,「相対的に評価する」としている。 ② 出題の手引きでは「年間指導計画には,評価欄を設けて実践の気付きや課題を書き込み，次年度に活用できるようにし，指導計画をPDCAのマネジメントサイクルに乗せることにより，教職員の保健教育に関する共通理解を深めることができる」としている。　③　公式解答の評価基準では，「各教科の内容の系統性や関連性が明確，教職員間の情報共有等のキーワードを主な観点として，相対的に評価する」としている。

(2)　①　公式解答の評価基準では，「学習指導要領の内容とその系統性，各教科等の関連や評価方法等のキーワードを主な観点として，相対的に評価する」としている。　②　公式解答の評価基準では，「指導のポイント，評価方法等のキーワードを主な観点として，相対的に評価する」としている。

【8】(1)　a　好奇心　　b　自分自身を大切にする　　c　周囲の人々　d　マスメディア　　e　ニコチン　　f　エチルアルコール

(2)　健康増進法

〈解説〉(1)　喫煙や飲酒，薬物乱用防止に関する教育については，出題頻度が非常に高い。小学校，中学校，高校と，どのような段階を踏んで行われているかを把握しておくことが求められる。「第四次薬物乱用防止五か年戦略(平成25年8月薬物乱用対策推進会議)」や「アルコール健康障害対策推進基本計画(平成28年5月内閣府)」なども参照し，理解を深めておきたい。　(2)　健康増進法は，「健康日本21(21世紀における国民健康づくり運動)」を中核とする国民の健康づくり・疾病予防をさらに積極的に推進することを目的に，2002年に制定された。その第25条に，受動喫煙の防止が定められている。

【9】(1)　①　a　実習　　b　呼吸器　　c　循環器　　②「体育」の「D水泳」などとの関連を図るよう配慮する。　　(2)　・5cm以上で6cmを超えない。　・1分間に100回から120回のテンポ。

〈解説〉(1)　①　問題文中の「内容の(1)のオ」とは，応急手当に関する指導を指す。心肺蘇生法の指導に際して「気道確保，人工呼吸，胸骨圧迫などの原理や方法については，実習を通して理解できるよう配慮するものとする」とされている。 ② 公式解答の評価基準では，「「体育」の「D水泳」などとの関連等のキーワードを主な観点として，相対的に評価する」としている。 (2) 「JRC蘇生ガイドライン」は5年ごとに改訂されており，最新のものは2015年版である。胸骨圧迫を中心とする心肺蘇生法の流れは非常に出題頻度が高いので，実際のガイドラインで必ずフロチャートを確認し，留意事項等を含めて把握しておくこと。

【10】(1) a 物理 b 心理 c 社会 d 体ほぐし e コミュニケーション (2) PTSD(心的外傷後ストレス障害)

〈解説〉(1) 「ウ 精神の健康」では(ア)，(イ)の項目で「人間の欲求と適応機制には，様々な種類があること。精神と身体には，密接な関連があること」を学習していることを踏まえ，欲求やストレスに適切に対処することが，精神の健康を保持増進するにも重要であることを指導する。 (2) 「子どもの心のケアのために－災害や事件・事故発生時を中心に－(平成22年7月文部科学省)」によると，「再体験症状」，「回避症状」，「覚せい亢進症状」が「ストレス体験の4週間以内に現れ，2日以上かつ4週間以内の範囲で症状が持続した場合」をASD(急性ストレス障害)と呼び，さらに「それが4週間以上持続した場合」をPTSD(外傷後ストレス障害)と呼ぶとしている。

【11】a 授業改善 b 地域 c 生徒の特性 d 評価規準 e 評価機会 f 運動の計画 g 指導方法 h 健康・安全 i 総合的な理解

〈解説〉出題の指針は，平成27年度から5年間推進されている「第2期あきたの教育振興に関する基本計画」に基づいて設定されている。秋田県の教員採用試験を受ける場合は，必ず同計画および受験年度の学校教育の指針に目を通しておく必要がある。保健体育科については，「第Ⅱ章 学校教育指導の重点「保健体育高等学校」」に示されている内容を理解しておくようにする。

【12】(1)　a　学校教育　　b　自主的　　c　自発的　　d　総合型地域スポーツクラブ　　e　連携　　(2)　f　楽しさや喜び　　g　豊かなスポーツライフ　　h　健康の増進　　i　教育活動　　j　協調性　　k　達成感　　l　協力　　m　密接　　n　人間関係の形成

〈解説〉平成25年5月に「運動部活動での指導のガイドライン」を含めて，「運動部活動の在り方に関する調査研究報告書～一人一人の生徒が輝く運動部活動を目指して～」を文部科学省がとりまとめた。本ガイドラインでは，今後，各学校の運動部活動において適切かつ効果的な指導が展開され，各活動が充実したものとなるよう，指導において望まれる基本的な考え方，留意点を示している。出題頻度の高いガイドラインなので，必ず読んで学習しておかなければならない。

【13】(1)　正しい立ち位置…サイドライン上に片足を置いて立つ　距離…3m以上　　(2)　B，C

〈解説〉(1)　出題の競技規則では，第11条の4で「スローインを行うプレーヤーはサイドライン上に片足を置いて立ち，ボールを手から離すまで正しい位置にいなければならない。他方の足はどこに置いてもよい」，第11条の5で「スローインを行うとき，相手はスローを行うプレーヤーから3m以上離れていなければならない。しかし，相手が自陣のゴールエリアラインの外側に沿って立っている場合，この条項を適用しない」としている。　(2)　出題の競技規則では，第9条の1で「シュートの前や最中に，シュートを打ったプレーヤー，その味方のプレーヤーとチーム役員に規則違反がなく，ボール全体がゴールラインを完全に通過したとき得点となる」としている。

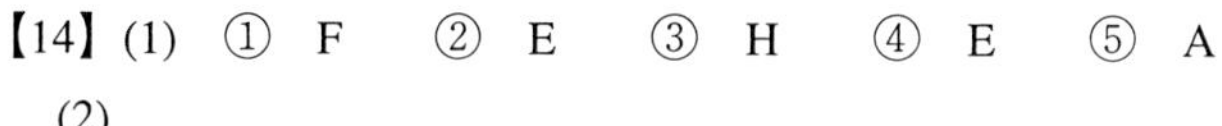
【14】(1) ① F　② E　③ H　④ E　⑤ A

(2)

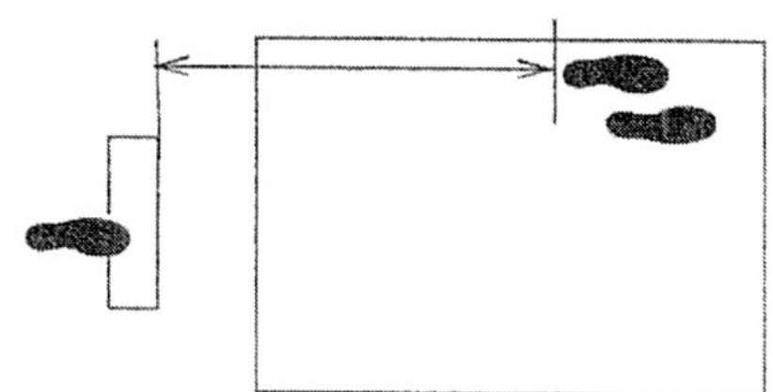

(3) 着地場所を離れる際，競技者の足が砂場との境界線上または砂場外の地面へ最初に触れる位置は踏切線に最も近い痕跡よりも踏切線より遠くなくてはならないから，無効試技となる。

〈解説〉(1) 走り幅跳びで競技者が8人以下の場合には，各競技者に6回の試技が許される。前半の3回のラウンドで有効試技が1つもない競技者も，後半の試技が許されるが，その試技順は有効試技のある競技者の前とし，複数いる場合は当初のスタートリストとする。後半の3回の試技順は，前半の3回までの試技で記録した成績の低い順とする。後半の試技で前半の試技順を変更するにあたって，いずれかの順位に同成績がいる場合，そうした競技者の試技順は当初のスタートリスト順とする。競技成績は，各競技者それぞれが行ったすべての試技のうち最もよかった記録で評価する。つまり，記録のよい競技者から順に順位を決めるが，同記録の場合には，第2番目の記録で決め，さらに決まらなければ3番目の記録で以下同様にして決める。　(2) 跳躍距離は，身体の部分または着地時に身につけていたすべてのものが着地場所に残した痕跡の踏切線に最も近い箇所から踏切線またはその延長線上の地点までを計測する(最短距離を計測する)。　(3) 陸上競技競技規則第185条の2を答える。公式解答の評価基準では，「競技者の足が砂場との境界線上または砂場外への地面へ最初に触れる位置，踏切線に最も近い痕跡よりも踏切線より遠く等のキーワードを主な観点として，相対的に評価する」としている。

【15】(1)　・中・高等学校の運動部活動選手を対象とした合同練習会や合同合宿等へ，優秀なスポーツ選手や指導者を派遣し，運動部活動の充実を図る。　・少子化による生徒数の減少に対応するため，学校の実態に応じて，交流可能な範囲の近隣校との合同運動部活動を組織するなどして，生徒のニーズに応じた運動部活動の推進を図る。

(2)　開催年…2019年(平成31年)　開催国…日本　(3)　キッキング・トリッピング・ジャンピングアット・ファウルチャージ・ストライキング・プッシング・ファウルタックル(タックリング)・ホールディング・スピッティング・ハンドリング　から3つ　(4)　小野喬・遠藤幸雄・柳田英明・荒木田裕子・佐藤満の中から2名

(5)　①　二人一組をつくり，互いに相手の安全を確かめさせる方法で，事故防止のみならず，学習効果を高めるための手段としても効果的である。　②　高齢者も若者も，障がいがある人もそうでない人も，すべて人間としてふつう(ノーマル)の生活を送るために，地域社会の中でともに暮らし，ともに生きている社会こそノーマルであり，そうした社会の実現のために，できるだけ社会を改善していくという理念である。

〈解説〉(1)　公式解答の評価基準では，「運動部活動選手を対象とした合同練習や合同合宿，優秀なスポーツ選手や指導者を派遣等」，「交流可能な範囲の近隣校との合同運動部活動を組織，生徒のニーズに応じた運動部活動等」という2群のキーワードを主な観点として示し，「相対的に評価する」としている。　(2)　ラグビーワールドカップは，1987年にオーストラリアとニュージーランドがホスト国となって第1回大会が開催されて以降，4年ごとに開催されている。本問は2016年に実施されたものなので，2016年時点での「次回」は2019年に日本で開催される第9回大会を指す。　(3)　サッカーで直接フリーキックとなる場合は，次の10の反則名から答える。キッキング(相手を蹴る，または蹴ろうとする)。トリッピング(相手をつまずかせる，またはつまずかせようとする)。ジャンピングアット(相手にとびかかる)。ファウルチャージ(不用意に，無謀に，あるいは過剰な力で相手をチャージする)。

ストライキング(相手を打つ，または打とうとする)。プッシング(相手を押す)。タックリング(相手競技者の安全を脅かす)。ホールディング(相手を押さえる)。スピッティング(相手につばを吐きかける)。ハンドリング(ボールを意図的に手で扱う)。　(4)　秋田県出身のオリンピック金メダリストは，小野喬(体操)，遠藤幸雄(体操)，柳田英明(レスリング)，荒木田裕子(バレーボール)，佐藤満(レスリング)の5名である。
(5)　①　公式解答の評価基準では，「二人一組，互いに相手の安全を確かめ等のキーワードを主な観点として，相対的に評価する」としている。　②　公式解答の評価基準では，「高齢者も若者も，障がいをもつ人もそうでない人，ともに暮らし，ともに生きていることが普通(ノーマル)等のキーワードを主な観点として，相対的に評価する」としている。ノーマライゼーションとは，デンマークで「精神遅滞者にふつうに近い生活を確保する」という意味で使われ始め，その後世界中に広まった社会福祉の理念である。

2016年度　実施問題

【中学校】

【1】「第2期ふるさと秋田元気創造プラン(平成26年3月秋田県)」【施策3−4「スポーツ立県あきた」の推進】に示されている内容について，(1)〜(3)の問いに答えよ。

(1) 「1　施策のねらい」の内容について，①〜⑨に適語を記せ。

スポーツの振興を図るため，東京オリンピック開催等も見据え，選手の(　①　)及び(　②　)の資質向上を図るとともに，ジュニア期からの一貫指導体制を確立します。

また，スポーツを通じて，(　③　)が健康で生き生きとした生活を送るための(　④　)を整えるほか，地域住民の誰もがいつでも気軽にスポーツができる，(　⑤　)型地域スポーツクラブの設立及び(　⑥　)した運営基盤づくりへの支援を行っていきます。

さらに，交流人口の拡大による地域の(　⑦　)を図るため，(　⑧　)規模・国際規模のスポーツ大会やスポーツ合宿等の(　⑨　)を推進します。

(2) 「3　施策の方向性と取組」の方向性①「全国や世界のひのき舞台で活躍できる選手の育成と強化」には4つの取組が示されている。その取組の1つは，「ジュニア期からの一貫指導体制の確立による競技力向上方策の推進」である。他の3つの取組のうち，2つの取組を記せ。

(3) 「4　施策の数値目標」の代表指標は「①成人の週1回以上のスポーツ実施率」と「②国体における天皇杯得点」である。それぞれを代表指標とする理由を記せ。

(☆☆☆☆☆◎◎◎)

【2】次の表とグラフは「学校における体育活動中の事故防止について【報告書】(平成24年7月体育活動中の事故防止に関する調査研究協力者会議)」に示されている「学校種・学年別にみた事故件数」「教育活動別にみた事故件数」である。報告書の内容を踏まえて，(1)～(5)の問いに答えよ。

学校種・学年別にみた事故件数

学年	小1	小2	小3	小4	小5	小6	中1	中2	中3	高1	高2	高3	合計
件数	5	5	9	7	16	18	65	69	54	142	118	82	590
%	0.8	0.8	1.5	1.2	2.7	3.1	11.0	11.7	9.2	24.1	20.0	13.9	100
	10.1						31.9			58.0			

※%は，当該学年の事故件数／事故総数×100で算出した。

教育活動別にみた事故件数

小学校
体育の授業 60.00%
その他 25.00%
特別活動 11.67%
運動部活動 3.33%

中学校
体育の授業 28.19%
運動部活動 57.98%
特別活動 10.64%
その他 3.19%

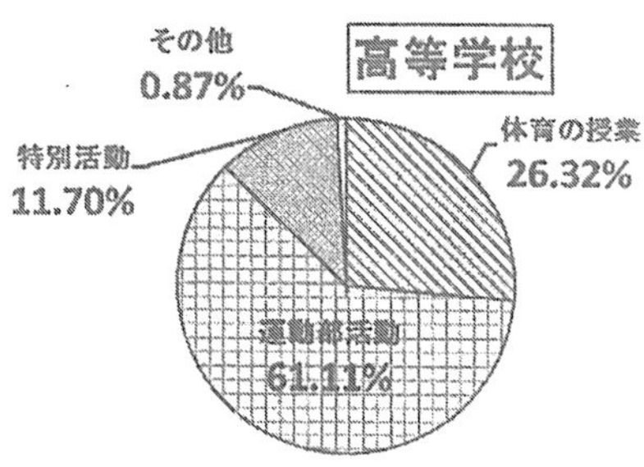

(1) 「学校種・学年別にみた事故件数」の表からは，小学校では学年が上がるほど，中学校・高等学校では1年，2年に学校における体育活動中の事故が多く発生していることがわかる。体格の発育と運動能力の向上の視点から，考えられる要因を記せ。

(2) 「教育活動別にみた事故件数」のグラフからは，中学校・高等学校では運動部活動における事故の割合が過半数を占めていることが分かる。次の文は，運動部活動における安全指導について述べたものである。①～④に適語を記せ。

部活動を安全指導の観点から考えると，学校の(　①　)，施設・設備の(　②　)，指導に当たる教職員の(　③　)，児童生徒の発達の(　④　)に配慮しながら，活動内容を計画する必要がある。

(3) 校内で体育活動中に事故が発生し，児童生徒が負傷した場合，その場に居合わせた教職員が行うべきことを記せ。

(4) 体育活動中の事故発生後，同じような事故の再発防止に努めるために，学校として行うべきことを記せ。

(5) 体育活動中における安全教育や安全管理を効果的に進めるために，重要なことを記せ。

(☆☆☆☆☆◎◎◎◎)

【3】器械運動の指導について，(1)～(3)の問いに答えよ。

(1) 「中学校学習指導要領(平成20年3月告示)」及び「中学校学習指導要領解説保健体育編(平成20年9月文部科学省)」に示されている指導内容について，①～③の問いに答えよ。

① 「第1学年及び第2学年」の態度の指導内容における「健康・安全に気を配る」に示されている内容を3つ記せ。

② 「第1学年及び第2学年」の技能における指導に際して，大切であると示されている内容について記せ。

③ 次の表は，マット運動の主な技の例示である。a～gに適語を記せ。

系	技群	グループ	基本的な技 (主に小5・6で例示)	発展技
回転系	接転	前転	前転 → 開脚前転 →	(a)
			→	倒立前転
			→	(b)
		後転	後転 → 開脚後転 →	伸膝後転 → (c)
	ほん転	倒立回転・ 倒立回転跳び	側方倒立回転 → 倒立ブリッジ →	側方倒立回転跳び1/4ひねり (ロンダート) → (d) → 前方倒立回転跳び
		はねおき	(e) →	頭はねおき
巧技系	平均立ち	片足平均立ち	片足平均立ち →	片足正面水平立ち
			→	(f)
		倒立	頭倒立 (g) →	倒立

(2) 次の図は，マット運動における3つの技の組合せを示している。組み合わせている技の名称を記せ。

(3) 次の図は，片足を跳び箱に乗せ，二人の補助者による倒立の練習の様子である。倒立の練習をしようとしている生徒への効果について説明せよ。

(☆☆☆☆◎◎◎◎)

【4】次の表は，体育理論における中学校第1学年「運動やスポーツの多様性」の単元計画例である。①～⑨に適語を記せ。

単元 「運動やスポーツの多様性」	時数	主な指導内容
ア　運動やスポーツの必要性と楽しさ	1	運動やスポーツは，体を動かしたり，（　①　）を維持したりする必要性や，競技に応じた力を試したり，自然と親しんだり，仲間と交流したり，（　②　）を表現したりするなどの多様な楽しさから生みだされてきたことを理解できるようにする。 運動やスポーツは，人々の生活と深くかかわりながら，いろいろな欲求や必要性を満たしつつ発展し，その時々の社会の変化とともに，そのとらえ方も（　③　）してきたことを理解できるようにする。
イ　運動やスポーツへの多様なかかわり方	1	運動やスポーツには，直接「行うこと」，テレビなどのメディアや競技場での観戦を通して，これらを「（　④　）こと」，また，地域のスポーツクラブで指導したり，ボランティアとして大会の運営や障がい者の支援を行ったりするなどの「（　⑤　）こと」など，多様なかかわり方があることを理解できるようにする。
ウ　運動やスポーツの学び方	1	運動やスポーツには，その領域や種目に応じた特有の技術や（　⑥　），戦術，表現の仕方があり，特に運動やスポーツの課題を解決するための合理的な体の動かし方などを技術といい，競技などの対戦相手との競争において，戦術は技術を選択する際の方針であり，（　⑥　）は試合を行う際の方針であることを理解できるようにする。また，技術や戦術，表現の仕方などを学ぶにはよい（　⑦　）を見付けること，合理的な（　⑧　）の目標や計画を立てること，実行した技術や戦術，表現がうまくできたかを（　⑨　）することなどの方法があることを理解できるようにする。

(☆☆☆☆◎◎◎◎)

【5】児童生徒の体力向上に関する次の(1)，(2)の問いに答えよ。

(1) 「中学校学習指導要領解説保健体育編(平成20年9月文部科学省)」に示されている第3学年体つくり運動における「体力を高める運動」の指導について，①，②の問いに答えよ。

① 次の文は，新体力テストなどの測定結果を利用する際に留意すべきことについての記述である。a～cに適語を記せ。

新体力テストなどの測定結果を利用する際には，例えば，測定項目の長座体前屈は体の(　a　)の一部を測定するものではあるが，これ以外にも体の(　a　)を高める必要があること，成長の段階によって発達に(　b　)があることなどを理解させ，測定項目の運動のみを行ったり，測定値の向上のために過度な(　c　)をあおったりすることのないよう留意することなどが大切である。

② 次の文は，運動の計画の行い方の例として示されている内容である。a～cに適語を記せ。

食事や睡眠などの(　a　)の改善も含め，休憩時間，(　b　)の活動及び家庭などで日常的に行うことができる運動例を用いて計画を立て取り組むこと。

新体力テストの測定結果などを参考にして自己の体力の状況を

把握し，その結果を踏まえた(　c　)のとれた体力の向上を図るための運動の計画を立て取り組むこと。

(2) 「平成26年度全国体力・運動能力，運動習慣等調査報告書(平成26年11月文部科学省)」について，①，②の問いに答えよ。

① 次の表は，これまでの調査結果からの「課題」と「課題対策」を示している。a～cに適語を記せ。

	課　題	課題対策
1	調査の結果を踏まえた取組	調査の結果を（　a　）サイクルで有効に活用する
2	運動する習慣のない生徒，運動が苦手（嫌い）な生徒に対する取組	運動の動機づけを高める工夫をする d
3	児童生徒のニーズに合わせた（　b　）を保証する取組	子供のニーズに対応して運動の日常化を図る
4	地域と連携した効果的な取組	地域との連携で運動意欲の向上を図る e
5	子供の体力を向上させる学校全体での取組	体力の向上についての取組を（　c　）する

② 「課題対策」の下線d「運動の動機づけを高める工夫をする」，下線e「地域との連携で運動意欲の向上を図る」とはどういうことか，具体的に記せ。

(☆☆☆☆◎◎◎◎)

【6】スポーツ庁について，(1)，(2)の問いに答えよ。

(1) スポーツ庁を設置する文部科学省設置法の一部を改正する法律案の施行期日はいつか。

(2) スポーツ庁の任務について，①～⑥に当てはまる語句をア～シの中から選び記号で記せ。

・スポーツ庁に関する基本的な(　①　)の企画及び立案並びに(　②　)に関すること。

・スポーツに関する関係(　③　)機関の(　④　)の調整に関すること。

・心身の健康の(　⑤　)に資するスポーツの(　⑥　)の確保に関すること。

ア　政策　　イ　収益　　ウ　行政　　エ　保持増進
オ　確保　　カ　事務　　キ　法律　　ク　推進

ケ　連絡　　コ　基本理念　　サ　機会　　シ　政治

(☆☆☆◎◎◎)

【7】次の語句について説明せよ。

(1)　セカンドインパクトシンドローム

(2)　トレーニングにおけるインターバル法

(☆☆☆☆◎◎◎◎◎)

【8】保健体育について，(1)，(2)の問いに答えよ。

(1)　次の文は，「『生きる力』を育む中学校保健教育の手引き(平成26年3月文部科学省)」より抜粋したものである。保健教育の指導をする際に留意すべき事項について，①，②の問いに答えよ。

指導を進める過程で，健康に関する興味・関心や課題解決への意欲を高め，知識を(　a　)する学習活動を重視するとともに，(　a　)した知識を(　b　)する学習活動を積極的に行うことにより，(　c　)・判断力等を育成していくことが大切である。また，特別活動の学級活動は，具体的な活動のねらいに沿って展開される生徒の(　d　)的，実践的な活動である。そのためには，可能な限り生徒自らの発案，(　e　)を大切にして，活動計画の作成や実践を進めていくことが学級活動の特質である。このような特質を十分に生かし教育的な効果を高めるためには，それぞれの学級の実態に即した(　f　)を設け，生徒一人一人が役割を分担し，活動計画を立てて実践する機会を豊富に用意する必要がある。特に，「(2)適応と成長及び健康安全」では，生徒の家庭での生活との関連が深く，家庭と(　g　)・協力することによって，より効果的な学級活動を展開していくことが可能となる。

①　a～gに適語を記せ。

②　上の文の下線部「(2)適応と成長及び健康安全」について，指導計画の作成に際し留意することと望ましい指導の工夫例について説明せよ。

(2)　次の図は，「中学校学習指導要領解説保健体育編(平成20年9月文部科学省)」に示されている中学校第2学年保健分野「健康と環境」の指導内容の構成図である。

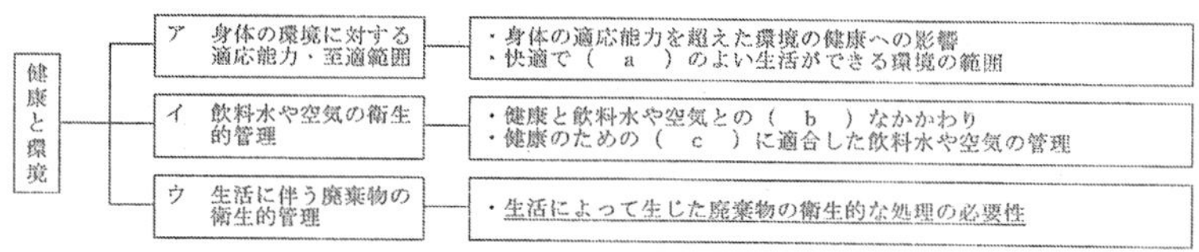

①　a～cに適語を記せ。

②　図の下線部「<u>生活によって生じた廃棄物の衛生的な処理の必要性</u>」の指導内容について，d「理解できるようにすること」，e「触れるようにすること」に分けて説明せよ。

(☆☆☆☆☆◎◎◎◎)

【9】体育史について，(1)，(2)の問いに答えよ。

(1)　次の文は，学校体育の歴史について述べたものである。①～⑨に適語を記せ。

○1977年の小・中学校の学習指導要領の改訂では，体育の目標に「運動の(　①　)」が掲げられた。翌1978年の高等学校学習指導要領では「(　②　)を通じて継続的に運動を実践できる能力と態度の育成」が掲げられ，学校体育を(　②　)スポーツにつなげる考えが示された。「運動の(　①　)」を目標に掲げたことは，日本の学校体育の歴史において画期的なことであった。近代においては一貫して身体の規律訓練の目的に覆われてきた学校体育が，スポーツの本質を真正面から受け入れようとしたといえる。

○1989年の中学校学習指導要領改訂では，男子は武道，女子は(　③　)という男女別扱いの表現が廃されたが，「(　④　)や学校の実態及び生徒の特性等を考慮する」との文言は残された。このときの学習指導要領で教材選択の幅が大きく広げられ，選択制授業が開かれたことは大きな変化であった。

○1992年9月から月1回の(　⑤　)が導入された。学校・家庭・(　④　)

社会が一体となることで，子どもたちが(　⑥　)体験や社会体験などを行う場や機会を増やし，豊かな心やたくましさを育てる，という趣旨で始められ，1955年から月2回実施となった。

○1999年3月の中学校の学習指導要領の改訂では，あらたに「心と体を(　⑦　)としてとらえ」が強調された。明治以来，学習指導要領で使用してきた「(　⑧　)」という用語が使用されなくなった。また，この改訂では，2002年度からの(　⑤　)の完全実施にあわせ，保健体育科に当てられる授業時数は，年間105時間から(　⑨　)時間になった。

(2) 次の文は，スキーの歴史について述べたものである。①～④に適語を記せ。

スキーは，紀元前から北欧やシベリア地方，北方アジアで移動や(　①　)の道具として用いられてきた。

19世紀後半には競技会が開かれるようになり，スポーツとして急速に発達した。特に中部ヨーロッパへのスキーの浸透は，急峻な山岳地帯に適した(　②　)スキーへと発展した。

1924年の第1回冬季オリンピック大会では(　③　)競技が行われ，1936年の第4回大会から(　②　)競技が加わった。

日本では1911年(明治44年)，オーストリアの(　④　)少佐が，新潟県で指導を行ったのが始まりであるとされる。現在ではスノーボードやファンスキーなどが普及し，多くの人に楽しまれている。

(☆☆☆☆◎◎◎)

【高等学校】

【1】高等学校学習指導要領解説保健体育編・体育編(平成21年12月　文部科学省)科目「体育」E球技に示された内容から，次の各問いに答えよ。

(1) 「ア　ゴール型」において，ボールを持たないときの動きとして，その次の年次以降に示されている「空間を埋めるなどの連携した動き」とはどのような動きか。攻撃の際と守備の際についてそれぞれ答えよ。

(2) 「2　態度」の内容に示されている「健康・安全を確保する」ために，その次の年次以降において，生徒が理解し，取り組めるようにすることは何か答えよ。

(3) 「3　知識，思考・判断」の内容に示されている，思考・判断の例示について，(　①　)～(　⑤　)に適語を記せ。

その次の年次以降

・課題解決の過程を踏まえて，取り組んできたチームや自己の目標と成果を(　①　)し，課題を見直すこと。

・チームの仲間の技術的な課題や有効な(　②　)の選択について指摘すること。

・作戦などの話合いの場面で，合意を形成するための(　③　)の仕方を見付けること。

・健康や安全を確保・維持するために，自己や仲間の体調に応じた(　④　)の仕方を選ぶこと。

・球技を生涯にわたって楽しむための自己に適した(　⑤　)を見付けること。

(☆☆☆☆◎◎◎◎)

【2】器械運動の指導について，次の各問いに答えよ。

(1) 高等学校学習指導要領解説保健体育編・体育編(平成21年12月文部科学省)科目「体育」B　器械運動に示された内容について，①～③の問いに答えよ。

① 次の表は，跳び箱運動のその次の年次以降における主な技の例示である。(　ア　)～(　エ　)に適語を記せ。

系	グループ	基本的な技 (主に中3までに例示)	発展技
(　ア　)系	(　ア　)跳び	開脚跳び ——→ 開脚伸身跳び ——→ かかえ込み跳び ——→	開脚伸身跳び（手前着手） (　イ　)
回転系	回転跳び	(　ウ　) ——→ 前方倒立回転跳び 回転跳び ↘ (　エ　)回転跳び	→ 前方倒立回転跳び1/2ひねり → (　エ　)回転跳び1/4ひねり

② 「1　技能」の鉄棒運動の内容に示されている技群を3つ答えよ。

③ 「3　知識，思考・判断」の内容に示されている，発表に向けた演技構成の仕方」を3つ答えよ。

(2)　マット運動の後転グループを指導する際に，発展技に結び付けるために，回転力を高めることに加えて，頭を抜くときに意識させることは何か答えよ。

(3)　平均台運動の開脚跳び(片足踏み切り)の指導において，着台の際に注意させることを2つ答えよ。

(4)　生徒に技や動き方のポイントを伝えるために有効な指導方法には，どのようなものがあるか答えよ。

(5)　「思考・判断」を本時のねらいとして授業を行う際に，学習評価に生かせる学習カードや学習ノートにするためには，どのような点を工夫すればよいか答えよ。

(6)　跳び箱の運搬に際して，安全面で留意することを2つ答えよ。

(☆☆☆☆☆◎◎◎◎)

【3】柔道の指導について，次の各問いに答えよ。

(1)　投げ技の練習における受け身の指導を行う際の留意点について，「取」と「受」に分けて答えよ。

(2)　固め技の指導における安全面の配慮事項として，絞め技や関節技を指導しないこと，生徒がふざけて行うことがないよう注意することの他に，重要であることは何か答えよ。

(3)　女子に投げ技を指導する際に，体力に応じて系統的に技を習得させる工夫にはどのようなものがあるか答えよ。

(4)　かかり練習を行う際の「受」の留意点を答えよ。

(5)　投げ技の自由練習を指導する際に，安全を確保するために生徒の技能の程度に応じて配慮することは何か答えよ。

(☆☆☆☆☆◎◎◎◎)

【4】次の文は,「第2期あきたの教育復興に関する基本計画」(平成27年3月秋田県教育委員会策定)第Ⅳ章　施策の方向と展開「基本方向4　豊かな心と健やかな体を育みます」(2)　生涯にわたってたくましく生きるための健やかな体の育成(学校体育・学校健康教育関係抜粋)である。次の各問いに答えよ。

① 学校体育の充実に向けた取組の強化

【主な取組】

・(　ア　)を生かしたスポーツに親しむ環境づくり

・(　イ　)である武道の授業における地域指導者の活用や競技団体と連携した教員研修の実施

② 運動部活動の活力アップに向けた取組の充実

【主な取組】

・「(　ウ　)」の活用による運動部活動指導の充実

・外部指導者の活用による運動部指導者の資質向上

・(　エ　)の派遣等スポーツを通して子どもたちの夢やあこがれを育む取組の実施

・医療機関等との連携強化による(　カ　)の推進

④ 食育の更なる充実に向けた総合的な取組の推進

【主な取組】

・学校・家庭・地域が一体となった食生活の改善や望ましい(　キ　)の形成に向けた取組の推進

・(　ク　)に関する講習会の開催

(1) 文中の(　ア　)~(　ク　)に適語を記せ。

(2) 文中の「外部指導者の活用」について,運動部活動での指導のガイドライン(平成25年5月文部科学省)に示されている,学校,顧問の教員が外部指導者等の協力を得る場合に,相互に共有することが必要な情報を5つ答えよ。

(☆☆☆☆☆◎◎◎)

【5】次の文は，高等学校学習要領解説保健体育編・体育編(平成21年12月文部科学省)科目「保健」(3)　社会生活と健康(一部抜粋)である。文中の(　①　)～(　⑩　)に適語を記せ。

ア　環境と健康

(ア)　環境の汚染と健康

人間の生活や産業活動に伴う(　①　)，(　②　)，(　③　)などは人々の健康に影響を及ぼしたり被害をもたらしたりすることがあることを理解できるようにする。

(イ)　環境と健康にかかわる対策

健康への影響や被害を防止するには，汚染物質の大量発生を(　④　)したり，発生した汚染物質を処理したりすることなどが必要であることを理解できるようにする。また，そのために環境基本法などの法律等が制定され，(　⑤　)の設定，排出物の規制，監視体制の整備などの総合的・計画的な対策が講じられていくことを理解できるようにする。

その際，(　⑥　)の処理と健康のかかわりについても触れるようにする。

ウ　労働と健康

(ア)　労働災害と健康

労働による傷害や職業病などの労働災害は，(　⑦　)や(　⑧　)の変化に伴い質や量が変化してきたことを理解できるようにする。また，労働災害を防止するには，(　⑦　)や(　⑧　)の改善を含む(　⑨　)と(　⑩　)が必要であることを理解できるようにする。

(☆☆☆☆◎◎◎◎)

【6】交通安全に関する次の各問いに答えよ。

(1) 高等学校学習指導要領解説保健体育編・体育編(平成21年12月文部科学省)科目「保健」(1) 現代社会と健康「エ 交通安全」に示されている内容についての①，②の問いに答えよ。

① 交通社会で必要な資質と責任の観点から，指導に際し，どのような視点を重視するか答えよ。

② 事故のない安全な社会づくりには，環境の整備が重要である。特に交通事故を防止するために必要な対策を3つ記せ。

(2) 改正道路交通法(平成27年6月1日施行)の中で，危険なルール違反を繰り返す自転車運転者に対して定められた内容を記せ。

(☆☆☆☆◎◎◎◎)

【7】次の文は，「学校教育の指針 平成27年度の重点」(秋田県教育委員会発行)に示されている「オール秋田で取り組む各教科等の重点」(体育，保健体育)である。あとの各問いに答えよ。

① (　ア　)授業づくり

◇　指導内容(技能，態度，知識，思考・判断)の(　a　)を重視した(　b　)(単元計画)を作成し，本時の指導内容との整合を図る。(共通)

◇　適切な運動経験を通して，仲間と関わり合いながら体力の向上を図る指導を工夫する。(小学校)

◇　知識と技能を関連させた効果的な指導を工夫する。(中・高等学校)

② (　イ　)授業づくり

◇　発達の段階を踏まえて，示された内容について(　c　)と他教科等との関連性を考慮した指導を展開する。(共通)

◇　思考力・判断力等を育むために，(　d　)を活用する学習活動を取り入れるなど，指導方法を工夫する。(共通)

本県の課題

▶学年が進むに従って見られる運動習慣の(　e　)の改善や，日常的な運動実践につながる指導の工夫が必要である。

▶自らの健康を適切に管理し改善していく資質や能力を身に付けさせる必要がある。

▶思考力・判断力等の育成につながる授業の(　f　)を工夫する必要がある。

目指す児童生徒の姿

□技能，態度，知識，思考・判断の内容を(　a　)よく学習することにより，運動に親しむ資質や能力が育まれ，(　g　)運動することができる。

□健康・安全に関する内容について，実践的(小)・科学的(中)・(　h　)(高)に理解することができる。

□学んだことを基に，運動したり，発言したり，書き出したりすることができる。

(1)　文中の(　ア　)，(　イ　)に適語を記せ。

(2)　文中の(　a　)～(　h　)に適語を記せ。

(3)　文中の「知識と技能を関連させた効果的な指導を工夫する」とは

どういうことか説明せよ。

(☆☆☆☆◎◎◎)

【8】「『生きる力』を育む高等学校保健教育の手引き(平成27年3月文部科学省)」に示されている内容について，次の各問いに答えよ。

(1) 次の文は，指導の基本的な考え方「高校生期の心身の発育・発達や健康上の特性を踏まえる」(一部抜粋)である。文中の(　ア　)～(　ク　)に適語を記せ。

高校生期の心身の発育・発達は目覚ましい。中学生期に比べ落ち着いてきてはいるが，(　ア　)な発育・発達に(　イ　)な発達が十分に伴わず，心身のバランスを崩し(　ウ　)に陥ってしまうこともある。(中略)

また，高校生期は，身体的にほぼ(　エ　)し，男女それぞれの(　オ　)な特徴が明確になってくる。それにつれて，異性への(　カ　)も高まり，意識する異性の対象がかなり(　キ　)させる傾向も強まってくるが，そのことがかえって男女における身体面・精神面の違いの理解や，異性と(　ク　)を築くことに当たってのルールやマナーについての理解の妨げとなる場合もある。

(2) 学校における保健体育を効果的に進めるために留意すべき点を4つ答えよ。

(3) 保健体育科科目「保健」の効果的な指導のために踏まえなければならない，現行の高等学校学習指導要領改訂の要点を2つ答えよ。

(☆☆☆☆☆◎◎◎)

【9】次の文は，高等学校学習指導要領解説保健体育編・体育編(平成21年12月文部科学省)科目「保健」(1) 現代社会と健康「イ 健康の保持増進と疾病の予防」(エ) 感染症とその予防(一部抜粋)である。あとの各問いに答えよ。

感染症は，時代や地域によって(　①　)や(　②　)の影響を受け，発生や流行に違いが見られることを理解できるようにする。その際，(　③　)

の発達により短時間で広がりやすくなっていること，また，新たな(　④　)の出現，感染症に対する社会の意識の変化等によって，エイズ，結核などの(　⑤　)や(　⑥　)の発生や流行が見られることを理解できるようにする。

(1)　文中の(　①　)～(　⑥　)に適語を記せ。

(2)　解説に示されている，感染症の予防に必要な社会的な対策を3つ答えよ。

(3)　学校保健安全法施行規則(平成27年1月21日改正)の中で学校において予防すべき感染症として示されている，第2種の種類を正式名称で5つ記せ。

(4)　デング熱について感染経路と海外の流行地に出かける際の予防法についてそれぞれ説明せよ。

(☆☆☆☆◎◎◎◎)

【10】次の各問いに答えよ。

(1)　陸上競技の砲丸投げにおける，投てきサークルの直径と，競技会で許可され記録が公認される男子高校ジュニア及び女子高校ジュニアの砲丸の最小重量をそれぞれ答えよ。

(2)　国際バスケットボール連盟(FIBA)が定めた競技規則(2014年10月1日施行)に示されている，「24秒ルール」の変更点を説明せよ。

(3)　ハンドボール競技における「パッシブプレー」を説明せよ。また，「パッシブプレー」で反則となった場合の試合の再開方法を答えよ。

(4)　サッカー競技のフリーキックにおいて，相手競技者がボールから離れなければいけない距離を答えよ。

(5)　全日本剣道連盟「剣道試合・審判規則」に記されている「剣道具」の名称を4つ答えよ。また，「有効打突」の条件を答えよ。

(6)　運動やスポーツの技術における，「オープンスキル型」と「クローズドスキル型」を説明せよ。

(7)　創作ダンスで，即興的に表現したり，作品にまとめたりする際のグループにおける個人や集団の動き方である，「カノン」と「ユニゾン」をそれぞれ説明せよ。

(8) ラグビー競技において，ボールまたはプレーヤーによってタッチとなった後，2列に並んだプレーヤーの間にボールを投入して試合を再開することを何というか答えよ。

(☆☆☆☆◎◎◎◎◎)

解答・解説

【中学校】

【1】(1) ① 育成 ② 指導者 ③ 県民 ④ 環境 ⑤ 総合 ⑥ 安定 ⑦ 活性化 ⑧ 全国 ⑨ 誘致 (2) ・スポーツ指導者及び審判員等の確保・育成と体罰のない育成環境の確立。 ・最新科学を活用した総合的な医・科学サポート。 ・ドーピング防止などスポーツ界における透明性や公平・公正性の向上。(うち2つ) (3) ① ライフステージに応じたスポーツへの参加を促進する機会や環境の整備を推進し，県民のスポーツ実施率の向上を目指すことから。 ② 県民に夢や希望を与えるアスリートを育成し，スポーツ王国復活を目指すことから。

〈解説〉秋田県では，時代の潮流や社会経済情勢の変化等を踏まえながら，本県が抱える基本問題を克服するとともに元気な秋田を創り上げていくため，平成26年度からの新たな県政運営指針として，「第2期ふるさと秋田元気創造プラン」を策定している。秋田県の教員採用試験では県の施策に関する問題が頻出なので，特に【施策3－4「スポーツ立県あきた」の推進】を習熟しておくことが必要である。関連事項として，秋田県の中学生の体力に関する現状と課題もまとめておくとよい。

【2】(1)　体格の発育や運動能力の向上に伴い，受傷に関わる外力の大きさが増加することが大きな要因と考えられる。

(2)　①　伝統　②　実態　③　数　④　段階　(3)　速やかに応急手当を行うとともに，状況によっては他の教職員の応援を求めたり，救急車を要請したりする。　(4)　すべての教職員によって事故の原因等について分析を行い，安全管理・安全指導の在り方について再検討するとともに，改善を図る。　(5)　学校の教職員の研修の実施等，児童生徒等を含めた校内の協力体制の構築，また，家庭及び地域社会との密接な連携を深めながら，組織活動を円滑に進めることが重要である。

〈解説〉(1)　身体能力において，中学校・高等学校は成長期であり，一方，自身の身体の状況を正確に把握できていない状況が考えられる。

(2)　事故の要因を考えると，特に当事者によるもの，周囲の環境によるものが考えられる。安全指導では双方に気を配る必要があることを踏まえ，具体事例を考えるとよい。　(3)　けがの回復を考えると，生徒の負傷に対しては，迅速かつ適切な応急処置が必要となる。

(4)　ポイントはすべての教職員に対して意思疎通を図ることであろう。部活動の顧問だけでなく，事故現場を偶然通りかかった教職員でも的確に対応できるようにしておかなければならない。

【3】(1)　①　・体調の変化などに気を配ること。　・器械・器具や練習場所などの自己や仲間の安全に留意して練習や演技を行うこと。

・技の難易度や技能・体力の程度に応じた技を選んで挑戦すること。

②　条件を変えた技を行うことにより動き方に変化を生じさせ，発展技への準備状態をつくり出した上で，発展技を行わせるようにすること。　③　a　伸膝前転　b　跳び前転　c　後転倒立

d　前方倒立回転　e　首はねおき　f　Y字バランス　g　補助倒立　(2)　跳び前転，伸身跳びひねり，後転倒立　(3)　台を使えば，はじめから片足を持っておくことができるので，姿勢変化も小さいだけでなく，補助も容易に行うことができ，生徒も倒立になること

の不安も解消される。

〈解説〉(1) ③ 技の例示については，第1～2学年と第3学年で異なる場合があるので注意すること。本問の場合は，基本的な技の下に「主に小5・6で例示」とあるので，第1学年の技の例示であることがわかる。(2) 本問の場合，絵を3コマずつに分け，それぞれの技名を考えるとよい。 (3) 倒立の補助にはほかに壁倒立等も考えられる。それぞれの特徴を把握し，生徒個人にあわせた指導が必要になるだろう。

【4】① 健康 ② 感情 ③ 変容 ④ 見る ⑤ 支える ⑥ 作戦 ⑦ 動き方 ⑧ 練習 ⑨ 確認

〈解説〉なお，体育理論は各学年においてすべての生徒に履修させるとともに，授業時数を各学年で3単位時間以上を配当することとしている。学習内容は，第1学年「運動やスポーツの多様性」，第2学年「運動やスポーツが心身の発達に与える効果と安全」，第3学年「文化としてのスポーツの意義」をそれぞれ取り上げる。具体的な内容については学習指導要領解説などを参照しながら，そのポイントをおさえるようにするとよい。

【5】(1) ① a 柔らかさ b 差 c 競走 ② a 生活習慣 b 運動部 c 調和 (2) ① a PDCA b 運動機会 c 継続 ② d 児童生徒が目指したくなる目標を設定し，仲間と協力することで動機づけをアップすること。 e 地域との連携で互いに協力し合う体制を築くとともに，学校内の教職員の理解が不可欠であること。

〈解説〉(1) ① 新体力テストで種目と測定する体力は基礎的な知識なので，必ずおさえておくこと。測定値は数値で出るので，生徒は競争しがちになるが，過度な競争はかえって身体を痛める原因になるため注意が必要である。 (2) ① 子供の体力向上のためのPDCAサイクルは，Plan(実施計画・指導計画) → Do(取組実施・授業実践) → Check(学校評価・授業評価・全国体力等調査) → Action(改善)で構成されている。学校は調査結果を踏まえて子供の体力の向上に向けて具体的な目標と計画を立て，計画した取組を実行，そして達成状況について評価・改善することが望まれる。

【6】(1)　平成27年10月1日　　(2)　①　ア　　②　ク　　③　ウ　　④　カ　　⑤　エ　　⑥　サ

〈解説〉スポーツ庁は，文部科学省の外局として2015(平成27)年10月1日に設置された日本の行政機関であり，スポーツの振興その他のスポーツに関する施策の総合的な推進を図ることを任務としていることをおさえておくとよい。なお，初代スポーツ庁長官はソウルオリンピック金メダリストの鈴木大地である。

【7】(1)　脳に同じような外傷が2度にわたった場合，1度目の外傷による症状は軽微であっても，2度目の外傷による症状が，はるかに重篤になること。　　(2)　全身持久力の向上を目的として，強度の高い運動と低い運動(不完全休息)を交互に反復して規則的に変化をつけて行うトレーニング方法である。

〈解説〉(1)　なお，セカンドインパクトシンドローム(SIS)と関連して，加速損傷も覚えておきたい。加速損傷は頭部や顔面打撲によって頭部が激しく揺さぶられることにより，頭蓋骨と脳とに大きなずれが生じることが原因となる。このずれは通常は問題を生じないが，ずれが大きくなると，頭蓋骨と脳をつなぐ橋渡しの静脈(架橋静脈)が破断し，出血をすることにより，急性硬膜下血腫などになる。　(2)　インターバルトレーニングとは，高負荷の運動を低負荷の運動(不完全休息)をはさんで一定時間内に繰り返して行うトレーニング方法である。インターバルトレーニングでは，休息時間中も低強度で運動し続けることが重要なポイントとなる。

【8】(1) ① a 習得 b 活用 c 思考力 d 自主 e 創意 f 組織 g 連携 ② 保護者や家庭などの個人情報やプライバシーなどの問題に十分留意して指導計画を作成する必要がある。また，指導内容によっては，関係機関等の専門家から話を聞くなど積極的に地域の人材を活用することは，望ましい工夫の例である。 (2) ① a 能率 b 密接 c 基準 ② d 人間の生活に伴って生じたし尿やごみなどの廃棄物は，その種類に即して自然環境を汚染しないように衛生的に処理されなければならないことを理解できるようにする。 e ごみの減量や分別などの個人の取組が，自然環境の汚染を防ぎ，廃棄物の衛生的管理につながることにも触れるようにする。

〈解説〉(1) ② なお，「適応と成長」については，生徒が直面している問題との関わりの中で，人間としての生き方を探求させることで，健全な生活態度を育成しようとするもの，「健康安全」については，生徒が当面する課題に対応するとともに，健全な生活態度や習慣の形成を図ることを育成しようとするものである。

【9】(1) ① 楽しさ ② 生涯 ③ ダンス ④ 地域 ⑤ 学校週5日制 ⑥自然 ⑦ 一体 ⑧ 体操 ⑨ 90 (2) ① 狩猟 ② アルペン ③ ノルディック ④ レルヒ

〈解説〉(2) アルペン競技は，雪上にポール(旗ざお)で旗門を設定したコースをスキーをつけて滑降し，そのスピードを競い合う競技である。競技種目には，滑降(ダウンヒル)，大回転(ジャイアントスラローム)，回転(スラローム)などの競技がある。ノルディック競技は，クロスカントリー競技とジャンプ(飛躍)競技と，その2つを組み合わせた複合競技(ノルディック・コンバインド競技)がある。

【高等学校】

【1】(1)　攻撃…シュートしたりパスをしたりトライしたりするために，相手の守備を見ながら自陣から相手ゴール前の空間にバランスよく侵入する動きのこと。　守備…空間を作りだす攻撃をさせないように，突破してきた攻撃者をカバーして守ったり，相手や味方の位置を確認して，ポジションを修正して守ったりする動きのこと。　(2)　体調の変化に応じてとるべき行動や，自己の体力の程度に応じてけがを回避するための適正な運動量，けがを未然に防ぐための留意点などを理解し，取り組めるようにすること。　(3)　①　検証　②　練習方法　③　調整　④　活動　⑤　かかわり方

〈解説〉(1)　なお，入学年次に示されているのは「空間を作りだすなどの連携した動き」であり，攻撃の際は，味方から離れる動きや人のいない場所に移動する動き，守備の際は相手の動きに対して，相手をマークして守る動きと所定の空間をカバーして守る動きを指すとしている。　(3)　知識，思考・判断について，学習指導要領解説では「技術の名称や行い方，体力の高め方，課題解決の方法，競技会の仕方などを理解し，自己や仲間の課題に応じた運動を継続するための取り組み方を工夫できるようにする」としている。本県では学習指導要領解説の詳細から出題されることも多いため，くまなく学習することが求められる。

【2】(1)　①　切り返し　②　屈身跳び　③　前方屈腕倒立
④　側方倒立　②　前方支持回転，後方支持回転，懸垂
③　・自己の能力に応じた技で組み合わせる。　・異なる技群で構成する。　・開始技から終末技までの「はじめ－なか－おわり」でいくつかの技を通して行う。　(2)　手の押しと腰の開きを同調させること。　(3)　・膝や足首を柔らかく使って衝撃を吸収する。
・バランスを保つように注意する。　(4)　生徒に理解させたいポイントをできる限り絞り込み，動き方のイメージをつかみやすい絵図を使ったり，友達との教え合いを充実させたり，技能の高い生徒に示範

させたりしながら，技のポイントを具体的に伝えていくことが有効である。また，ICT機器の活用も効果的である。　(5)　自己や仲間の課題に応じて立てた練習計画や発表の仕方など，取り組み方を「工夫したいこと」等の記述がポイントとなる。本時のねらいに対して，生徒がどのようなことを考え，工夫しようとしたかを見取ることができるような記述欄を設ける。　(6)　・横向きで運搬するように指導し，後方に運搬する者がつまずいて用具で傷害を負うことのないようにする。　・1段目が最も大きく重いため，1段目はそれだけを運搬する。

〈解説〉(1)　①　器械運動の各種目には多くの技があることから，それらの技を，系，技群，グループの視点によって分類されている。学習指導要領解説では技の例を表形式にしたものが示されているが，年次によって基本技・発展技が若干異なるので注意したい。本問では基本的な技が「主に中3までに例示」としているので，主にその次の年次以降のものだとわかる。　(2)～(6)　指導法などに関する問題であり，『学校体育実技指導資料第10集　器械運動指導の手引』を参照するとよい。例えば(2)について，基本的には前転・後転では回転するため背中を丸くすることが求められるが，接点技では回転力を高めて起き上がる動きが不可欠になることを踏まえ，どのような指導が求められているかが示されている。

【3】(1)　取…取はしっかりと立ち，引き手(受の軸)を引いて相手に受け身をとらせること，低い姿勢や前のめりで技をかけるのは避ける。受…受は潔く自分から受け身をとる習慣を付けること，投げられまいと体を低くしたり，腰を引いたり，また，手をつくことを避ける。(2)　頸椎や脊椎を無理にそらせたり，関節部を可動域以上に，あるいは反対方向に曲げたり，直接相手の顔面に手を当てたり，相手の頭部を抱えたり，腕や帯などで相手の頸部を絞めることが無いように十分指導する。さらに，抑え込まれて苦しい時は潔く「参った」をすることも教える。　(3)　初めは動作が小さく相手の体重を支えることの少ない支え技系を練習して，次に両足支持のまわし技系，それから片

足支持の刈り系というようにする。　(4)　受は自然本体で正しく組み，腕や肩に力を入れたり，姿勢を崩したりしないように，常に取と正対して取が技に入りやすい姿勢を保つようにする。　(5)　学習段階に応じて使用する技を限定し，適切な時間や回数，活動場所の広さ，となりの組との間隔を設定する。また，技能や体力，体格が同程度の生徒同士を組ませるなど，安全面の約束事項を徹底する。

〈解説〉『学校体育実技指導資料第2集　柔道指導の手引(三訂版)』を参照すること。柔道の事故は頭部や頸部の損傷など重篤な事故につながる場合があり，そのため「頭を打たない，打たせない」といった指導，具体的には受け身の十分な練習などが求められる。また，固め技については，学習指導要領解説では中学校に引き続き，抑え技に限定していること等も踏まえて指導することが必要である。

【4】(1)　ア　自然条件　　イ　伝統的な文化　　ウ　運動部活動指導の手引き　　エ　トップアスリート　　オ　基本的生活習慣
カ　保健管理　　キ　食習慣　　ク　食物アレルギー
(2)　学校全体の目標や方針，各部の活動の目標や方針・計画，具体的な指導の内容や方法，生徒の状況，事故が発生した場合の対応

〈解説〉秋田県では「ふるさとを愛し，社会を支える自覚と高い志にあふれる人づくり」を目指して教育施策を進めている。本資料は第1期の基本計画の課題や国の新たな施策などを踏まえて，改めて作成されたものである。秋田県における最重要教育課題は『“「問い」を発する子ども”の育成』であり，それを実現するため6つの基本施策が示されている。本県では，地域に関する問題が頻出だが，受験する自治体の現状を把握しておくことは，面接試験などでも非常に役立つことから，最新の資料をホームページ等から入手し，学習しておく必要がある。

【5】① 大気汚染 ② 水質汚濁 ③ 土壌汚染 ④ 抑制 ⑤ 環境基準 ⑥ 廃棄物 ⑦ 作業形態 ⑧ 作業環境 ⑨ 健康管理 ⑩ 安全管理(①～③，⑦と⑧，⑨と⑩は順不同)

〈解説〉なお，「ウ 労働と健康」は問題文の他，「働く人の健康の保持増進」があり，職場の健康管理や安全管理と共に，心身両面にわたる総合的，積極的な対策の推進，積極的に余暇を活用するなどして生活の質の向上を図ることが示されている。学習指導要領解説の文章をすべて暗記することが理想だが，概要を把握し，文章の流れで解答できるようにするとよい。過去問等でキーワードをおさえることも効果的であろう。

【6】(1) ① 加害事故を起こさない努力が必要であるという視点 ② 法的な整備，施設整備の充実，車両の安全性の向上 (2) 危険な違反を繰り返す自転車の運転者に対して，「自転車運転者講習」の受講を義務付けた。

〈解説〉(1) 交通事故の要因として，主体要因(運転者自身の心身の状態や規則を守る意識，危険予知能力など)，環境要因(天候や道路の状態など)，車両要因(車両の特性や安全機能，欠陥や整備状態など)の3つがあげられることをおさえておくとよい。 (2) 自転車が関係する交通事故は，毎年交通事故全体の約2割を占めている。ルールを守らず事故を起こせば，自転車の運転者も責任を問われる。そして，道路交通法の改正により，平成27年6月1日から，危険なルール違反を繰り返した(3年以内に2回以上)自転車の運転者に対して，公安委員会が行う講習を受けるよう義務付ける「自転車運転講習制度」が新たに導入された。

【7】(1)　ア　運動の楽しさや喜びを味わわせる　　イ　健康・安全に関する実践力を育てる　　(2)　a　バランス　　b　指導と評価の計画　c　系統性　　d　知識　　e　二極化傾向　　f　指導過程　g　自ら進んで　　h　総合的　　(3)　知識の理解をもとに運動の技能を身に付けることで一層その理解を深めたりすること。

〈解説〉秋田県では自治体の教育施策に関する出題が頻出なので，必ずおさえておくこと。本資料は年度ごとに内容が変わるので，課題と課題を踏まえた対応について把握しておく必要がある。秋田県では「生きる力」を育成するため，『“「問い」を発する子ども”の育成』を最重点の教育課題としてあげている。問題では保健体育科の重点について出題されているが，生徒指導やコミュニケーション能力の育成なども出題される可能性があるので，熟読しておきたい。

【8】(1)　ア　身体的　　イ　心理的　　ウ　不適応　　エ　成熟　オ　性的　　カ　関心　　キ　特定化　　ク　人間関係
(2)　指導計画の立案を含む教職員の共通理解，各教科等の関連を図った指導，家庭との連携，地域の関係機関等との連携　　(3)　・個人生活及び社会生活における健康・安全に関する内容を重視する観点から，指導内容を改善する。　・生涯を通じて自らの健康を適切に管理し改善していく思考力・判断力などの資質や能力を育成する観点から，小学校，中学校の内容を踏まえた系統性のある指導ができるよう健康の概念や課題に関する内容を明確にし，指導の在り方を改善する。

〈解説〉(3)「保健」の改訂における基本的方針として学習指導要領解説では，生涯を通じて自らの健康を適切に管理・改善していく資質・能力を育成するのための改善を図るとしている。健康の概念や課題などの内容を明確に示すとともに，心身の発育・発達と健康，生活習慣病などの疾病の予防，保健医療制度の活用，健康と環境，傷害の防止としての安全などの内容の改善を図る，といったことを示している。

【9】(1) ① 自然環境 ② 社会環境 ③ 交通網
④ 病原体 ⑤ 新興感染症 ⑥ 再興感染症(①と②，⑤と⑥は順不同)

(2) 衛生的な環境の整備や検疫，正しい情報の発信，予防接種の普及

(3) インフルエンザ，髄膜炎菌性髄膜炎，咽頭結膜熱，流行性耳下腺炎，風しん，水痘，麻しん，結核，百日咳(うち5つ)

(4) 感染経路…蚊媒介性 予防法…長袖，長ズボンの着用が推奨される。また，蚊の忌避剤の使用も考えられる。

〈解説〉感染症対策としては一般的に感染源対策，感染経路対策，感受性者対策の3つがあげられ，少なくともどれか1つが機能していれば予防できる可能性が高いといわれる。以上を踏まえて考えるとよい。

(3) 学校において予防すべき感染症として示されている第二種は，空気感染又は飛沫感染するもので，児童生徒等のり患率が多く，学校において流行を広げる可能性が高い感染症を規定している。

(4) デング熱は，デングウイルスに感染しておこる急性の熱性感染症で，発熱，頭痛，筋肉痛や皮膚の発疹などが主な症状である。ウイルスに感染した患者を蚊が吸血すると，蚊の体内でウイルスが増殖し，その蚊が他者を吸血することでウイルスが感染する(蚊媒介性)。海外の流行地に出かける際は，蚊に刺されないように注意し，長袖，長ズボンの着用が推奨される。また蚊の忌避剤なども現地では利用されている。

【10】(1) サークルの直径…2.135m(±0.005m)
男子の砲丸の重さ…6.000kg 女子の砲丸の重さ…4.000kg

(2) ボール(ショット，パスあるいは最後のフリースローのボール)がリングに触れたのち，シューター側チームのプレイヤーがそのリバウンドのボールを取った場合は，ショット・クロック(24秒計)は14秒から計りはじめる。

(3) パッシブプレー…攻撃しよう，あるいはシュートしようという意図を示さないで，チームがボールを所持し続けること。

再開方法…ボールがあった場所から相手チームがフリースローを行う。

(4)　9.15m(10ヤード)以上　　(5)　剣道具…面・小手・胴・垂れ

有効打突…充実した気勢，適正な姿勢をもって，竹刀の打突部で打突部位を刃筋正しく打突し，残心のあるもの。

(6)　オープンスキル型…絶えず変化する状況の下で発揮される技術。

クローズドスキル型…状況の変化が少ないところで発揮される技術。

(7)　カノン…集団の動きを少しずつずらした動き。

ユニゾン…全体で統一した一斉の同じ動き。　　(8)　ラインアウト

〈解説〉(2)　2014年に改正された主なルールは「ノー・チャージ・セミサークル」の新設，1プレーヤーにテクニカル・ファールが2度記録された場合はそのプレーヤーは退場・失格となる等がある。　(5)　残心についても定義を知っておくこと。端的には「技を決めた後も心身ともに油断をしないこと」といえる。　(6)　武道などの対人スポーツはオープンスキル，水泳や陸上競技などはクローズドスキルが重視されるといわれる。ただし，テニスのようにサーブではクローズドスキル，ラリー等ではオープンスキルと双方重要なスポーツも存在する。

(8)　ラグビーはルールはもちろん，得点も独特なので覚えておくこと。一般的にはトライが5点，トライ後のコンバージョンが2点，ペナルティゴールやドロップゴールは3点である。

2015年度　実施問題

【中学校】

【1】スポーツ基本法(平成23年法律第78号)について，(1)～(3)の問いに答えよ。

(1) スポーツ基本法の前文は，「スポーツは，(　　)である。」の一文から始まる。(　　)に適語を記せ。

(2) 次の文は，「スポーツ基本法リーフレット(平成23年8月文部科学省)」に示されている内容の一部である。①～⑤に当てはまる語句をア～コの中から選び記号で記せ。

昭和36年に制定された(　①　)は，我が国のスポーツの発展に大きく貢献してきました。

～中略～

こうした状況を踏まえ，スポーツの推進のための基本的な法律として，(　②　)により「スポーツ基本法」が成立しました。

この法律は，スポーツに関し，(　③　)を定め，並びに国及び地方公共団体の責務並びにスポーツ団体の努力等を明らかにするとともに，スポーツに関する施策の基本となる事項を定めることにより，スポーツに関する施策を総合的かつ計画的に推進し，もって国民の心身の健全な発達，明るく豊かな(　④　)の形成，活力ある社会の実現及び国際社会の調和ある発展に(　⑤　)することを目的としています。

ア　寄与　　イ　スポーツ振興法　　ウ　特別措置
エ　議員立法　　オ　基本理念　　カ　協力
キ　基本計画　　ク　社会教育法　　ケ　環境
コ　国民生活

(3) スポーツ基本法の第17条(学校における体育の充実)では，国及び地方公共団体が講ずるよう努めなければならない施策が4つ例示されている。4つすべて記せ。

(☆☆☆◎◎◎◎◎)

【2】次の文は,「秋田県スポーツ推進計画(平成26年3月31日秋田県)」に示されている内容の一部である。(1), (2)の問いに答えよ。

(1)　「学校の体育等に関する活動の充実」の内容について, ①～④に適語を記せ。

本県では, 体育・保健体育の教科指導について, (　①　)をより一体としてとらえることなどを重視しながら,「生涯にわたって運動に親しむ資質や能力の育成」,「健康の保持増進のための実践力の育成」,「体力の向上」を重要なねらいとして掲げ, 体育・保健体育学習の充実に取り組んでいます。

また, 中・高等学校の部活動については, これまで果たしてきた(　②　)や役割を踏まえ, 学習指導要領の総則で, 学校教育活動の一環として, (　③　)との関連が図られるよう留意することとされたことや, <u>文部科学省による「運動部活動での指導のガイドライン」</u>を参酌しながら, 本県独自の運動部活動指導の手びきを作成し, (　④　)な運動部活動に取り組んでいます。

(2)　(1)の下線部「運動部活動での指導のガイドライン(平成25年5月文部科学省)」に示されている内容について, a～eに適語を記せ。

運動部活動での指導の充実のために必要と考えられる7つの事項

①　(　a　)の教員だけに運営, 指導を任せるのではなく, 学校組織全体で運動部活動の目標, 指導の在り方を考えましょう

②　各学校, 運動部活動ごとに適切な(　b　)を整えましょう

③　活動における指導の目標や内容を明確にした(　c　)を策定しましょう

④　適切な指導方法, (　d　)の充実等により, 生徒の意欲や自主的, 自発的な活動を促しましょう

<u>⑤　肉体的, 精神的な負荷や厳しい指導と体罰等の許されない指導とをしっかり区別しましょう</u>

⑥　最新の研究成果等を踏まえた(　e　)な指導内容，方法を積極的に取り入れましょう

⑦　多様な面で指導力を発揮できるよう，継続的に資質能力の向上を図りましょう

(3)　(2)の下線部「⑤肉体的，精神的な負荷や厳しい指導と体罰等の許されない指導とをしっかり区別しましょう」には，「通常のスポーツ指導による肉体的，精神的負荷として考えられるものの例」が示されている。考えられる場面の具体例を2つ記せ。

(☆☆☆☆☆◎◎◎◎)

【3】「中学校学習指導要領解説保健体育編(平成20年9月)」に示されている(1)，(2)の語句について説明せよ。

(1)　安定したボール操作(第3学年　球技ゴール型)

(2)　心肺蘇(そ)生法(保健　傷害の防止)

(☆☆☆☆◎◎◎◎)

【4】水泳の指導について，(1)～(3)の問いに答えよ。

(1)　「中学校学習指導要領(平成20年3月告示)」及び「中学校学習指導要領解説保健体育編(平成20年9月)」に示されている指導内容について，①～③の問いに答えよ。

①　「第1学年及び第2学年」の態度には「水泳の事故防止に関する心得など健康・安全に気を配ることができるようにすること」がある。「水泳の事故防止に関する心得」に示されている指導内容を2つ記せ。

②　「第1学年及び第2学年」の「クロール」の技能における指導に際して，示されている内容について記せ。

③　次の表は，各泳法の動きの例である。a～fに適語を記せ。

種目	中学校１・２年	中学校３年
クロール	・一定のリズムの強いキック ・（ a ）を描くようなプル ・（ b ）とタイミングのよい呼吸動作	・手を頭上近くでリラックスして動かすプル ・自己に合った方向での呼吸動作
平泳ぎ	・カエル足で長く伸びたキック ・（ c ）型を描くようなプル ・キック動作に合わせたグライド	・（ c ）型を描くような強いプル ・１回のキック・プル・呼吸動作で大きく進む
背泳ぎ	・両手を頭上で組んで，背中を伸ばし，水平に浮いてキック ・肘を肩の横で60～90度程度曲げたプル ・手・肘を高く伸ばした直線的な（ d ） ・プルとキック動作に合わせた呼吸	・肘を伸ばし，肩を支点にまっすぐ肩の延長線の小指側からの（ d ） ・肩のスムーズな（ b ）
バタフライ	・（ e ）キック ・（ f ）の形を描くようなプル ・呼吸とプルのかき終わりのタイミングをとる２キック目の呼吸動作	・（ f ）の形を描くように水をかき，手のひらを胸の近くを通るようにする動き ・キック２回ごとにプル１回と呼吸動作を合わせたコンビネーション

(2)　次の図は，平泳ぎのキックの練習法を示している。補助の目的を述べよ。

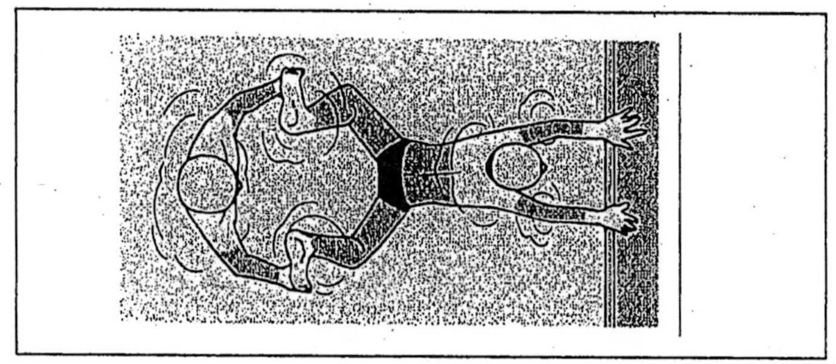

(3)　次の図は，クロールのプル動作を示している。肘を高くした狭いリカバリーを身に付けさせるために，動きを制限した練習法を2つ記せ。

(☆☆☆☆☆◎◎◎◎)

【5】「中学校学習指導要領解説保健体育編(平成20年9月)」に示されている体つくり運動について，(1)，(2)の問いに答えなさい。

(1)　「第1学年及び第2学年」の指導内容について，①～⑨に適語を記せ。

体つくり運動は，体ほぐしの運動と体力を高める運動で構成され，自他の心と体に向き合って，体を動かす楽しさや(　①　)を味わい，心と体をほぐしたり，体力を高めたりすることができる領域である。

小学校では，体つくり運動で学んだことを家庭で生かすことをねらいとした学習をしている。

中学校では，これらの学習を受けて，学校の教育活動全体や(　②　)で生かすことができるようにすることが求められている。

したがって，第1学年及び第2学年では，体を動かす楽しさや(　①　)を味わい，体力を高め，(　③　)に適した運動を身に付け，(　④　)ことができるようにする。また，体つくり運動の学習に積極的に取り組み，(　⑤　)した役割を果たすことなどに意欲をもち，健康や安全に気を配るとともに，体つくり運動の意義と(　⑥　)，運動の(　⑦　)の立て方などを理解し，自己の健康や体力の(　⑧　)に応じた運動の取り組み方を(　⑨　)できるようにすることが大切である。

(2)　「第3学年」体力を高める運動の指導に際して，生徒が運動の計画を立てるために，教師が着目させる内容を記せ。

(☆☆☆☆◎◎◎◎◎)

【6】「体力・運動能力，運動習慣」に関する次の(1)～(4)の問いに答えよ。

(1)　次のグラフは，Aさん(中2女子)の新体力テストの結果を表したものである。①～③の問いに答えよ。

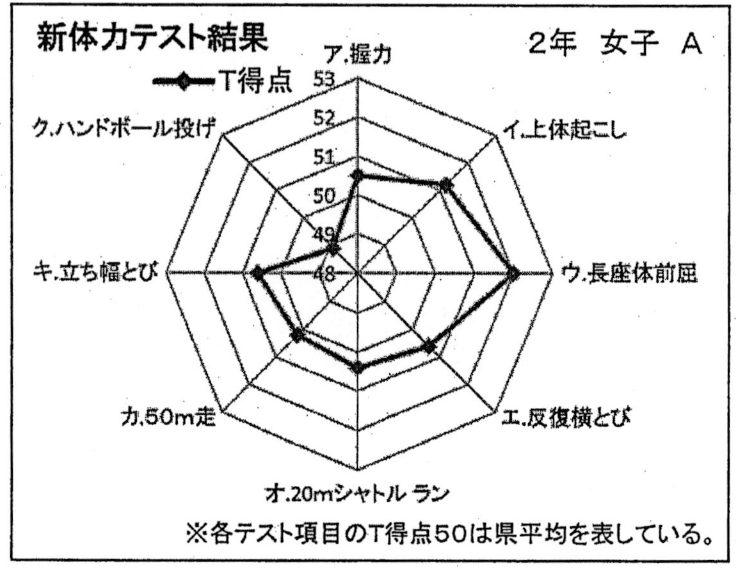

① Aさんの体力がバランスのよいものになるためには，どのような体力の要素が必要か2つ記せ。

② 運動特性の「タイミングのよさ」を評価することができるア～クのテスト項目から3つ選び，記号で記せ。

③ 各テスト項目の測定値を，T得点を用いて表す効果について述べよ。

(2) 「子どもの体力向上のための取組ハンドブック(平成24年3月文部科学省)」には，新体力テストを実施する上での安全の確保及び事故を防止する留意点について，次のように示されている。文中の①～⑤に適語を記せ。

学校における児童生徒の安全の確保を図るためには，(①)の規定等を踏まえて，危険の防止と事故等の発生時に適切に対処する必要がある。また，体育活動中の事故防止のためには，(②)の事前確認や用具等の安全確認を行い，万一に備えた(③)の明確化や(④)の体制の確立が必要である。

スポーツ活動時での「突然死」を含む事故が起きた事例では，(　⑤　)の異常に起因する場合が多い。

(3)　新体力テスト実施中の安全のための留意点の一つとして，適切な水分摂取による「熱中症」の予防が挙げられる。次の表は熱中症を4つの病型に分類し，各々の原因と症状をまとめたものである。①～③に当てはまる内容を記せ。

熱中症の病型	原　　因	症　　状
熱失神	皮膚血管の拡張と（　　①　　）	めまいや失神を起こす
熱けいれん	多量な発汗による（　　②　　）	痛みを伴う脚や腕の筋肉のけいれんを起こす
熱疲労	多量な発汗による脱水と皮膚血管の拡張	脱力感，倦怠感，めまい，頭痛，吐き気などを起こす
熱射病	過度に体温が上昇して，体温調節が破綻	（　　③　　）

(4)　「平成25年度全国体力・運動能力，運動習慣等調査(文部科学省)」では，中学校女子で運動する子どもと運動しない子どもの二極化傾向が見られ，秋田県も同様の傾向である。中学生女子の運動やスポーツに対する意識を変え，行動まで導くためのポイントについて，保健体育授業の充実の視点から述べよ。

(☆☆☆☆☆◎◎◎◎◎)

【7】次の文は，サッカーの歴史について述べたものである。①～⑩に適語を記せ。

紀元前に既に似たような競技が行われていた形跡があるが，近代サッカーの発祥地は(　①　)のパブリックスクールであり，学生の育成目的で行われた(　②　)がその前身であるとされている。1863年には(　②　)協会が設立され統一された(　③　)がつくられると，(　④　)や(　⑤　)などの地域を中心に世界中へ広まり，明治初期に我が国に紹介された。

(　⑥　)はサッカーの世界一を決める大会であり，大会規模と人々の関心度の両面でオリンピックをもしのぐ世界最大のスポーツイベントといわれる。1930年に第1回大会が(　⑦　)で開催され，その後は4年に1度，各国の代表チームで競われてきた。日本の(　⑥　)への初挑戦は，1954年であるが，(　⑧　)年のフランス大会で初出場するまでは本大会に出場できなかった。

男性中心のサッカーが女性に普及し始めたのは20世紀後半であり，女子(　⑥　)は(　⑨　)年に中国で第1回大会が開催され，第6回の(　⑩　)大会では，日本はアメリカを破り優勝した。

(☆☆☆◎◎◎)

【8】「体育・健康に関する指導」について，(1)～(4)の問いに答えよ。

(1)　食育の推進に関し，「食育に関する施策を総合的かつ計画的に推進すること」等を目的として制定された法律名を記せ。

(2)　次の文は，(1)の法律に示されている内容の一部である。①～⑤に当てはまる語句をア～コの中から選び記号で記せ。

第6条　食育は，広く国民が(　①　)，学校，保育所，地域その他のあらゆる機会とあらゆる場所を利用して，食料の生産から消費等に至るまでの食に関する様々な(　②　)を行うとともに，自ら食育の推進のための活動を実践することにより，食に関する理解を深めることを旨として，行われなければならない。

第7条　食育は，我が国の伝統のある優れた(　③　)，地域の特性を生かした(　④　)，環境と調和のとれた食料の生産とその消費等に配意し，我が国の食料の需要及び供給の状況についての国民の理解を深めるとともに，食料の生産者と消費者との交流等を図ることにより，農山漁村の活性化と我が国の(　⑤　)の向上に資するよう，推進されなければならない。

ア　学校給食　　イ　食文化　　ウ　体験活動
エ　食生活　　オ　改善措置　　カ　職場
キ　家庭　　ク　食料自給率　　ケ　国際交流
コ　文化財

(3)　次の文は，「中学校学習指導要領(平成20年3月告示)」に示されている内容である。①～⑥に適語を記せ。

3　学校における体育・健康に関する指導は，生徒の発達の段階を(　①　)して，学校の教育活動全体を通じて適切に行うものとする。特に，学校における食育の推進並びに体力の向上に関する指導，安全に関する指導及び心身の健康の保持増進に関する指導については，保健体育科の時間はもとより，(　②　)，特別活動などにおいてもそれぞれの(　③　)に応じて適切に行うよう努めることとする。また，それらの指導を通して，家庭や(　④　)との連携を図りながら，(　⑤　)において適切な体育・健康に関する活動の実践を促し，生涯を通じて健康・安全で(　⑥　)ある生活を送るための基礎が培われるよう配慮しなければならない。

(4)　「中学校学習指導要領解説総則編(平成20年9月)」に示されている内容について，①，②の問いに答えよ。

①　学校における食育の推進において，生徒が生涯にわたって健やかな心身と豊かな人間性をはぐくんでいくための基礎が培われるよう，一層重視されなければならない内容を3つ記せ。

②　食に関する指導に当たり，学校給食の教育的効果を引き出すよう取り組むために重要なことを具体例を挙げて説明せよ。

(☆☆☆☆◎◎◎◎◎)

【9】保健分野の「性に関する指導」について，(1)，(2)の問いに答えよ。

(1)　次の文は，「中学校学習指導要領解説保健体育編(平成20年9月)」に示されている保健分野の「内容の取扱い」の一部である。①～④に適語を記せ。

3　内容の取扱い

(1)　内容の(1)は第1学年，内容の(2)及び(3)は第2学年，内容の(4)は第3学年で取り扱うものとする。

(3)　内容の(1)のイについては，妊娠や出産が可能となるような成熟が始まるという観点から，受精・妊娠を取り扱うものとし，妊娠の(　①　)は取り扱わないものとする。また，身体の機能の成熟とともに，(　②　)が生じたり，異性への関心が高まったりすることなどから，異性の尊重，(　③　)への適切な対処や行動の選択が必要となることについて取り扱うものとする。

(9)　内容の(4)のエについては，(　④　)及び性感染症についても取り扱うものとする。

(2)　次の表は，「『生きる力』を育む中学校保健教育の手引き(平成26年3月文部科学省)」に示されている「性に関する指導」を行う際に配慮すべき点をまとめたものである。①～③の問いに答えよ。

A　生徒の発達の段階を踏まえること
B　(　　　　　　　　　　)を図ること
C　家庭・地域との連携を推進し<u>保護者や地域の理解を得ること</u>
D　集団指導と個別指導の連携を密にして効果的に行うこと

①　Bについて，(　　)に入る適語を記せ。

②　Cの下線部について，具体例を挙げて説明せよ。

③　Dについて，この配慮が必要な理由を述べよ。

(☆☆☆☆☆◎◎◎◎◎)

【高等学校】

【1】次の表は，高等学校学習指導要領解説保健体育編・体育編(平成21年12月)科目「体育」A　体つくり運動の「1　運動」に示された，体力を高める運動の「運動の計画と実践の例」である。下の各問いに答えよ。

＜運動の計画と実践の例＞

各年次において，以下の例などを参考にして，自己の体力や生活に応じて取り組み，実生活にも生かすことができるようにする。

入学年次	(　a　)するための体力を高める運動の計画と実践	(　b　)ための体力を高める運動の計画と実践
	・食事や睡眠などの生活習慣の改善も含め，休憩時間，運動部の活動及び家庭などで(　c　)に行うことができる運動例を用いて計画を立て取り組むこと。	・新体力テストの測定結果などを参考にして自己の体力の状況を把握し，その結果を踏まえた(　d　)のとれた体力の向上を図るための運動の計画を立て取り組むこと。
その次の年次以降	(　e　)に応じた運動の計画と実践	
	・「健康づくりのための運動指針2006」(厚生労働省　運動所要量・運動指針の策定検討委員会　平成18年7月)などを参考に，疲労回復，体調維持などの(　g　)をねらいとして，<u>卒業後も継続可能な手軽な運動の計画を立てて取り組む</u>こと。 ・(　h　)や各種の体操などの(　i　)や器具を用いず手軽に行う運動例や適切な食事や睡眠の管理の仕方を取り入れて，<u>生活習慣病の予防をねらい</u>として，卒業後も継続可能な手軽な運動の計画を立てて取り組むこと。	・体力測定の結果などを参考に，体力の構成要素を(　f　)よく全面的に高めることをねらいとして，定期的に運動の計画を見直して取り組むこと。 ・体力の構成要素を重点的に高めたり，特に大きな負荷のかかりやすい部位のけがを予防したりする運動例を取り入れて，(　j　)や<u>競技で起こりやすいけがや疾病の予防をねらい</u>として，定期的に運動の計画を見直して取り組むこと。

(1)　文中の(　a　)～(　j　)に適語を記せ。

(2)　文中の「<u>卒業後も継続可能な手軽な運動の計画を立てて取り組む</u>」について，計画を立てる際に大切なことは何か，説明せよ。

(3)　文中の「<u>生活習慣病の予防をねらい</u>」として取り組む場合の，実践例を挙げよ。

(4)　文中の「<u>競技で起こりやすいけがや疾病の予防をねらい</u>」として取り組む場合の，実践例を挙げよ。

(☆☆☆☆☆◎◎◎◎)

【2】高等学校学習指導要領解説保健体育編・体育編(平成21年12月)科目「体育」C　陸上競技に示された内容から，次の各問いに答えよ。

(1)　短距離走・リレーにおいて，入学年次におけるねらいを踏まえた，その次の年次以降のねらいについて答えよ。

(2)　長距離走において，入学年次のねらいに加え，次の年次以降では「ペースの変化に対応するなどして走ること」と示されているが，どのように走ることか説明せよ。

(3)　走り高跳びにおいて，「はさみ跳び」特有の技能を高めるために，特に中心に指導することとは何か答えよ。

(4)　三段跳びでは「短い助走からリズミカルに連続して跳ぶこと」をねらいとしているが，「リズミカルに連続して」とはどのように跳ぶことか説明せよ。

(5)　砲丸投げでは，「立ち投げなどから砲丸を突き出して投げること」をねらいとしているが，「立ち投げ」とはどのような投げ方か説明せよ。

(6)　次の文は，「3　知識，思考・判断」の内容にある「課題解決の方法」についての例である。(　a　)～(　e　)に適語を記せ。

走る，跳ぶ，投げるなどの動作を(　a　)に分けて段階的に目標を設定し，その目標に適した具体的な課題を設定し，課題に適した練習に取り組み，(　b　)や記録会，(　c　)などを通して(　d　)の成果を確認し，さらに練習を重ねたり，練習方法を見直したりすることでその課題を解決し，新たに目指すべき目標を設定したりするなどの課題解決のための(　e　)があることを理解できるようにする。

(☆☆☆☆☆◎◎◎◎)

【3】高等学校学習指導要領(平成21年3月告示)及び高等学校学習指導要領解説保健体育編・体育編(平成21年12月)の保健の内容の取り扱いに，「指導に際しては，知識を活用する学習活動を取り入れるなどの指導方法の工夫を行うものとする。」と示されているが，指導方法の工夫について具体例を2つ挙げよ。

(☆☆☆☆◎◎◎◎◎)

【4】次の文は，高等学校学習指導要領解説保健体育編・体育編(平成21年12月)科目保健　3　内容　(1)現代社会と健康(一部抜粋)である。下の各問いに答えよ。

我が国の疾病(　a　)や社会の変化に対応して，健康を保持増進するためには，個人の(　b　)やそれを支える社会環境づくりなどが大切であるという(　c　)の考え方を生かし，人々が自らの健康を(　d　)に管理すること及び環境を改善していくことが重要であることを理解できるようにする。

イ　健康の保持増進と疾病の予防

健康の保持増進と生活習慣病の予防には，(　e　)，運動，休養及び睡眠の(　f　)のとれた生活を(　g　)する必要があること。

喫煙と飲酒は，生活習慣病の要因になること。また，薬物乱用は，心身の健康や社会に(　h　)な影響を与えることから行ってはならないこと。それらの対策には，個人や社会環境への対策が必要であること。

感染症の発生や(　i　)には，時代や(　j　)によって違いがみられること。その予防には，個人的及び社会的な対策を行う必要があること。

(1)　文中の(　a　)～(　j　)に適語を記せ。

(2)　文中の「健康の保持増進と生活習慣病の予防」について指導する際の留意点として，適宜取り上げるよう，上記解説の中で示されている生活習慣病を4つ答えよ。

(3)　文中の「喫煙と飲酒は，生活習慣病の要因になる」について，喫煙や飲酒による健康課題を防止するために，個人への働きかけを通じて，普及及び育成をしていかなければならないことを答えよ。また，2003年の世界保健総会で採択された，「たばこ規制枠組み条約」について説明せよ。

(4) 文中の「薬物乱用」について指導する際，薬物乱用を開始する背景として，適宜触れるよう，上記解説の中で示されている内容を5つ答えよ。

(☆☆☆☆☆◎◎◎◎◎)

【5】高等学校学習指導要領解説保健体育編・体育編(平成21年12月)科目保健 3 内容 (2)生涯を通じる健康について，次の各問いに答えよ。

(1) 「思春期と健康」を指導するに当たって，解説に示されている配慮すべき点を3つ答えよ。

(2) 「結婚生活と健康」を指導するに当たって，結婚生活を健康に過ごすために必要なこととして，解説に示されている理解させなければならないことを4つ答えよ。

(☆☆☆☆☆◎◎◎◎)

【6】熱中症環境保健マニュアル2014(環境省)に示されている，熱中症の重症度及び日常生活における注意事項について，次の各問いに答えよ。

(1) 熱中症の重症度は「具体的な治療の必要性」の観点から，Ⅰ度(現場での応急処置で対応できる軽症)，Ⅱ度(病院への搬送を必要とする中等症)，Ⅲ度(入院して集中治療の必要性のある重症)に分類できる。次の症状はいずれに分類できるかⅠ度～Ⅲ度で答えよ。

① 吐き気がする・吐く
② 手足がしびれる
③ 倦怠感
④ 体が熱い
⑤ めまい，立ちくらみがある
⑥ 意識がない
⑦ 体がひきつける
⑧ 筋肉のこむら返りがある
⑨ 頭ががんがんする
⑩ 呼びかけに対し返事がおかしい
⑪ 意識が何となくおかしい
⑫ 真直ぐに歩けない・走れない

⑬　気分が悪い，ボーっとする

(2)　日常生活での注意事項6項目の(　a　)～(　e　)に適語を記せ。

日常生活での注意事項

①　暑さを避けましょう。

・(　a　)の工夫

・住まいの工夫

・衣服の工夫

②　こまめに(　b　)を補給しましょう。

③　急に暑くなる日に注意しましょう。

④　暑さに備えた(　c　)をしましょう。

⑤　(　d　)の条件を考慮しましょう。

⑥　(　e　)の場ではお互いに配慮しましょう。

(☆☆☆☆◎◎◎◎◎)

【7】次の文は，「運動部活動での指導のガイドライン(平成25年5月文部科学省)」に記載されている運動部活動での指導の充実のために必要と考えられる7つの事項である。あとの各問いに答えよ。

①　顧問の教員だけに運営，指導を任せるのではなく，(　a　)で運動部活動の目標，指導の在り方を考えましょう。

②　各学校，運動部活動ごとに適切な(　b　)を整えましょう。

③　活動における指導の目標や(　c　)を明確にした(　d　)を策定しましょう。

④　適切な指導方法，(　e　)の充実等により，生徒の意欲や(　f　)，自発的な活動を促しましょう。

⑤　<u>肉体的，精神的な負荷や厳しい指導と体罰等の許されない指導</u>とをしっかり区別しましょう。

⑥　最新の研究成果等を踏まえた(　g　)な指導内容，方法を積極的に取り入れましょう。

⑦　多様な面で指導力を発揮できるよう，継続的に(　h　)の向上を図りましょう。

(1) 文中の(　a　)～(　h　)に適語を記せ。

(2) 次のア～スは，文中の「肉体的・精神的な負荷や厳しい指導と体罰等の許されない指導」についての例である。それぞれの例があとのA～Dのいずれに該当するか記号で答えよ。

ア　生徒が顧問の教員の指導に反抗して教員の足を蹴ったため，生徒の背後に回り，体をきつく押さえる。

イ　柔道で，安全上受け身をとれることが必須であることを理解させ，初心者の生徒に対して，毎日，技に対応できるような様々な受け身を反復して行わせる。

ウ　長時間にわたっての無意味な正座・直立等特定の姿勢の保持や反復行為をさせる。

エ　試合中に危険な反則行為を繰り返す生徒を試合途中で退場させて見学させるとともに，試合後に試合会場にしばらく残留させて，反則行為の危険性等を説諭する。

オ　試合中に相手チームの選手とトラブルとなり，殴りかかろうとする生徒を押さえ付けて制止させる。

カ　防具で守られていない身体の特定の部位を打突することを繰り返す。

キ　バレーボールで，レシーブの技能向上の一方法であることを理解させた上で，様々な角度から反復してボールを投げてレシーブをさせる。

ク　試合で負けたことを今後の練習の改善に生かすため，試合後，ミーティングで生徒に練習に取り組む姿勢や練習方法の工夫を考えさせ，今後の取組内容等を自分たちで導き出させる。

ケ　練習中に，危険な行為を行い，当該生徒又は関係の生徒に危害が及ぶ可能性があることから，別の場所で指導するため，別の場所に移るよう指導したが従わないため，生徒の腕を引っ張って移動させる。

コ　熱中症の発症が予見され得る状況下で水を飲ませずに長時間ランニングをさせる。

サ　野球の試合で決定的な場面でスクイズを失敗したことにより得点が入らなかったため，1点の重要性を理解させるため，翌日，スクイズの練習を中心に行わせる。

シ　練習で，特に理由なく遅刻を繰り返し，また，計画に基づく練習内容を行わない生徒に対し，試合に出さずに他の選手の試合に臨む姿勢や取組を見学させ，日頃の練習態度，チームプレーの重要性を考えさせ，今後の取組姿勢の改善を促す。

ス　相手の生徒が受け身をできないように投げたり，まいったと意思表示をしているにも関わらず攻撃を続ける。

A　通常のスポーツ指導による肉体的，精神的負荷として考えられるものの例

B　学校教育の一環である運動部活動で教育上必要があると認められるときに行われると考えられるものの例

C　有形力の行使であるが正当な行為(通常，正当防衛，正当行為と判断されると考えられる行為)として考えられるものの例

D　体罰等の許されない指導と考えられるものの例

(☆☆☆☆◎◎◎◎)

【8】次の文は，「第2期ふるさと秋田元気創造プラン(平成26年3月秋田県策定)」の「戦略5施策3豊かな心と健やかな体の育成」の施策の方向性と取組である。(a)～(j)に適語を記せ。

方向性②：生涯にわたってたくましく生きるための健やかな体の育成

取組①：(a)の充実に向けた取組の強化

(a)の充実に向けた取組を強化し，児童生徒が早い段階から(b)に様々な(c)・スポーツに慣れ親しむ活動を充実させ，心身ともに健やかで元気な子どもを育成します。

【主な取組】

・児童生徒の(d)の実態把握と啓発活動の実施

・(e)のより一層の充実に向けた指導者に対する支援

・地域の指導者を活用した(　a　)活動への支援
・(　f　)を生かしたスポーツに親しむ環境づくり

<u>取組②：運動部活動の活力アップに向けた取組の充実</u>

中・高の(　a　)関係団体や運動部活動に対する支援，指導者の育成，(　g　)の支援等により，運動部活動の一層の活力アップを図ります。

【主な取組】

・自発的・自主的に高い水準の技能や記録に挑戦する中で，スポーツの楽しさや喜びを味わう態度を育む指導の推進
・(　h　)の派遣等スポーツを通して子どもたちの夢やあこがれを育む取組の実施
・(　a　)関係団体の運営支援による中・高校生のスポーツ環境の整備
・中・高運動部の(　i　)を図る取組の推進や，傑出した能力をもつ高校生選手への支援
・外部指導者の活用による運動部指導者の(　j　)と部活動の充実
・中・高運動部活動の環境づくり(栄養管理・傷害予防等)の支援

(☆☆☆☆◎◎◎◎)

【9】次の各問いに答えよ。

(1)　平成26年度全国高等学校総合体育大会第64回全国高等学校スキー大会の開催都道府県名を答えよ。

(2)　平成29年度全国高等学校総合体育大会は，東北ブロックで開催される。開催県名を3つ答えよ。

(3)　2015年サッカー女子ワールドカップの開催国名を答えよ。

(4)　2018年サッカーワールドカップの開催国名を答えよ。

(5)　30チーム参加の野球大会において，トーナメント方式(3位決定戦は行わない)で行う場合とリーグ戦方式で行う場合の総試合数を答えよ。また，トーナメント方式において1度しか試合ができないチームが出ないように，1回戦で敗れたチーム同士で試合をするトー

ナメント方式を何というか答えよ。

(6)　ソフトボール競技において，審判により「インフィールドフライ」が宣告される状況を答えよ。

(7)　6人制バレーボール競技において,「ペネトレーションフォールト」となる反則を2つ答えよ。

(8)　水泳について，次の①，②の問いに答えよ。

①　次の表は背泳ぎにおける技術指導の要点である。(a)~(l)に適語や数字を記し，(m)には留意点を答えよ。

<table>
<tr><td>脚の動作</td><td>・左右の脚の幅は，（ a ）が触れ合う程度にし，踵を10ｃｍ程度離す。
・上下動の幅は，（ b ）～（ c ）ｃｍ程度にする。
・けり上げの動作は，（ d ）を中心にして行い，膝と足首で水をけるようにして力強くけり上げる。
・けり上げた後，下方に下ろす動作は，他方の脚のけり上げ動作の反動で，脚を伸ばして（ e ）におこなう。</td></tr>
<tr><td>腕の動作</td><td>・左右の腕は，一方の手先を水中に入れるのに合わせて，他の腕を水面上に抜き上げる。
・手先は，頭の前方，肩の線上に（ f ）から入水させ，手のひらで水面下（ g ）～（ h ）ｃｍ程度まで水を押さえたら，肘を下方へ下げながら手のひらを後方に向ける。
・腕は，手のひらが水面近くを（ i ）に触れる程度までかき進め，最後は手のひらを下にして腰の下に押し込むようにする。
・腰の下へ水を押し込むと同時に同一側の肩を水面上に上げ，腕を伸ばし手を親指側から抜き上げて（ j ）を大きく回して進行方向へ戻す。</td></tr>
<tr><td>呼吸法</td><td>・（ k ）は鼻と口，（ l ）は口で行う。
・常に顔が水面に出ているので呼吸は自由にできるが，腕の動作に合わせて呼吸をする。
・一方の腕で水をかく間に（ k ）し，水面上で抜き上げて肩の真上に戻すまでの間に（ l ）する。</td></tr>
<tr><td>タイミングキックとプルの</td><td>（ m ）</td></tr>
</table>

②　水泳競技における，個人メドレー及びメドレーリレーの泳法順序を答えよ。

(9)　技能の上達過程について，あとの①，②の問いに答えよ。

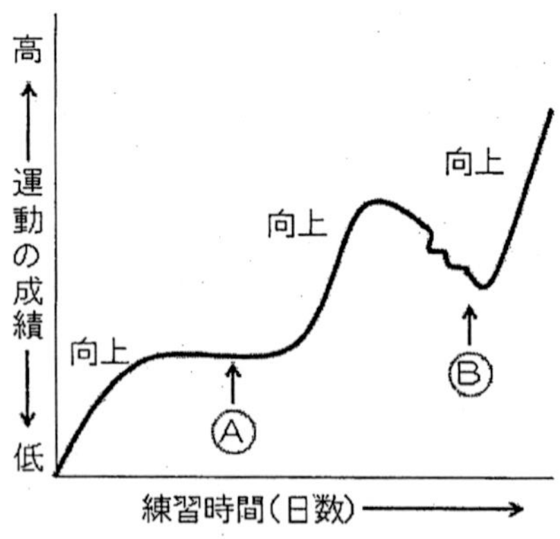

① 図中Aの一時的な技能の停滞を何というか答えよ。

② 図中Bの主に上級者に生じる，一時的な技能の低下を何というか答えよ。

(10) 強度の高い運動を行うと，最初は疲労によって一時的に体の機能が低下するが，適度な休養をとることによって前よりも高いレベルまでに回復する性質を何というか答えよ。

(☆☆☆☆◎◎◎◎◎)

解答・解説

【中学校】

【1】(1) 世界共通の人類の文化　(2) ① イ　② エ　③ オ　④ コ　⑤ ア　(3) ・体育に関する指導の充実　・スポーツ施設の整備　・体育に関する教員の資質の向上　・地域におけるスポーツの指導者等の活用

〈解説〉(1) スポーツ基本法は出題頻度が非常に高いので，必ず目を通しておくこと。特に，前文，第1条(目的)，第2条(基本理念)，第9条(スポーツ基本計画)，第17条(学校における体育の充実)はよく学習しておこう。　(3) スポーツ基本法第17条の条文は，「国及び地方公共団体は，学校における体育が青少年の心身の健全な発展に資するものであり，かつ，スポーツに関する技能及び生涯にわたってスポーツに親しむ態度を養う上で重要な役割を果たすものであることに鑑み，体育に関する指導の充実，体育館，運動場，水泳プール，武道場その他のスポーツ施設の整備，体育に関する教員の資質の向上，地域におけるスポーツの指導者等の活用その他の必要な施策を講ずるよう努めなければならない」である。なお，公式解答の評価基準は，この条文に則して主な観点として「指導，充実等」,「施設，整備等」,「資質，向上等」,「指導者，活動等」の4つのキーワードのまとまりをあげ，「相対的に評価する」としている。

【2】(1) ①　心と体　②　意義　③　教育課程　④　適切で効果的　(2) a　顧問　b　指導体制　c　計画　d　コミュニケーション　e　科学的　(3) ・バレーボールで，レシーブの技能向上の一方法であることを理解させた上で，様々な角度から反復してボールを投げてレシーブをさせる。　・柔道で，安全上受け身をとれることが必須であることを理解させ，初心者の生徒に対して，毎日，技に対応できるような様々な受け身を反復して行わせる。　・野球の試合で決定的な場面でスクイズを失敗したことにより得点が入らなかったため，1点の重要性を理解させるため，翌日，スクイズの練習を中心に行わせる。　・試合で負けたことを今後の練習の改善に生かすため，試合後，ミーティングで生徒に練習に取り組む姿勢や練習方法の工夫を考えさせ，今後の取組内容等を自分たちで導き出させる。などの具体例を2つ。

〈解説〉(2)　文部科学省においては，大阪市立高校での体罰事案を受けて運動部活動における体罰が問題となっていること，また，教育再生実行会議の第1次提言において，運動部活動指導のガイドラインを作成することが提言されていることを受けて，平成25年5月に「運動部活動での指導のガイドライン」を含めて調査研究報告書がとりまとめられた。このガイドラインでは，今後，各学校の運動部活動において適切かつ効果的な指導が展開され，各活動が充実したものとなるよう，指導において望まれる基本的な考え方，留意点を示している。

(3)　公式解答の評価基準では，主な観点として「技能向上，理解，反復等」及び「安全，理解，反復等」の2つのキーワードのまとまりをあげ，「相対的に評価する」としている。

【3】(1)　ゴールの枠内に安定してシュートを打ったり，味方が操作しやすいパスを送ったり，相手から奪われず次のプレイがしやすいようにボールをキープしたりすること。　(2)　心肺停止に陥った人に遭

遇したときの応急手当として，気道確保，人工呼吸，胸骨圧迫を行ったり，AED(自動体外式除細動器)を使用したりすること。

〈解説〉(1)　公式解答の評価基準では，「味方が操作しやすいパスを送る，次のプレイがしやすいようにボールをキープする等のキーワードを主な観点として，相対的に評価する」としている。　(2)　公式解答の評価基準では，「気道確保，人工呼吸等のキーワードを主な観点として，相対的に評価する」としている。

【4】(1)　①　・体の調子を確かめてから泳ぐこと。　・水泳場での注意事項を守って泳ぐこと。　②　クロールの距離は，25～50m程度を目安とするが，生徒の技能・体力の程度などに応じて弾力的に扱うようにする。　③　a　S字　b　ローリング　c　逆ハート　d　リカバリー　e　ドルフィン　f　キーホール　(2)　足首がうまく曲げられない者には，補助者が足首の感覚を確認させる。

(3)　・壁の近くを泳ぐ。　・1コースに数人入って並んで泳ぐ。

〈解説〉(1)　①　公式解答の評価基準では，主な観点として「調子，確かめる等」及び「注意事項，守る等」の2つのキーワードのまとまりをあげ，「相対的に評価する」としている。　②　公式解答の評価基準では，「25～50m，技能等のキーワードを主な観点として，相対的に評価する」としている。　(2)　水泳の練習における壁キックは，プールサイドの壁につかまり，水面に顔をつけて行う。公式解答の評価基準では，「足首，感覚等のキーワードを主な観点として，相対的に評価する」としている。　(3)　公式解答の評価基準では，主な観点として「壁，近く等」，「数人，並んで等」の2つのキーワードのまとまりをあげ，「相対的に評価する」としている。

【5】(1)　①　心地よさ　②　実生活　③　目的　④　組み合わせる　⑤　分担　⑥　行い方　⑦　計画　⑧　課題

⑨　工夫　(2)　・だれのためか，何のためかに着目させる。　・どのような運動を用いるのかに着目させる。　・いつ，どこで運動する

かに着目させる。　・どの程度の運動強度，時間，回数で行うかに着目させる。

〈解説〉(1)「体つくり運動」の領域は，今回の学習指導要領の改訂で一層の充実が図られているため頻出である。関連する中央教育審議会の答申(平成20年1月)などと合わせておさえておくことが望ましい。

(2) 公式解答の評価基準では，「だれのため，何のためか，運動強度等のキーワードを主な観点として，相対的に評価する」としている。

【6】(1) ① 巧緻性・瞬発力　② エ・キ・ク　③ 全国平均値に対する相対的位置を示し，単位や標準偏差が異なる調査結果を比較することができる。　(2) ① 学校保健安全法　② 危険性　③ 救急措置　④ 危機管理　⑤ 循環器　(3) ① 血圧の低下　② 血液中の塩分濃度の低下　③ 意識障害や多臓器障害を起こす　(4) 個人の技術レベルややる気，心理状態を把握して，的確な動機づけと励ましが必要である。少人数のグループ指導，複数教員でのティームティーチング，生徒の現状把握とフィードバックのためのワークシートの活用などが有効である。

〈解説〉(1) ①・② 新体力テスト8項目で測定する体力評価及び運動特性(動きの特性)を正しく理解しておこう。

テスト項目	体力評価	運動特性
50m走	スピード	すばやさ，力強さ
20mシャトルラン又は持久走	全身持久力	動きを持続する能力(ねばり強さ)
立ち幅跳び	瞬発力	タイミングのよさ，力強さ
ハンドボール投げ	巧緻性，瞬発力	タイミングのよさ，力強さ
握力	筋力	力強さ
上体起こし	筋力，筋持久力	動きを持続する能力(ねばり強さ)，力強さ
長座体前屈	柔軟性	体の柔らかさ
反復横跳び	敏捷性	すばやさ，タイミングのよさ

③ T得点は，$\dfrac{\text{調査結果}-\text{平均値}}{\text{標準偏差}}\times 10+50$で求める。公式解答の評価基準では，「相対的位置，標準偏差等のキーワードを主な観点として，相対的に評価する」としている。　(2)「子どもの体力向上のための取組ハンドブック(平成24年3月文部科学省)」は，各学校や教育

委員会における児童生徒の体力向上のための取組を支援するため，平成20～22年度の「全国体力・運動能力，運動習慣等調査」の結果をまとめたものである。 (3) 熱中症の4つの病型とそれぞれの原因と症状を正しく理解しておこう。公式解答の評価基準では，主な観点となるキーワードとして，①は「血圧，低下等」，②は「血液中，塩分濃度等」，③は「意識障害，多臓器障害等」をあげ，「相対的に評価する」としている。 (4) 保健体育の授業は，運動やスポーツに対する意識を変える大変よい機会である。運動時間の少ない女子では，「保健体育は自分にとって大切」と思う生徒は，小学校よりも中学校で増えていた。必要性は認識されているので，それで終わらせずに行動まで導くことが必要である。公式解答の評価基準では，「把握，グループ指導，ワークシートの活用等のキーワードを主な観点として，相対的に評価する」としている。

【7】① イングランド ② フットボール ③ ルール ④ ヨーロッパ ⑤ 南米(※④と⑤は順不同) ⑥ ワールドカップ ⑦ ウルグアイ ⑧ 1998 ⑨ 1991 ⑩ ドイツ

〈解説〉サッカーの歴史と発展から出題されている。サッカーをはじめ，中学校保健体育の体育分野で取り上げるスポーツ競技の歴史と発展についてはひととおりおさえておきたい。また，「中学校学習指導要領(平成20年3月告示)」第2章第7節保健体育第2〔体育分野 第3学年〕H(1)イで取り扱うオリンピックについても，2020年の夏季大会が東京で開催されることになったため，今後の出題増加が見込まれる。オリンピックの歴史と発展，オリンピック憲章(特にオリンピズムの根本原則とオリンピック・ムーブメント)について確認しておこう。

【8】(1) 食育基本法 (2) ① キ ② ウ ③ イ ④ エ ⑤ ク (3) ① 考慮 ② 技術・家庭科 ③ 特質 ④ 地域社会 ⑤ 日常生活 ⑥ 活力 (4) ① ・栄養のバランス ・規則正しい食生活 ・食品の安全性 ② 栄養教諭

等の専門性を生かすなど教師間の連携に努めるとともに，地域の産物を学校給食に使用するなどの創意工夫を行う。

〈解説〉(1)　食育基本法は，「国民が生涯にわたって健全な心身を培い，豊かな人間性を育むことができるよう食育を総合的かつ計画的に推進すること」(第1条)を目的として，平成17年6月に公布，同年7月に施行された。　(2)　食育基本法第6条は食に関する体験活動と食育推進活動の実践を，第7条は伝統的な食文化，環境と調和した生産等への配意及び農山漁村の活性化と食料自給率の向上への貢献を記している。

(3) 「中学校学習指導要領(平成20年3月告示)」第1章総則第1の3に示された，体育・健康に関する指導の一般方針である。

(4)　①　公式解答の評価基準では，主な観点として「栄養等」，「食生活等」，「食品等」の3つのキーワードのまとまりをあげ，「相対的に評価する」としている。　②　公式解答の評価基準では，「専門性，教師間の連携等のキーワードを主な観点として，相対的に評価する」としている。

【9】(1)　①　経過　　②　性衝動　　③　情報　　④　後天性免疫不全症候群(エイズ)　　(2)　①　学校全体で共通理解　　②　保護者参観や学校公開日等で授業を公開したり，学年便り等で情報の提供をしたりする。　③　子どもたちの心身の成長発達には個人差があることから。

〈解説〉(1)　保健分野の学習のうち，「心身の機能の発達と心の健康」の内容は第1学年で，「健康と環境」及び「傷害の防止」の内容は第2学年で，「健康な生活と疾病の予防」の内容は第3学年で指導する。それぞれの内容の具体的な指導事項についても確認しておくこと。

(2)　①　公式解答の評価基準では，「学校全体，共通理解等のキーワードを主な観点として，相対的に評価する」としている。　②　公式解答の評価基準では，「授業を公開，情報の提供等のキーワードを主な観点として，相対的に評価する」としている。　③　公式解答の評価基準では，「心身の成長の発達，個人差等のキーワードを主な観点として，相対的に評価する」としている。

【高等学校】

【1】(1)　a　健康に生活　　b　運動を行う　　c　日常的　　d　調和　e　自己のねらい　　f　バランス　　g　健康の保持増進　　h　ジョギング　　i　施設　　j　競技力の向上　　(2)　卒業後の運動やスポーツとのかかわり方や加齢期の状況等を想定して運動の計画を立てること。その際，実生活への取り入れ方等の知識を確認すること。

(3)「食事バランスガイド」等を参考に，食生活の改善計画の作成を行い，その内容を記録する。　(4)　リハビリテーションに使われるメニューを体感したり，弾力性のあるゴム等を使って小筋群や体幹，柔軟性を高める運動等を行い，その内容を記録する。

〈解説〉体つくり運動の計画と実践については，「学校体育実技指導資料第7集「体つくり運動」(改訂版)(平成24年7月文部科学省)」等も参照し，理解を深めておく。　(1)　体つくり運動の計画は，目的に適合し，自己の体力や生活に応じたものとなるように立て，実生活に役立てることができるようにする。　(2)　公式解答の評価基準では，「実生活，加齢期等のキーワードを主な観点として，相対的に評価する」としている。　(3)　公式解答の評価基準では，「食生活，改善計画等のキーワードを主な観点として，相対的に評価する」としている。　(4)　公式解答の評価基準では，「リハビリテーション，体幹，柔軟性等のキーワードを主な観点として，相対的に評価する」としている。

【2】(1)　中間走の高いスピードを維持して速く走ること。　(2)　自ら変化のあるペースを想定して走ったり，仲間のペースの変化に応じて走ったりすること。　(3)　空中におけるはさみ動作を中心に指導する。(4)　「ホップーステップージャンプ」の連続する3回のジャンプのバランスを保ち，リズムよく跳ぶこと。　(5)　助走をつけずに，その場で上体を大きく後方にひねり，そのひねり戻しの勢いで砲丸を突き出す投げ方。　(6)　a　局面　　b　運動観察(競技会)　　c　競技会(運

動観察)(※bとcは順不同)　d　学習　e　道筋

〈解説〉(1)　短距離走・リレーの入学年次のねらいは,「中間走へのつなぎを滑らかにする等して速く走ること」である。公式解答の評価基準では,「中間走,維持等のキーワードを主な観点として,相対的に評価する」としている。　(2)　長距離走の入学年次のねらいは,「自己に適したペースを維持して走ること」である。公式解答の評価基準では,「変化のあるペース,仲間のペースの変化等のキーワードを主な観点として,相対的に評価する」としている。　(3)「はさみ跳び」は,入学年次の次の年次以降のねらいで示される「空間動作」の例の一つである。公式解答の評価基準では,「空中,はさみ動作等のキーワードを主な観点として,相対的に評価する」としている。

(4)　公式解答の評価基準では,「「ホップ－ステップ－ジャンプ」,バランス等のキーワードを主な観点として,相対的に評価する」としている。　(5)　公式解答の評価基準では,「助走をつけずに,ひねり戻し等のキーワードを主な観点として,相対的に評価する」としている。

【3】・ディスカッション,ブレインストーミング,ロールプレイング(役割演技法),心肺蘇生法等の実習や実験,課題学習等を取り入れること。　・地域や学校の実情に応じて養護教諭や栄養教諭,学校栄養職員等専門性を有する教職員等の参加・協力を推進する。

〈解説〉公式解答の評価基準では,主な観点として「ディスカッション,ブレインストーミング,心肺蘇生法等」及び「養護教諭,専門性,参加・協力等」の2つのキーワードのまとまりをあげ,「相対的に評価する」としている。

【4】(1)　a　構造　b　行動選択　c　ヘルスプロモーション　d　適切　e　食事　f　調和　g　実践　h　深刻　i　流行　j　地域　(2)・悪性新生物　・虚血性心疾患　・脂質異常症　・歯周病(※順不同)　(3)　普及…正しい知識　育成…健全な価値観　たばこ規制枠組み条約…たばこの健康被害を防止するために各

国が協調して規制を行うことを求めた国際条約で，受動喫煙から非喫煙者を保護する措置を講じることや，パッケージの表示や広告の規制等について定めている。　(4)　・自分の体を大切にする気持ちの低下　・社会の規範を守る意識の低下　・周囲からの誘い　・断りにくい人間関係　・薬物を手に入れやすい環境(※順不同)

〈解説〉(2)　主な生活習慣病については，定義や症状の概要を把握しておくとよい。なお，脂質異常症は，2007年の動脈硬化性疾患予防ガイドライン改訂によって従前の「高脂血症」から改められた診断名なので，学習を進める際は注意する。　(3)　公式解答の評価基準では，「健康被害，受動喫煙，パッケージ等のキーワードを主な観点として，相対的に評価する」としている。　(4)　公式解答の評価基準では，主な観点として「大切，低下等」，「規範，低下等」，「誘い等」，「人間関係等」，「環境等」の5つのキーワードのまとまりをあげ，「相対的に評価する」としている。

【5】(1)　・発達の段階を踏まえること　・学校全体で共通理解を図ること　・保護者の理解を得ること(※順不同)　(2)　・自他の健康への責任感　・良好な人間関係　・家族や周りの人からの支援　・母子への健康調査の利用等の保健・医療サービスの活用(※順不同)

〈解説〉(1)　公式解答の評価基準では，主な観点として「発達の段階等」，「共通理解等」，「保護者等」の3つのキーワードのまとまりをあげ，「相対的に評価する」としている。　(2)　公式解答の評価基準では，主な観点として「責任感等」，「人間関係等」，「支援等」，「保健・医療等」の4つのキーワードのまとまりをあげ，「相対的に評価する」としている。

【6】(1)　①　Ⅱ度　②　Ⅰ度　③　Ⅱ度　④　Ⅲ度　⑤　Ⅰ度　⑥　Ⅲ度　⑦　Ⅲ度　⑧　Ⅰ度　⑨　Ⅱ度　⑩　Ⅲ度　⑪　Ⅱ度　⑫　Ⅲ度　⑬　Ⅰ度　(2)　a　行動　b　水分　c　体作り　d　個人　e　集団活動

〈解説〉(1)　熱中症の応急処置では，意識の状態を見逃さないことが最も重要である。少しでも意識がおかしい場合はⅡ度以上と判断し，病院への搬送が必要となる。さらに，意識がない場合はすべてⅢ度とし，絶対に見逃さないようにする。　(2)　熱中症については，厚生労働省や総務省消防庁等からも予防・対策のためのマニュアルやリーフレット等が出されている。日常生活で熱中症を予防するための注意事項を把握しておこう。

【7】(1)　a　学校組織全体　　b　指導体制　　c　内容　　d　計画　e　コミュニケーション　　f　自主的　　g　科学的　　h　資質能力
(2)　ア　C　　イ　A　　ウ　D　　エ　B　　オ　C　　カ　D　キ　A　　ク　A　　ケ　C　　コ　D　　サ　A　　シ　B　　ス　D

〈解説〉文部科学省においては，大阪市立高校での体罰事案を受けて運動部活動における体罰が問題となっていること，また，教育再生実行会議の第1次提言において，運動部活動指導のガイドラインを作成することが提言されていることを受けて，平成25年5月に「運動部活動での指導のガイドライン」を含めて調査研究報告書がとりまとめられた。このガイドラインでは，今後，各学校の運動部活動において適切かつ効果的な指導が展開され，各活動が充実したものとなるよう，指導において望まれる基本的な考え方，留意点を示している。　(2)　運動部活動での指導における個別の事案が，通常の指導か，体罰等の許されない指導に該当するかを判断するに当たっては，様々な条件を総合的に考え，個々の事案ごとに判断する必要がある。

【8】a　学校体育　　b　継続的　　c　運動　　d　体力　　e　体育科教育　　f　自然条件　　g　栄養指導　　h　トップアスリート　i　競技力向上　　j　資質向上

〈解説〉「第2期ふるさと秋田元気創造プラン(平成26年3月秋田県策定)」は，平成26～29年度の秋田県の県政運営指針で，「社会経済情勢の変化等に対応し，元気な秋田を創り上げていく」ことを目的としている。

このプランの「戦略5」は「未来を担う教育・人づくり戦略」で，教育と最も関係が深いので，目を通しておくとよい。

【9】(1) 秋田県　(2) 山形県・福島県・宮城県(※順不同)
(3) カナダ　(4) ロシア　(5) トーナメント方式の総試合数…29　リーグ戦方式の総試合数…435　トーナメント方式…コンソレーションマッチ(敗者復活戦)　(6) 無死または1死で，ランナーが1，2塁か満塁のとき，内野手が通常の守備をすれば捕球できるフェアフライをいい，球審の宣告によってバッターはアウトになる。
(7) ・パッシングザセンターライン　・オーバーネット(※順不同)
(8) ① a 親指　b 30　c 40　d 足の甲　e 自然　f 小指側　g 20　h 30　i 太もも　j 体側上　k 呼気　l 吸気　m 腕のかき始めとかき終わりの動作時に，それぞれ同一側の脚のけり下ろし動作を合わせる。　② 個人メドレー…バタフライ→背泳ぎ→平泳ぎ→自由形　メドレーリレー…背泳ぎ→平泳ぎ→バタフライ→自由形　(9) ① プラトー(高原現象)　② スランプ　(10) 超回復

〈解説〉(1)～(4) 全国高等学校総合体育大会や国民体育大会をはじめ，国際的なスポーツ大会やオリンピック競技大会等，スポーツ大会の最新の開催についての情報には注意しておこう。　(5) トーナメント(勝ち上がり)方式の総試合数は，n(チーム数)から1を引いた数になる(n－1)。また，リーグ戦(総当たり)方式の総試合数は，$\frac{n\times(n-1)}{2}$で求める。　(6) 公式解答の評価基準では，「無死又は1死，ランナー1・2塁か満塁，内野フライ等のキーワードを主な観点として，相対的に評価する」としている。　(7) パッシングザセンターラインは，相手コート内への侵入。オーバーネットは，ネットの上から相手側のプレー中のボールに触れる行為。　(8) ① 水泳の技能指導については，学校体育実技指導資料第4集「水泳指導の手引(三訂版)(平成26年3月文部科学省)」を参照し確認する。　m 公式解答の評価基準では，「同一側の脚，けり下ろし等のキーワードを主な観点として，相対的に評

価する」としている。　②　個人メドレーとメドレーリレーの泳法順の出題頻度は高いので，正しく理解しておこう。　(9)　技能がある程度向上すると，次のステップに進むまでに一時的な停滞や低下の時期が訪れる。この停滞がプラトー，低下がスランプである。プラトーは持てる力を発揮できているが，その力が伸び悩んでいる状態。スランプは，実力があるのに，それが発揮できていない状態で，上級者に生じる。

●書籍内容の訂正等について

弊社では教員採用試験対策シリーズ（参考書，過去問，全国まるごと過去問題集），公務員試験対策シリーズ，公立幼稚園・保育士試験対策シリーズ，会社別就職試験対策シリーズについて，正誤表をホームページ（https://www.kyodo-s.jp）に掲載いたします。内容に訂正等，疑問点がございましたら，まずホームページをご確認ください。もし，正誤表に掲載されていない訂正等，疑問点がございましたら，下記項目をご記入の上，以下の送付先までお送りいただくようお願いいたします。

> ① **書籍名，都道府県（学校）名，年度**
> （例：教員採用試験過去問シリーズ　小学校教諭 過去問　2025 年度版）
> ② **ページ数**（書籍に記載されているページ数をご記入ください。）
> ③ **訂正等，疑問点**（内容は具体的にご記入ください。）
> （例:問題文では“ア～オの中から選べ”とあるが,選択肢はエまでしかない）

〔ご注意〕
- ○ 電話での質問や相談等につきましては，受付けておりません。ご注意ください。
- ○ 正誤表の更新は適宜行います。
- ○ いただいた疑問点につきましては，当社編集制作部で検討の上，正誤表への反映を決定させていただきます（個別回答は，原則行いませんのであしからずご了承ください）。

●情報提供のお願い

協同教育研究会では，これから教員採用試験を受験される方々に，より正確な問題を，より多くご提供できるよう情報の収集を行っております。つきましては，教員採用試験に関する次の項目の情報を，以下の送付先までお送りいただけますと幸いでございます。お送りいただきました方には謝礼を差し上げます。
（情報量があまりに少ない場合は，謝礼をご用意できかねる場合があります）。

◆あなたの受験された面接試験，論作文試験の実施方法や質問内容
◆教員採用試験の受験体験記

送付先		
	○電子メール：edit@kyodo-s.jp ○FAX：03-3233-1233（協同出版株式会社　編集制作部 行） ○郵送：〒101-0054　東京都千代田区神田錦町2-5 協同出版株式会社　編集制作部 行 ○HP：https://kyodo-s.jp/provision（右記のQRコードからもアクセスできます）	

※謝礼をお送りする関係から，いずれの方法でお送りいただく際にも，「お名前」「ご住所」は，必ず明記いただきますよう，よろしくお願い申し上げます。

教員採用試験「過去問」シリーズ
秋田県の
保健体育科 過去問

編　集	© 協同教育研究会
発　行	令和6年3月10日
発行者	小貫　輝雄
発行所	協同出版株式会社
	〒101-0054　東京都千代田区神田錦町2 - 5
	電話　03－3295－1341
	振替　東京00190－4－94061
印刷所	協同出版・POD工場

落丁・乱丁はお取り替えいたします。

本書の全部または一部を無断で複写複製（コピー）することは，著作権法上での例外を除き，禁じられています。

2024年夏に向けて

―教員を目指すあなたを全力サポート！―

●通信講座

詳細はこちら

志望自治体別の教材とプロによる
丁寧な添削指導で合格をサポート

●公開講座（＊1）

詳細はこちら

48のオンデマンド講座のなかから、
不得意分野のみピンポイントで学習できる！
受講料は6000円～　＊一部対面講義もあり

●全国模試（＊1）

詳細はこちら

業界最多の **年5回** 実施！
定期的に学習到達度を測って
レベルアップを目指そう！

●自治体別対策模試（＊1）

詳細はこちら

的中問題がよく出る！
本試験の出題傾向・形式に合わせた
試験で実力を試そう！

上記の講座及び試験は，すべて右記のQRコードからお申し込みできます。また，講座及び試験の情報は，随時，更新していきます。

＊1・・・2024年対策の公開講座、全国模試、自治体別対策模試の情報は、2023年9月頃に公開予定です。

協同出版・協同教育研究会
https://kyodo-s.jp

お問い合わせは
通話料無料の
フリーダイヤル　0120（13）7300（いいみなさんおうえん）
受付時間：平日（月～金）9時～18時　まで